校园

明正楼

图书馆

明礼楼（教学楼）

新食堂

新运动场

精工楼

精业楼（实训楼）

知行楼（教学楼）

新生入学导航

湖南安全技术职业学院入学教育

主　编　曾大恒

副主编　曹强胜

编　委　赵　宇　尹奇峰　龙　军　李锦桂

　　　　徐　航　唐桂英　陈　琳　曾　甜

　　　　唐泽灵　徐长国　彭志文

湖南大学出版社

·长沙·

图书在版编目 (CIP) 数据

新生入学导航：湖南安全技术职业学院入学教育 /
曾大恒主编 . -- 长沙：湖南大学出版社，2024.9.
ISBN 978-7-5667-3835-6

Ⅰ . G718.5

中国国家版本馆 CIP 数据核字第 2024N68X86 号

新生入学导航——湖南安全技术职业学院入学教育
XINSHENG RUXUE DAOHANG——HUNAN ANQUAN JISHU ZHIYE XUEYUAN RUXUE JIAOYU

主　　编：曾大恒
责任编辑：吴海燕
特约编辑：蔡轶兵
印　　装：长沙市精宏印务有限公司
开　　本：787 mm×1092 mm　1/16　印　　张：13.25　　字　　数：280 千字
版　　次：2024 年 9 月第 1 版　印　　次：2024 年 9 月第 1 次印刷
书　　号：ISBN 978-7-5667-3835-6
定　　价：45.00 元

出　版　人：李文邦
出版发行：湖南大学出版社
社　　址：湖南·长沙·岳麓山　　邮　　编：410082
电　　话：0731-88822559（营销部），88821343（编辑室），88821006（出版部），88619166（经销）
传　　真：0731-88822264（总编室）
网　　址：http://press.hnu.edu.cn
电子邮箱：934868581@qq.com

前　言

　　新生入学教育是整个大学教育的起点，是大学生涯的第一课，发挥着"扬帆起航"的作用。为了帮助新生较快地适应从高中生活向大学生活的转变，我们组织专业人员，根据大学生的特点及发展需要，并结合学院基本情况，经过反复讨论和修改后完成了本书的编写工作。通过本书，新生能尽快了解和适应大学的学习、生活环境，感知学校的校风学风，热爱学校和所学专业，从而逐步树立科学的世界观和正确的人生观、价值观，树立坚定而正确的政治方向和远大的成才理想。

　　本书围绕关爱大学新生、服务大学新生、引导大学新生这三个主题，分为入学篇、生活篇、学习篇、实践篇、情感篇、交际篇、心理篇、安全篇、未来篇共九个方面，系统阐述大学新生入学教育的内容和要求，旨在通过学习和了解大学学习生活中应知应会的常识，进一步提升学生们的人文素养，并为新生提供一些有参考价值的信息和建议，为将来立足社会扎下深厚的根基。

　　当然，我们也深知，新生面对的是从高中到大学这样一个人生中的重大转折点，加之正处于人生的第二次"断奶期"，新生要独自面对环境的巨变，接受风暴的洗礼，不难想象此阶段问题的丰富性和复杂性。此书不可能涉及新生面临的全部问题，但我们希望能够为新生度过有意义的大学生活勾勒理想蓝图，充当"参谋"，使新生未雨绸缪，最大限度地缩短"预热期"，减少成长的代价；当在适应和融入大学过程中出现某些问题时，能够从本书中获得启迪，厘清方向。

　　古人云："非学无以广才，非志无以成学。"希望同学们早日确立自己的人生目标，人只有树立了一个坚定的目标，人生之舟才会有正确的航向。人一旦有了高尚的追求，生命便会展开高翔的翅膀。我们希望通过此书的引导，帮助同学们更进一步地理解和认识大学生活，学会抓住机遇，学会做人、做事、做学问，规划自己的大学生涯，从而发展自我，走向成功。

　　由于编者水平有限，书中难免有疏漏之处，敬请读者指正。衷心地盼望同学们好好珍惜大学生活的每一天，早日实现心中的梦想！

编　者

2024 年 4 月

目　录

第一章　入学篇

　　年轻的你，犹如泊于青春港口的一叶小舟，第一次扬起了理想的风帆，载着希望的梦想，驶向这片崭新的、辽阔的海洋——大学。当那封彩色的大学录取通知书寄到手中的时候，你的人生轨迹已经转向。

　　第一次独自排队买票，第一次独自早起赶车，第一次独自坐车奔波，第一次远离温暖的家和父母……带着新鲜与好奇，来到了这所未来要待几年的学校，一切都是那么的梦幻与神秘。可是，你真的准备好入学了吗？

第一节　相识——了解我们的学校

　　湖南安全技术职业学院和长沙煤矿安全技术培训中心（以下简称学校）位于湖南省会长沙，地处长沙市万家丽路、地铁 5 号线北段。学校由湖南省人民政府和应急管理部（国家矿山安全监察局）共建共管，是全国第一所以"安全"命名的全日制公办高等职业院校，实行"一个机构、两块牌子、两种体制、一体化运行"的办学方式。

　　1984 年，联合国国际劳工组织与我国政府共同创建长沙煤矿安全技术培训中心。2005 年，原国家安全生产监督管理总局向湖南省人民政府推荐，在长沙煤矿安全技术培训中心基础上成立了湖南安全技术职业学院。2006 年，湖南省人民政府与原国家安全生产监督管理总局签订了"省部共建协议"，共同加强对学校的领导和建设。2019 年，湖南省核工业技工学校整体并入学校。

　　学校是全国安全生产技术人才培养基地、全国烟花爆竹人才培养基地、全国煤矿安全培训示范基地、国家安全生产监管监察执法综合实训中南基地、国家烟花爆竹生产"机械化换人、自动化减人"综合实验中心、国家安全生产技术支撑体系湖南专业中心、湖南省烟花爆竹重大技术成果转化基地、全国职业院校传统技艺传承示范基地。校园面积近500亩，总资产5.22亿元，固定资产总额3.46亿元，高水平实验（训）室105个，教学仪器设备总值1.75亿元。现有教职工425人，副高以上职称教师107人，"双师型"教师201人，全国高职高专教学指导委员会委员3名，全国和省级应急管理专家39人，省级专业教学团队2个，省级专业带头2人，省级青年骨干教师及各级访问学者31名。

学校面向全国25个省（自治区、直辖市）招生，下设4个二级学院、3个教学部、13个党政管理机构、2个群团组织、1个教辅机构，开办了涉及工、文、经、管4个门类的29个高职专科专业，开设有应急救援技术、安全技术与管理、烟花爆竹技术与管理、测绘工程技术、职业健康安全技术、工业机器人技术、虚拟现实技术应用、软件技术、大数据与会计、酒店管理与数字化运营等33个专业（方向），目前有全日制在校学生万余人。学校连续多年获评湖南省文明高校、省直机关文明标兵校园、湖南省普通高校就业创业工作"一把手工程"优秀单位。

学校是国家一级安全生产培训机构和国家一级煤矿安全培训机构，主要开展煤矿、非煤矿山、危险化学品、烟花爆竹和金属冶炼等高危行业生产经营单位主要负责人和安全生产管理人员安全培训，工贸企业主要负责人和安全生产管理人员安全培训，企业特种作业从业人员取证培训，应急管理部门的执法能力实训，专题业务培训，全国安全培训机构师资培训，国际组织有关合作项目的培训，等等，年培训规模在15 000人次以上。

学校秉承"服务安全生产，培养应用人才"的办学宗旨，"立德为先、强技为本、面向人人、和而不同"的办学理念，以"卓越高职院校，一流培训机构"为统领，以"居安思危"为校训，弘扬"公诚勤勇"的精神，以观念转变为先导，以人才队伍建设为重点，以条件建设为依托，以规范管理为保障，统筹推进学历教育与培训教育，积极传播应急安全文化，努力开展技术研发与服务，着力提高办学水平和服务能力，致力培养服务应急管理、安全生产以及区域经济建设的德智体美劳全面发展的高素质技术技能人才。

第二节　认识——关于大学的种种

　　《大学》中有这样一句话："大学之道，在明明德，在亲民，在止于至善。"这句话提出"大学"的规律，宗旨就在于弘扬人性中光明正大的品德，使人达到最完善的境界。再推己及人，使人人都能去除污染而自新，精益求精，做到最完善的地步并且保持不变。

　　步入大学校园，首先是必须了解大学的意义，认识大学的内涵和精神，并认真地思考"大学是什么"，这是大学生在开始大学学习与生活之前一定要回答的先导性问题。

一、大学是什么

　　所谓大学，泛指实施高等教育的学校，即提供教学和研究条件的高等教育机构。除此之外，大学还是人生梦想起飞的地方。

案例直播

　　高考结束后，小李长舒了一口气，他开始憧憬未来的大学生活：自由地上课、游玩、谈恋爱……每次想到这些，他都十分激动。可是，在听了正在上大学的表哥的描述后，小李发现表哥口中的"大学"和自己想象中的"大学"完全不一样，他不禁纳闷了：大学究竟是什么样的呢？

　　经历了十多年的学业长跑，高三学子们终于踏上了开往大学的列车，一直以来，大学都被家长和亲友描述为自由和轻松的"乐土"。那么，大学究竟是什么样的呢？

　　（1）大学是独立的起点。虽然对于有些早已习惯独立生活的学生而言这种说法未必科学，但对大多数在大学门口张望的年轻面孔来说，大学是第一个要求自己完全独立的地方。

　　进入大学后，终于放下了高考的重担，第一次开始追逐自己的理想、兴趣。这是离开家庭生活后，第一次独立参与团体和社会生活。这时你不再单纯地学习或背诵书本上的理论知识，第一次有机会在学习理论的同时亲身实践。第一次不再由父母安排生活和学习中的一切，而是有足够的自由处置生活和学习中遇到的各类问题，支配所有属于自己的时间。换言之，独立是大学最好的代名词。

（2）大学是人生的关键阶段。李开复曾说过："大学是人生的关键阶段。这是因为，这是你一生中最后一次有机会系统性地接受教育。这是你最后一次能够全心建立你的知识基础。这可能是你最后一次可以将大段时间用于学习的人生阶段，也可能是最后一次可以拥有较高的可塑性、可以不断修正自我的成长历程。这也许是你最后一次能在相对宽容的，可以置身其中学习为人处世之道的理想环境。"

所谓学习，是指自由探索、自我思索的过程，考试和分数都只是对学习肤浅的解释。大学这段宁静的时光，正是自由学习、充实自我的宝贵时机。在这里，你可以潜心钻研专业，博览文学名著，顺便再拾起一直梦寐以求的业余爱好。

（3）大学是智慧的象征，是探求知识、追求真理的地方。这里崇尚自由、科学、民主的精神，这里充溢着智慧的灵性与光芒。大学是实现我们理想的工厂，更是酝酿崭新人生的作坊。它将滋养我们的思想与人格，激荡我们的灵魂与心智，孕育我们新的精神与智慧。大学是一个浓缩的世界，它将教会我们如何去面对人生的成功与失败，它无穷的能量会助推我们实现青春飞扬的愿望。

（4）大学是精神的家园，是不断丰富头脑、提高素质的地方。这里有着其他地方无可比拟的人文与科学资源：睿智博学的专家学者、精悍高效的管理队伍、生动活泼的学生群体、勤奋好学的同窗学友、形式多样的学术交流、五彩缤纷的课余生活、先进尖端的科研设备和丰富充裕的文献资料……这里有我们取之不尽、用之不竭的宝藏。我们可以充分利用这些资源，不断地充实自己、锻炼自己、完善自己，全面提升自己的素质。

（5）大学是人生成才、成就事业的新起点。从某种程度上说，大学是人生最重要的转折点。它一方面整合我们过去的知识与经验，另一方面又传授给我们挑战未来的方法与技能。学习、工作、生活、社交等各方面都需要从这里开始去摸索、思考、实践。在这里我们将学会理解与宽容，培养海纳百川的豪迈气度；学会高雅与文明，培养健康向上的人格魅力；学会思考与探索，培养个人的兴趣和求知欲。所以说，大学是自主成长的地方，将来想要成为什么样的人、过怎样的生活，就在于大学里如何选择与追求。

二、高等职业教育是什么

高等职业技术教育（简称高职教育），就是在高等教育框架下，强调以职业需求为导向的大学教育。它既是高等教育，又是职业技术教育，是职业技术教育的高等阶段。

《中华人民共和国高等教育法》规定，高等学校是指大学、独立设置的学院和高等专科学校，其中包括高等职业学校和成人高等学校。高等职业教育是国民教育体系中高等教育的一种类型和层次，是和高等本科教育不同类型、不同层次的高等教育。

和本科教育强调学科性不同，它是按照职业分类，根据一定职业岗位（群）实际业务活动范围的要求，培养第一线实用性（技术应用性或职业性）人才。主要是使求学者获得某一特定职业或职业群所需的实际能力（包括技能和知识等），提供通向某一职业的道路。这种教育更强调对职业的针对性和职业技能能力培养，是以社会人才市场需求为导向的就业教育。

案例直播

麦可思研究院发布的《就业蓝皮书：2023年中国高职生就业报告》显示，2022届高职院校毕业学生平均月收入为4595元，同比增长2%。相比2022届本科毕业生5990元平均月收入，已经在一定程度上渐次拉近。

2022年4月，第十三届全国人大常务委员会第三十四次会议通过《中华人民共和国职业教育法》修订，规定"职业教育是与普通教育具有同等重要地位的教育类型，是国民教育体系和人力资源开发的重要组成部分"。这一法律规定促使职业教育与普通教育同向同行，有效提升职业教育社会认可度。此情境下，更多人员进入高职院校进行技能学习，为社会经济发展有效赋能。实现共同富裕最艰巨、最繁重的任务在农村，而职业教育类型发展是缩小城乡差距的创新动能。

高职教育既不是普通高等教育的复制版，更不是普通高等教育的压缩版。高职教育具有实用性、职业性、超前性等重要属性，其中职业性是其本质属性，而准确的职业定向和自身的职业特征使高职教育具有强大的生命力。随着中国工业化进程的加快、产业结构的调整和技术设备不断更新换代，企业对技术工人的要求越来越高，对熟练掌握高精尖设备操作技术、具有技术革新和创造力的高级技能人才的需求量越来越大。在"中国制造"横扫全球和产业升级的今天，更加需要大量的第一线生产、建设、管理、服务的高素质技能型专业人才，也给高职学生带来了更加广阔的就业空间和前景。

提升职业教育在整个教育体系中的地位逐步提升，振兴职业教育逐渐成为社会的共识。尤其是在近两年国家政策大力扶持和企业用工极度短缺的形势下，职业教育的发展面临前所未有的机遇。如今高职教育已迅猛发展成为中国高等教育的"半壁江山"。1995年深圳职业技术学院的创办，标志着中国高等职业教育的起步。二十多年来，我国把职业教育作为社会经济发展的重要基础和教育工作的战略重点，出台了一系列政策措施，使我国高等职业教育实现了跨越式的发展。职业教育作为与普通教育同等重要的教育类型，正不断进入高质量发展的阶段。《国家职业教育改革实施方案》明确指出推进职业教育高质量发展的要求，《国家职业教育改革实施方案》明确指出推进职业教育高质量发展的要求，《职业教育提质培优行动计划》力图借助提质培优计划实现我国职业教育的高质量发展，《关于推动现代职业教育高质量发展的意见》提出"到 2025 年，职业教育类型特色更加鲜明，现代职业教育体系基本建成，技能型社会建设全面推进。到 2035 年，职业教育整体水平进入世界前列，技能型社会基本建成"的目标。

未来我国企业对就业者的学历层次和职业资格的要求将越来越严格。作为培养的学生既有"学历文凭"又有"职业资格证书"的高等职业教育，恰恰能满足这一需求，其未来发展将拥有巨大空间，市场需求将逐渐成为中国高等职业教育发展的根本动力。

三、大学学什么

香港中文大学原校长金耀基先生说过，学生在大学里，实际上是学四种东西：一是学怎样读书（learn to learn）；二是学怎样做事（learn to do）；三是学怎样与人相处（learn to together）；最后是学怎样做人（learn to be）。寥寥数语，道出了大学生学习的真谛。

> "开复老师，我就要毕业了，回头看自己所谓的大学生活，我想哭，不是因为离别，而是因为什么都没学到。我不知道简历该怎么写，若是以往我会让它空白。最大的收获也许是——对什么都没有的忍耐和适应。"
>
> 上面是某大学生写给李开复的一封信，这封信道出了不少毕业学生的心声。大学期间，有许多学生放任自己、虚度光阴，还有许多学生始终找不到正确的学习方向。当他们被第一次补考通知唤醒时，当他们收到第一封来自应聘企业的婉拒信时，这些学生才惊讶地发现，自己的前途是那么渺茫，一切努力似乎都为时已晚。

爱因斯坦说过："学校的目标始终应当是：青年人在离开学校时，是作为一个和谐的人，而不是作为一个专家。"具体来说，大学生应该从以下四个方面提高自己。

（1）学会做人。古人云：修身、齐家、治国、平天下。修身是一切志向实现的前提，在许多大师身上，卓越的学识与人格的魅力相得益彰。大学生能在大学时代接触到一批好老师，从他们身上学习到的知识和感受到的人格魅力，将影响今后的一生。不管以后是从事何种职业，一个具有高尚的品格和正确行为准则的人，在他的工作中一定能映照出他人格的光辉，他人格的光辉也更能显示出他工作的意义。只要这样的"他"越来越多，这个社会就会越来越进步。

（2）学会做事。大学是人生难得的自我提高场所，大学生应该充分认识到这一点。充分利用大学这段宝贵的时光和难得的环境，多做事，培养自己的职业能力，做好职业生涯规划，为将来扩大自己的职业发展空间打下坚实的基础。

（3）学会学习。人们经常将大学称为"知识的殿堂"，专业知识不仅是大学时代需要掌握的重点之一，在毕业离校后的求职阶段同样占据重要地位。

不同职业对专业知识的要求不同，一些工科、经济等专业性很强的岗位，要求更是严格。因此，在找工作的时候，首先要明白自己所找的这份工作对专业知识的要求有多高，自己是否符合。调查研究显示，不管是毕业生还是用人单位，对胜任工作影响最大的因素都是专业知识和技术能力，它是应聘者对该职位工作的熟练程度和上手难易程度的基本体现。

（4）学会与人相处。常言道："独学而无友，则孤陋而寡闻。"良好的人际关系可以使一个人在温馨的环境中愉快地学习和生活，也是评价大学生心理健康的重要方面。心理学研究告诉我们，一个人想要健康地成长，就需要与他人交往，尤其是与异性的交往，在交往中更好地认识自己和他人。

第一，需要调整自己的认知，树立交往的自信心。对交往妨碍最大的，莫过于自卑和自傲。自卑的人在交往中虽有良好的愿望，但总是怕别人轻视和拒绝。很想得到别人的肯定，又常常很敏感地把别人的不快归为自己的不当。自卑的人往往表现出强烈的自尊，为了保护自己，常表现出态度强硬，难以让人接近，在人际交往中变得格格不入。所以，要克服和预防自卑心理，既要敢于正视自己的不足，也要看到自己的闪光点。

第二，要学习交往的技巧。可以阅读有关交往技巧的书籍，也可以向身边交往自如的同学请教，并多与同学接触。

第三，保持平常心，不可对自己提出过高的要求，可以设立一些较为现实具体的目标，如能多说几句话、能正常表达自己的想法，不断地使自己得到鼓励。要锻炼自己的心理承受能力，不要因为一次不顺利而消沉，或因自己某一次过失而全盘否定自己。

大学的教育就是一种人文的教育，大学教育就是要为学生构筑一个精神故乡，使他们在以后瞬息万变的世界上闯荡时，有一种内在的动力和精神的富足感。

四、大学与中学的不同

中学与大学是人生的不同阶段，在不同的舞台上，大学新生应该懂得如何扮演相应的角色。了解了大学与中学的区别，在进入大学后便能尽快适应。

> 进入大学后，新生刘某忽然感到不适应。他发现大学根本不像高中的时候那样，老师随时出现在身边。也不需要和同学朝夕相处，生活学习都要靠自己来安排。

大学与中学的不同主要体现在以下几个方面。

（1）生活方式。中学住在家里，拥有独立的生活空间，生活起居由父母安排，除学习外凡事不用操心；大学住宿舍，吃食堂，凡事自己处理。

（2）生活范围。中学生活领域较窄，基本上从家门到校门，学习几乎成了唯一内容，课余时间少，校园生活单一；大学生活领域拓宽，学习不再是唯一，校园生活丰富多彩，目不暇接。

（3）学习任务。中学生的学习任务是学习科学文化的各种基础知识；大学是培养高级专门人才的场所，大学生既要学习基础知识，又要掌握专门技能，提高各方面的素质。

（4）学习内容。中学生主要学习经典的、基础的知识；大学生不仅要学习经典的、基础的理论知识，还要关注与专业相关的最新研究成果，了解学术思想，学习内容多、任务重、范围广、要求高。

（5）学习方法。中学生上课多、自习少，学生巩固知识的方式靠做题，各个教学环节老师安排得具体，督促检查严格，学生对老师依赖性强；大学生上课少、自习多，学生巩固知识的方式靠自学，要求学生独立思考、融会贯通、举一反三。

（6）人际关系。中学交往对象主要是同窗好友、父母亲戚，班主任天天与学生见面，饥饱冷暖、学习成长样样关心，家人体贴入微、关怀备至。中学生依赖性较强，不善交际，有父母的照顾和学习的压力，对友谊的渴望并不强烈。大学人际关系交往不以个人的好恶而定，必须学会与不同的人建立和保持和谐的关系。班级同学来自天南地北、素昧平生，宿舍同学的习惯和个性可能各不相同、难以适应，师生关系也不像中学那么亲密，有时甚至几天见不到辅导员，远离父母难诉衷肠，对友谊的渴望强烈，交往场所扩大到学习、生活、娱乐等各个方面。进入大学后，要求大学生独立地、主动地与各种同学交往，社会化要求高，但由于交往技巧的缺乏等原因，有时会发生人际关系冲突。

（7）教学管理。中学实行学年学分制，在固定教室上课；大学实行学分制，必须修完课程学分和辅助学分才能毕业，上课没有固定教室。

（8）管理方法。中学时代，学校、老师对学生采取直接管理，事事由老师安排；大学更多强调学生的自我管理、自我教育、自我服务，各项事务由学生干部布置，活动由学生自己组织。

中学时，老师总说："大学是自由的天堂，进入了大学就如同打开了未来成就的保险箱的钥匙。"进入大学，你会发现：自由是相对的，而钥匙是会生锈的。

第三节 了解——适应全新环境

对于一个大学新生来说，离开熟悉的环境，离开深有感情的老师和同学，离开疼爱自己的父母，踏入一个全新的环境，尽快适应新环境是很重要的。

一、地理环境

如果说入学旅程是大学生独立处理事情的开始，那么入校后能否迅速地了解和熟悉校园环境，则决定了大学新生能否在这个环境中自如地生活和学习。

案例直播

> 大一新生王某以优异的成绩被湖南某高校录取，有过独立旅行经验的他，没有让父母陪同，独自一人报到入学。一切安排妥当后，王某抱着旅游的心态，开始了解学校周边的环境，半天的时间他就掌握了学校周边的地理信息。在后来的新生聚会中，王某利用自己搜集到的校园信息，找到了一家既美味又实惠的餐厅，受到了同学们的赞扬。

大学新生入学后，首先要尽快熟悉校园的"地形"。有的新生入校后一安排好行李，马上就到校园的各处熟悉情况。例如，了解教室、图书馆、商店、银行在什么地方，了解实验室、复印店、图书馆、食堂的开放时间，以及如何购买水、电，学校有几个门等。这样，在办理各种手续、解决各种问题的时候就会比别人更顺利、更节省时间。

其次，要多向高年级的同学请教。一般来说，高年级的同学都愿意把他们的经验传授给新生，以帮助他们尽快适应校园生活，少走弯路。另外，向自己的同乡请教也是不错的选择。

最后，可以在班级中担任一定的工作。对环境适应快的大学新生，很快就成为班级中的核心人物，并担任一定的班级工作。这样与老师、同学接触得越多，掌握的信息越多，锻炼的机会也越多，能力提高越快，自信心也就逐渐建立起来了。

大学新生除了熟悉校园环境，还应该主动接触社会环境，了解学校所在城市的情况。大学三年生活，不可能只待在校园里，总要走出校门，这就需要对学校所处的城市有大致的了解。学校处在这座城市的哪个地理位置，出门时该乘坐几路公交车，城市的名胜古迹有几处，该怎么走，等等。如果把自己关在校园里面埋头读书，对外面的社会不闻不问，是永远无法适应社会环境的。要勇敢地走出"象牙塔"，到校园外面的世界看一看，不逃避现实，也不做无根据的幻想，有目的地进行一些有益的社会实践活动，从而认清自己在这个社会环境中的实际位置。

此外，了解大学里与学生关系比较密切的部门，对于大学新生来说也是非常重要的。

（1）教务处。教务处是学校的教学管理机构，主管各系（部）的教学任务、目标、进度及计划，学生的学籍，学习要求、目标、计划及考试等教与学各方面的事务。

（2）学生工作处。学生工作处（简称学工处）是在高校中设置的主要负责学生事务的工作机构，是在学校党委和行政领导下开展大学生思想政治教育的职能部门，根据教育行政部门和学校党委、行政关于学生工作的指导思想和原则，创造性地开展工作，包含学生资助、大学生心理健康教育和心理咨询等工作。

（3）招生就业指导处。招生就业指导处也称就业指导服务中心，主要负责学校招生工作，为毕业生提供就业指导与服务，包括具体负责毕业生升入高一层次学校深造事宜等。

（4）保卫处。保卫处是维护校园良好秩序的职能部门，其主要任务是负责校园内的安全、保密、消防、交通、警卫、巡逻、治安、综合治理、外来人口登记等方面的工作。

（5）团委。团委负责学校的共青团工作，在校党委、上级团组织的领导下，围绕学校的中心工作，结合共青团工作自身的特点，开展生动活泼的思想政治教育工作，具体指导学生会和社团联合会的工作。

（6）各院（系）。各院（系）负责具体教学计划工作的实施，下面分设各专业教研室。设学生工作办公室，具体负责学生日常管理和服务。

（7）图书馆。图书馆是大学的标志之一，是学校重要的教学、教研服务机构。进入大学后，图书馆是每个大学生必须去的地方，因为求知是每个大学生上大学的重要任务，只靠课堂教学是远远不够的。

（8）后勤服务中心。学校的后勤服务中心主要是为师生员工生活提供服务的部门，如衣、食、住等。

（9）大学生心理咨询中心。这是一个由受过专业训练的专业咨询人员为大学生提供心理帮助的机构，是为大学生提供"心灵陪护"的地方。

（10）学生资助中心。学生资助中心是为帮助家庭经济确有困难的学生顺利完成学业而成立的机构，它以广大困难学生为服务对象，以落实国家助学贷款、勤工俭学、奖学金、学费减免、困难补助、社会资助等帮困助学措施为工作内容，集教育、管理、指导和服务功能于一体，为广大困难学生排忧解难。

二、人文环境

马克思说过："人创造了环境，同样环境也创造了人。"校园人文环境不仅包含了学校的办学理念、治校方针、育人标准、价值观念等教育思想，也包含了师生的衣着打扮、文明习惯等文化修养，它充分体现了一个学校的个性、品位与风范。

案例直播

> 洋洋一向是班上最好的学生，高考时也以优异的成绩考上了自己向往已久的大学。但是在大学学习一段时间后，她不快乐了，她发现所在的学校并不如想象的那样美好，自己的想法好像与学校的环境格格不入，她发现自己好像干什么都不行，和同学相处也遇到了很多困难。

俗话说："近朱者赤，近墨者黑。"校园的人文环境具有独特的育人作用，它是一本无言的教科书，潜移默化地影响着我们的言行，并且内化为我们自觉的行动。学校里的学习气氛就像一个"磁场"，大学三年时光处在这个"磁场"里面，会不自觉受到吸引作用。师生人际关系的和谐与否，直接影响交往频率。高频率的交往，对稳定学生的人格会产生积极作用。

在中学，老师教的更多是知识；而在大学里，老师教的不仅仅是知识，还有做人与做事，可以说，大学里老师对学生今后的职业生涯有一定的影响。如果所在院系的大部分老师在平常都扮演着"长者与智者"的角色，那么学生就会下意识地扮演着"晚辈和无知者"的角色，学生对老师的畏惧心理会在师生的交往中自觉或不自觉地流露出来。而如果所在院系的大部分老师都能和学生打成一片，学生和老师之间从学习到生活无所不谈，那么，师生之间就会形成亦师亦友的关系，容易使师生融为一体。有的老师喜欢让学生多看书，从书中汲取知识，学习第一；有的老师则喜欢让学生多动手实践，到企业中去实习、参与课题设计，理论结合实践。新生入学后尽快认识所在院系的老师，会对今后的学习生活有所帮助。选择自己所喜欢的老师，可以提高学习兴趣，同时，各个老师的教学风格也不同，选择合适的老师，能较好地为今后的学习生活提供好的指导。一般老师的教学科研任务都比较繁忙，尽快与所喜欢的老师取得联系，才能及早得到老师的指导。

三、院系专业

根据相关调查，在如今的大学生群体中，有超过30%的人对自己的专业不满意，同时大部分学生因为对所学专业的不满意而对所在的院系毫无"归属感"。这种思想其实是十分危险的。

案例直播

> 罗某出生在甘肃省某县的一个普通农村家庭。2021年，高三毕业的罗某填报大学选择专业。当时，经济、管理等专业颇为热门。罗某最初的梦想是中国传媒大学的广告学专业，这个专业在甘肃只招收8人，他有些担心，转报重庆大学，提前参加了素描速写考试，但成绩不佳。鬼使神差地，他看到大连海事大学的航海学专业的简介，加上重庆大学的拒绝，他脑子一热选报了该专业。入学后，他才发现专业课就是"枯燥"的电子学、电工学、天文航海、地文航海。不到半年，罗某便选择了退学。

有些新生在熟悉环境后，对大学生活有"幻灭"之感。抱怨学校教学设备陈旧、图书资料贫乏，甚至怀疑自己当初的选择是否正确。可能有些学生在入学之前，在心中将大学过于美化，理想中大学和现实的差距，使他容易产生失落感。因此把自己当成"校外人"：宿舍卫生不整洁，骂学校；伙食不合口味，骂学校；教材缺页，骂学校；连走路被树根绊着，也骂学校。他们不管事情是什么原因造成的，一有不满就骂，似乎搞好学校他们没有一份责任。缺乏认同感正是影响他们情绪的一个重要根源。有的新生由于各种原因没能选择到自己喜欢的专业，于是就觉得上课无味，提不起兴趣，如此恶性循环，最终导致成绩不理想，专业知识薄弱，白白浪费了三年大好青春。

面对不尽如人意的现实，需要新生放弃不切实际的幻想，发挥自己的主观能动性，相信环境并不能决定一切，在同样的环境下，人也可以达到不同的发展水平。新生应该充分利用环境中的优势，使个人的能力与潜力得到最大限度地促进与提高。也要充分利用学校转专业的政策，在有效的时间内申请专业变更。

第四节　变化——实现角色转变

新生入学后，学习和生活环境、方式、内容都发生了根本性变化，如何迅速适应大学学习、生活是每个新生必须面对的现实问题。能否顺利完成从高中生到大学生的角色转换，将直接影响新生在大学期间的学习和生活。

一、及时完成文化认同

所谓文化认同，是对一个群体或文化的身份认同，或者是指个人受其所属的群体或文化影响，而对该群体或文化产生的认同感。

案 例 直 播

2023 年，苏某报考一家师范院校，由于选报的专业被安排在老校区，因此硬件条件不是很好。在入学的第一天，苏某就对校园的设施"颇有微词"。随着时间的推移，苏某发现学校的一些文化现象也不能接受，比如就餐、跑操等。慢慢地，苏某变得很"暴躁"，整天对学校的各个方面看不过去，长久下来，学习成绩很受影响。

人的根本属性是社会性，这决定了每个人都处在一定的社会单位关系中，如家庭、学校等。承认并意识到自己是这个单位机构的一员，为自己所处机构的发展自觉出力，自觉维护自己所依附的机构，这便是认同感。多一份认同感，就会获得一种平和心境；多一份认同感，就会更深刻地领悟母校的价值追求；多一份认同感，就会多一份成熟。事实证明，有共同的奋斗目标，有共同的责任感，才有搞好一个单位的基础。身在群体内，心在群体外，不但不为群体尽一份责任，反而把群体当成进攻目标，这个群体就一定搞不好。

二、培养自理能力

现在的大学生入校前普遍生活在"襁褓"之中，衣来伸手，饭来张口，进入大学后也没有"断奶"。家长往往看重孩子的技能提高，却忽视了生活自理能力才是孩子独立生活的第一条件。因此，大学新生入学的第一件事就是培养自理能力。

> 冷女士的儿子王某前年考入南方某大学，没有独立生活经验的王某面对换下来的脏衣服大感头疼。每学期他都把从家里带去的干净衣服先依次穿一遍，然后再挑出相对干净点儿的衣服穿下一轮。实在找不出干净衣服了，就去洗衣店花钱洗。而每学期末，他都会把剩下的脏衣服拎回家洗。可这学期攒了太多的脏衣服，拎回家觉得麻烦，所以想了个"高招"——把脏衣服直接"打包"寄回家。冷女士对儿子的"机智"行为也是哭笑不得。

对于大一新生来说，上大学可能是他们第一次离家，第一次开始独立生活，第一次开始住宿生活。因此，培养生活自理能力是大学生活的重要一课。高中生由于学业的繁重，大部分时间和精力都用在学习上，生活上的事情绝大多数由父母包办打理。等到上大学后，生活环境有了很大的变化，没有了父母、长辈的悉心照料，许多事情要由自己处理，可以说，真正的独立生活开始了。独立的大学生活，不仅仅意味着独自面对吃、穿、住、用、行，也意味着开始独立地规划并创造自己的人生，很多事情要开始独立思考和解决。

首先应学会日常生活的打理。要学会准时起床、运动，学会自己整理床铺、收拾房间，学会自己洗衣服、缝补衣服，学会自己照料自己。在学习的过程中，如果能够和同学进行交流就更好了，因为同学间的互相影响和互相学习能够在一定程度上促进生活自理能力的提高。

独立生活的另外一个重要方面是对钱财的管理。大学新生要学会理财，要注意考虑：在生活中，哪些开支是必需的，哪些开支是完全不必要的，哪些是可有可无的。钱要花在刀刃上，要避免完全不必要的消费，可花可不花的尽量少花。此外，还要根据父母的经济能力和自己"勤工俭学"的能力来进行日常消费。

从高中时代走来，每一个大学新生所面临的都是一个全新的世界，生活从原来的两点一线变得多维丰富，许多事情需要独自处理。因此，大学新生除了学习，还必须学会打理个人生活，培养独立生活的能力。

三、自我心理调适

大学生在身心发展过程中，有意识地掌握一些常用的自我心理调适方法，如自我暗示法等，对自我心理放松、消除心理压力是非常有帮助的。

案例直播

> 某高校大一新生陈某来自四川省，在大学校园里乡音难改，同学们常拿她的口音来说笑，这些本是善意的玩笑，小陈却觉得下不来台，心情非常郁闷。同学们谈论流行时尚话题，小陈插不上话，而自己觉得有趣的事情，讲给同学听，竟无人回应。就连让她引以为豪的高考成绩，在班里也只算是一般。从小学到中学都是班长的她，竞选班干部也失败了。以上种种让她的心理严重失衡，但为维持自尊，她平日里尽量装作没发生任何事情一样，硬撑着对别人微笑，但心理已无法承受。

自我暗示是通过思想、词语，对自己施加影响以达到心理卫生、心理预防和心理治疗的目的。通过自我暗示，可以调节自己的心境、感情、爱好、意志乃至工作能力。比如，面临紧张的考场，反复告诫自己"沉着、沉着"；在荣誉面前，自敲警钟"谦虚、谦虚"；在遭遇挫折时，安慰自己"要看到光明，要提高勇气"；等等。

学会自我暗示，需要坚强刚毅的意志，要对自我及自我暗示有坚定不移的信心，并在实践中进行锻炼，使自我暗示得到恰如其分的应用。下面介绍两种具体的自我暗示的方法。

1. 冥想放松法

可以借助一件真实的物件，如某种球类、某种水果或者手头可以找到的小块物体，来发挥自我想象的能力，具体做法如下：

（1）凝视手中的橘子（或其他物体），反复、仔细地观察它的形状、颜色、纹理脉络，然后用手触摸它的表面质地，看是光滑还是粗糙，再闻闻它有什么气味。

（2）闭上眼睛，回忆这个橘子给自己留下了哪些印象。

（3）放松肌肉，排除杂念，想象自己钻进了橘子里。想象一下，里面是什么样的？你感觉到了什么？里面的颜色和外边的颜色一样吗？然后再假想尝了这个橘子，记住它的滋味。

（4）想象自己走出了橘子的内部，恢复了原样，记住刚才在橘子里面所看到的、尝到的和感觉到的一切，然后做5遍深呼吸，慢慢数5下，睁开眼睛，这时会感觉到头脑清爽，心情轻松。

2. 自主训练法

自主训练法又叫适应训练法，其中较简单的方法如下：

（1）取坐姿，把背部轻轻靠在椅子上，头部挺直，稍稍前倾，两脚摆放与肩同宽，脚心贴地。

（2）两手平放在大腿上，闭目静静地深呼吸3次，排除杂念，把注意力引向两手和大腿的边缘部位，把意念引导到手心。

（3）不久，会感到注意力最先指向的部位慢慢地产生温暖感，然后逐渐地扩散到手心全部。这时，心里可以反复默念："静下心来，静下心来，两手就会暖和起来。"

（4）做5遍深呼吸，慢慢数5下，睁开眼睛。

大学新生所要面临的是一段艰难的心理适应期，能否在这个心理转型与重塑的过程中成功进行大学生角色的转换，将直接影响到大学期间的学习、生活质量。

四、积极适应转变

大学新生的大部分情绪问题都起源于不能及时转换角色，因此，调适自己的心理，首先要从这方面入手。人的社会角色会不时转换，由中学生变成大学生，这便是一种角色转换。角色意识如果滞后，人的情绪便会被扭曲。因此一定要记住自己扮演的角色：从这一刻起，你是一名大学生！

案例直播

刘女士非常重视女儿婷婷的学习，为女儿的升学、就业定下了相当高的目标。虽然自己工作繁忙，但她从女儿小学起到高中毕业十几年如一日地接送，女儿从袜子到外套所有的衣服全部归她洗，从扫地到做饭所有的家务从没让女儿动过手。

功夫不负有心人。在今年的高考中，婷婷以优异的成绩考入了某外省高校。8月底，为了送婷婷到大学报到，刘女士特意请了假，夫妇二人一同把女儿送到了学校。可是刘女士在安顿好女儿后，刚到家没几天就接到了女儿打来的电话。女儿在电话里哭着说，学校里老师和同学都不熟悉，生活很不方便，她想家，想爸爸妈妈，甚至想要退学。想到自己之前对女儿过分的溺爱，刘女士的心里充满着担忧和后悔。

进入大学，新生要想适应大学的生活环境，应该做到以下五个转变。

1. 社会角色的转变

大学生与中学生担任的校内角色不同。在中学时，不少人在校内或班内担任过一定职务，而在人才济济的大学校园里，他们中的大多数可能成为不担任任何职务的普通学生。大学新生需要适应这种由抛头露面到默默无闻，由高才生到一般学生的转变。此外，大学生与中学生所担当的社会角色也不同，中学生的心理和思想正处于发展中，职业方向和社会角色尚不明确；而大学生的职业方向基本明确，社会地位有了较大提升，社会对大学生的期望和要求比中学生高得多。因此，大学新生要实现从中学生到大学生这种社会角色的变化，处处用大学生的标准严格要求自己，既学做人又学做事。

2. 奋斗目标的转变

大学是人生成才、成就事业的一个新起点。古人云，"有志者事竟成"，"百学必先立志"。大学生应从高考胜利的喜悦或失利的痛苦中清醒过来，根据学校教学的客观现实和自己的实际，制定出个人在学业、思想道德、心理素质等方面的奋斗目标和行动方略，以增强进取的内动力，为创造大学阶段的人生辉煌打下良好的基础。

3. 思维方式的转变

与中学相比，大学的生活节奏快，活动空间大，结交的人多，面对这些环境的变化，大学新生的思维方式要做到由"非成人化"向"成人化"转变。在思考处理所遇到的问题时，要力求做到辩证全面而不要唯心片面，要远见务实而不要目光短浅，对人生重大问题的选择要深思熟虑，而不要盲目冲动或感情用事，要加强道德和法制观念，做事要考虑后果。

4. 生活方式的转变

在中学时，有些生活琐事依靠父母亲友的帮助，进入大学后，衣食住行等个人生活都由自己处理安排，自主、自立、自律是大学生活的主旋律。大学生应适应这些生活方式的变化，自主而合理地处理好个人的学习和生活问题，注意培养独立生活的能力，要自觉遵守学校的规章制度，养成良好的生活习惯；要积极参加学校、班级组织的文体和第二课堂活动。

5. 交往方式的转变

大学生与中学生的来源不同。中学生大多在家乡就读，同学间充满乡音乡情；而大学生来自全国各地，其语言、个性、生活习惯有较大差异，这就要求交往方式要有所转变。新生要注意从以"自我"为中心向以"集体"为中心转变，在班级里要多关心他人，在宿舍里要相互礼让。

首先，要做到相互了解、相互适应，提倡主动交往；其次，同学间要相互尊重、相互关心，为人要诚恳热情，待人宽厚，严以律己，大事讲原则，小事讲风格；三是与同学交往要坚持与人为善，不要有老乡观念，搞宗派、拉帮结伙等，注意人际关系的和谐性。

第五节　规划——把握自己的人生

提前做好人生的规划,能够在人生路上先人一步。每个人的命运都掌握在自己手中,要想实现自己的理想,改变自己的人生,就要先从改变自己开始,做好自己的职业生涯规划。

一、认清自己

由于学习和生活环境发生变化,大学新生如果不能正确地认识自己,重新进行自我评价,就会极大地影响到自己对学习、生活等各个方面的适应。因此,对新入学的大学生来说,客观地认识自己,进行合理的人生设计,建立新的奋斗目标,对维护适应期的心理健康是非常重要的。

案例直播

　　爱因斯坦小时候十分贪玩。他的母亲常常为此忧心忡忡,再三告诫他应该怎样做,然而对他来讲这些话如同"耳边风"。这样,一直到16岁的那年秋天。一天上午,父亲将正要去河边钓鱼的爱因斯坦拦住,并给他讲了一个故事,正是这个故事改变了爱因斯坦的一生。

　　爱因斯坦的父亲说:"昨天,我和咱们的邻居杰克大叔清扫南边工厂的一个大烟囱,那烟囱只有踩着里边的钢筋梯才能上去。你杰克大叔在前面,我在后面。我们抓着扶手,一阶一阶终于爬上去了。下来时,你杰克大叔依旧走在前面,我还是跟在他的后面。后来,钻出烟囱,我发现一个奇怪的事情:你杰克大叔的后背、脸上全都被烟囱里的烟灰蹭黑了,而我身上竟连一点烟灰也没有。"

　　爱因斯坦的父亲继续微笑着说:"我看见你杰克大叔的模样,心想我肯定和他一样,脏得像个小丑,于是我就到附近的小河里去洗了又洗。而你杰克大叔呢?他看见我钻出烟囱时干干净净的,以为他也和我一样干净呢,于是只草草洗了洗手就大模大样上街了。结果,街上的人都笑痛了肚子,还以为你杰克大叔是个疯子呢。"

爱因斯坦听罢，忍不住和父亲一起大笑起来。父亲笑完了，郑重地对他说："其实，任何人都不能做你的镜子，只有自己才是自己的镜子。拿别人做镜子，白痴或许会把自己照成天才。"爱因斯坦听了，顿时满脸愧色，从此离开了那一群顽皮的孩子。他时时用自己做镜子来审视自己，终于映照出生命中的熠熠光辉。

　　盲目地与别人相比较，以为自己比身边的人聪明就满足了，或者觉得自己不如别人就沮丧了，这是多么愚蠢的自我判断方式。每个人都有不同的人生目标和生活方式，自己才是自己在这个世界上最可靠的人生向导。认清自己，才能走得更远。

　　看清自己的位置，是制订人生规划的前提。大学新生要想看清自己，就要从以下几方面做起。

　　1. 客观地认识自我

　　自知、自鉴是自励、自勉、自控的基础，它对人的各种活动和行为起着调节作用，是建立理想自我的基础。实践证明：一个人自我认识、自我评价的水平越高，越能促进自身的健康发展；只有全面而客观地评价自己，才能使自己有效地健康发展。

　　大学新生对自己的身材和外貌、品德和才能、优点和不足都应有正确的认识，做到全面而客观地评价自己，有助于适应新的环境。

　　2. 正视优势与劣势

　　反省自我即运用自我观察、自我分析、自我报告的方法进行自我评价。大学新生可以通过自己的言行举止、心理活动等进行合理的自我分析，在合理的自我分析中形成自我报告。通过形成自我报告，达到使自我评价更客观、更加独立与稳定的目的。

　　对自己有了客观的评价，还应接受自己，正视自己的优势与劣势。大一学生应有勇气承认自己的缺点与不足，不要过分追求完美。俗话说："金无足赤，人无完人。"世界上没有十全十美的人，现实中的每个人都有优点和缺点、长处和短处，一个人的能力再强，或者是再优秀，也不可能在每件事上都超越别人。

　　3. 基于现实的"理想我"

　　"理想我"是指个体理想中的个人自我，包括自己所希望达到的理想标准以及希望他人对自己所产生的看法。"现实我"即个体实际表现的自我，个体现实存在的水平。如果"理想我"与"现实我"存在一定程度的差异，可以促进个体的发展，但如果对"理想我"要求太高，反而易丧失信心，出现各种问题。

　　大学新生应将"理想我"建立在"现实我"的基础上，建立合乎自身实际情况的

"理想我",即不要将"理想我"的标准定得太高;否则,"现实我"与"理想我"之间存在太大差距,别人的评价亦达不到自我的期望,易产生失望、抑郁等消极情绪,带来适应问题。

4. 结合优势确立目标

大学新生还需要在对自我全面、正确的认识与评价的基础上,从自己的实际出发,结合自己的优势,确立新的奋斗目标。有了目标,才能形成前进的动力,才不至于无所适从,产生空虚无聊等体验。在确立目标的过程中,必须遵循由近到远、由低到高的循序渐进原则,一个一个逐步实现。每个目标还应恰当、合理,经过努力可以达到。心理学研究表明,一个人从事某种活动的动力,取决于他们行动的全部结果的期望值和达到目标的可能性。因此,确立适合自身实际情况的奋斗目标,对于实现理想、发挥潜力、适应大学生活都是有益的。

二、选定人生方向

很多时候,成功除了勇敢和坚持不懈外,更需要方向。选定了一个正确的方向,成功会来得比想象的更快。

案例直播

> 有两只蚂蚁,它们想翻越一段墙,寻找墙那边的食物。一只蚂蚁来到墙脚就毫不犹豫地向上爬去,可是每当它爬了大半时,就会因劳累、疲倦而跌落下来。可是它不气馁,一次次跌下来,又迅速地调整一下自己,重新开始向上爬去。另一只蚂蚁决定绕过墙去,很快地,这只蚂蚁绕过墙来到食物前,开始享受起来。而那只蚂蚁还在不停地跌落下去又重新开始。

正确的方向,建立在正确的目标抉择的基础上。所谓目标抉择,就是在职业生涯路线上,确定自己的目标。目标的确立要讲究科学合理的方法,方法不对,目标就毫无价值。甚至会为了一个不切实际的目标,拼搏奋斗,浪费了时间,最终却一事无成。

1. 目标的确立要适合自身的特点

不同的人有不同的特点,即性格、兴趣、特长等的总和。要将目标建立在最优性格、最大兴趣、最佳特长上。如果做到这一点,就能心想事成。

2. 目标的确立要高低恰到好处

职业生涯目标是高一点好,还是低一点好?总的来看,还是高一点好。远大的目标能起到激励作用,但目标过高,脱离了实际,就会因好高骛远而导致失败。目标太低,不用努力就能实现，目标也就失去意义。

3. 目标的确立幅度不宜太宽

奋斗目标有高有低，专业面有宽有窄，从科学的角度来看，专业面越窄，所需的力量相对越少。也就是说，用相同的力量对不同的工作对象，专业面越窄，其作用越大，成功概率越高。所以，目标的幅度不宜过宽，最好选一个窄一点的角度，把全部精力投放进去，会比较容易取得成功。

4. 目标的确立要长短配合恰当

目标的确立应该长短结合。长期目标为人生指明了方向，可鼓舞斗志。短期目标是实现长期目标的保证，没有短期目标，长期目标也就不能实现。特别是在职业生涯发展过程中，通过短期目标的达成，能体验成就感和快乐，鼓舞自己为了取得更大的成就，向更高的目标前进。

5. 目标的确立要具体明确

目标就像射击的靶子一样，清清楚楚地摆在那里。如果目标含糊不清，就起不到积极的作用。例如，有人决心干一番事业，具体干什么却不知道，这就等于没有明确的目标。自以为有目标，而没有明确的目标，投入了时间、精力和资金，却起不到"攻击"目标的作用，多年过去了还是一事无成。

6. 目标要留有余地

目标要留有余地，也就是在实现目标的时间安排上，不要过急或过满。如果过急，比如需要五年才能达到的目标，定为三年或两年，就会"欲速则不达"。

三、人生在于规划

理想是指路明灯，没有理想与目标的人生如迷失航向的船只。大学是一生中最宝贵的黄金时段，是新的起点、新的梦想，是梦想起飞的地方。每个人都是自我人生的"设计师"，做好规划，志存高远，从平凡小事做起，脚踏实地，实现梦想，让生命成为与众不同的自己最满意的杰作。

案例直播

哈佛大学曾经进行过一个关于目标对人生影响的跟踪调查，他们在一群智力、年龄、学历、环境等客观条件都差不多的年轻人中调查发现：

3%的人有十分清晰的长远目标；

10%的人有清晰的短期目标；

60%的人只有一些模糊的目标；

27%的人根本没有目标。

25 年后，再次对他们做跟踪调查，结果令人十分吃惊。那 3% 的人全部成为社会各界的精英；那 10% 的人都是各专业、各领域的成功人士；那 60% 的人大部分生活在社会中下层，事业平平；那 27% 的人工作不稳定，生活也很不如意。这个调查告诉人们，目标对人生有着巨大的导向性作用。因此，确定人生目标并做好人生规划是十分重要的。

　　每个大学生都应经常问问自己："人生之路到底该如何走？"记得一位哲人这样说过："走好每一步，这就是你的人生。"人生之路说长也长，因为它是对一生意义的诠释。人生之路说短也短，因为生活过的每一天都是自己的人生。每个人都在设计自己的人生，都在实现自己的梦想。

　　大学生可以把自己的人生目标分成几个阶段来完成。大一完成什么目标，大二完成什么目标，大三完成什么目标，都要做到心中有数。

　　当然，社会上的不良诱惑也的确太多，大学生的个人追求和个人素质也不尽相同，他们的最终结局也相差甚远。一个人的目标有多大，他的成就就会有多大，脚下的路都是自己走出来的。

第六节　入学——大学第一节课

　　经历了近两个月的等待，幸运的准大学生终于踏上了新的征程，他们从五湖四海出发，奔向理想中的大学。不过马上到来的，是大学新生的第一道考验，那就是入学，包括入学准备、新生报到、住宿分配和参加军训等方面。

一、准备

　　背起行囊，独自远行。从家到大学的距离并不是很遥远，却有那么多的第一次等着大学生去体验。当认真地走过后才发现，其实只是刚刚完成了一次人生的蜕变，而这种蜕变，是从出发前的准备工作开始的。

> 罗曼·罗兰是20世纪上半叶法国著名的人道主义作家，同时也是诺贝尔文学奖的获得者。对于自己的成功，他曾经说过："人们常觉得准备的阶段是在浪费时间，只有当真正的机会来临，而自己没有能力把握的时候，才能觉悟到自己平时没有准备才是浪费了时间。"可见准备的重要性。

"身份证需要带吗？""衣服该带多少？不用带夏装吧？""是带现金好还是带银行卡好？"从高中迈入大学校门的大一新生开学前正准备得手忙脚乱，该准备些什么呢？

1. 少量现金＋银行卡

到外地求学，钱是必不可少的，究竟该带多少钱是家长最发愁的事，带少了怕孩子受苦，带多了又怕路上丢失。给孩子办张银行卡，就放心多了。把学费和生活费都存入银行卡，孩子离家时只需要带上银行卡和少量现金就行，如果卡丢了，挂失再办一张，钱不够时，只需要把钱存入账户就行。

2. 车票、机票＋证件材料

"儿行千里母担忧"，出行是家长最放心不下的事。学生票采取提前发售的方式，大学生可凭入学通知书购买学生票。对于大学生来说，带齐相关的证件材料也是重要的，如果是团员，应由团籍所在学校团委在团员证上填写转至高校团委并加盖公章；如果是党员，则需要所在学校组织开具转出证明。此外，还要携带好自己的相关组织关系档案。出行前要认真阅读录取通知书中的要求，然后逐一落实，身份证也应随身携带入校。此外入学后，学校会要求上交照片等，所以大学生最好提前做好准备。

3. 应季衣服＋生活用品

很多大学生都是第一次出远门，准备生活用品就成了很琐碎的事情。在购买生活用品前，可以列一张购物清单，然后按单逐一购买。衣服方面，如果学校在本地，那么带少量的衣物即可；如果学校在外地，那么可以在离家前查询大学所在地的气象信息了解当地气候状况，再根据当地的季节状况准备衣服。

新生可能会不习惯学校的饮食，最好备好饭盒、汤匙、筷子等简单餐具，也可带一些自己喜爱的、易保存的食品，以备初来乍到"救急"之用。高校都是公寓化管理，所以扫帚等物品是统一购买的，但毛巾、牙刷、牙膏、剪刀、剃须刀等生活必需品，则需要自带，如果担心行李过重，也可到校后就近购买。

二、报到

大学环境是陌生的，大学的生活是丰富多彩的，在这全新的开始中，必不可少的一件事就是办理入学注册。入学注册是新生取得学籍的首要条件。

案例直播

各高校陆续开学，诈骗人员又出新花样，有的利用短信、电话，冒充教育系统或有关部门工作人员，谎称有优惠政策可退还相关款项、领取相关补贴或以孩子的银行卡丢失等理由，骗取家长信任后实施诈骗。

第一，银行卡诈骗。骗子声称自己的银行卡被盗，请求借卡转账，再以"我帮你操作"等理由骗得卡密码，最后用另一张卡调包。如果银行卡被骗，往往损失较大。

第二，手机诈骗。有些新生会接到类似的手机短信："您好，我们公司现在将对您的手机进行线路检测，请您暂时关闭手机三个小时。"然后，骗子会利用提前获取的新生家庭电话号码，假称是新生的同学、朋友和老师，声称你突发急病或遭遇车祸，向你的亲属、家长骗钱。

第三，代缴费诈骗。骗子利用新生入学缴费时排长队或买卡、物等机会，谎称是老师或老乡，帮新生代办缴费骗取钱财。

第四，警惕虚假网络信息。校园网论坛是每个新生都会进入的网络世界，新生在这里难免会受到混杂在其中以骗钱骗色为目的的危险信息的干扰。

由于大学生初入社会，比较单纯，很容易被不法分子盯上，加上有些新生并不清楚开学报到的流程，很容易被骗。报到当天是最繁忙的一天，很多大学新生看见这种场面会不知所措，虽然每个学校的报到流程不一样，但大致程序是一样的。

1. 新生资格审核

到达学校后，会看到学校的迎新人员在标明院系的帐篷里迎接新生。

在新生接待处，会有招生就业处的老师进行新生资格审核，必须出示自己的身份证、录取通知书等相关证件，而后到院系报到点会被告知自己的宿舍房间号和领到一张报到证，上面会注明院系和学号。

2. 住宿手续

迎新的老师和学长会告知怎么办理各项手续，有什么不懂的可以马上请教。各位学长顶着烈日甚至是冒着大雨都面带微笑热情地为新生服务，一定要记得对他们说声谢谢。学长会先带新生去宿舍，办好住宿手续。住宿手续一般比较简单，通常只要到公寓一楼的宿管处向工作人员出示报到证并填一些简单的个人资料，对方会交给你一把宿舍钥匙。将行李放到分配好的宿舍，然后就可以轻轻松松地去办理入学手续了。

记得要把行李摆放在自己的位置，防止别人拿错，可请留在宿舍的舍友帮忙照看一下行李，或者宿舍内有衣柜的话可将行李锁好。贵重物品如银行卡、手机等要随身携带，切勿留在宿舍。

3. 入学手续

学校的相关部门会集中在一个地点统一为新生办理入学手续。一般的入学手续包括以下几个部分：

（1）缴学杂费。已通过银行代扣学杂费的同学凭录取通知书领取缴费收据。

（2）户口迁移。在相关窗口提交户口迁移证。

（3）办理保险。学生本着自愿原则购买保险，如购买则在入学时一次性交完大学三年的保险费和办理相关手续，所买的保险为城镇医疗保险和商业保险。学生保险费不高，且理赔的范围涉及面广，所以建议如果经济条件允许的话，新生应选择购买保险。

（4）绿色通道。近年来，为切实保证贫困家庭学生顺利入学，教育部规定各公办全日制普通高等学校都必须建立"绿色通道"制度，即高校对被录取入学、因家庭经济困难筹集不到学费的新生，先办理入学手续，再根据核实后的情况，分别采取不同办法予以资助。家庭经济困难学生在入学前需填写《高等学校学生及家庭情况调查表》，到家庭所在地的乡（镇）或街道民政部门核查盖章，报到时递交给学校，在学校的组织下，通过"绿色通道"办理入学手续。

三、军训

每一个大学生入学最先经历的事情就是军训，军训是一个磨炼意志、体现个人品格的重要阶段。在军训中良好的表现不仅可以给教官、老师、同学留下一个好印象，而且还可以磨炼自己的意志和毅力。

（案）（例）（直）（播）

> 武汉某大学一名男生在军训时突然晕倒，被送到医院急诊科。半个小时不到，另一所大学的两名女生也在军训时突然晕倒，同样被送到医院急诊科。这三名学生晕倒的原因都是体质较差，经补液等对症治疗后，当晚三名学生都康复返校。

为了保障军训时每一名新生的身体安全，顺利完成军训这一堂大课，应了解或掌握以下注意事项：

　　（1）做好准备工作。出门前要认真检查军训服装，如：军帽、帽徽、臂章、腰带等。

　　（2）装束一定要合适。腰带要适当紧一点，走起路来会更有精神；袜子最好穿棉制运动袜，鞋子里面垫一块软鞋垫，这样脚后跟会舒服一点。

　　（3）注意补充水分。以运动饮料和茶水、盐水最佳，不要喝太多矿泉水。

　　（4）注意补充营养。军训后体力消耗极大，这个时候不要亏待自己，应多吃一些肉类、蛋类，最好还多喝点菜汤类。

　　（5）注意防中暑。若平时锻炼少，在高温环境下连续军训时间较长，出现乏力、头痛、头晕、胸闷、心慌、心悸、恶心、口干、大汗不止等情况时，可能是中暑先兆，要及时报告教官，请求到阴凉通风处休息或到校医院就诊，以防中暑发生。

　　（6）注意防晒。对于日光过敏者可涂防晒霜，并且出门前半小时就要涂抹，因为防晒霜也需要时间吸收。

　　（7）不要硬撑。军训中要讲"坚持再坚持"，但如果实在坚持不下去，一定要休息，防止出现意外，特别是体质较差的同学。一旦出现头晕、眼前发黑的现象，要及时蹲下或平躺，并报告教官，以防晕倒摔伤。

　　（8）按时作息。军训期间要按时作息，养精蓄锐，为军训打下良好的基础。

　　（9）注意沟通。军训生活中要学会与同学沟通，有困难要学会虚心向同学和教官请教，如着军装、走军步、站军姿、叠军被等。

　　（10）身体重要器官有病者不要参加军训。心脏、肝脏、肾脏等人体重要器官有疾患者不要参加军训，但需办理免训手续。办理程序为本人书写免训申请，校医院医生检查后签署意见，再经过学生处等有关部门批准即可。

第二章　生活篇

上大学后，对新生来说最大的变化就是生活环境的改变，没有了父母、长辈的悉心照料，许多事情需要独自处理，真正的独立生活开始了。另一方面，从单处一室的"独立王国"到多人群居的集体宿舍，这一生活环境和习惯的适应和磨合，对没有住校经历的新生来说，是一次人生的考验。

第一节　健康——良好生活习惯

大学生精力旺盛，又处于长身体、长知识的阶段，要养成良好的生活习惯，它是确保顺利、成功度过大学阶段的一个重要基础。为了实现身心健康，从进入大学开始，就该重视这个问题，培养良好的生活习惯，并防止不良生活习惯的形成。

一、合理饮食

大学生作为社会人群中的一个特殊群体，正处于青春向成年过渡的时期，不仅身体发育需要足够的营养，而且繁重的脑力劳动和较大量的体育锻炼也会消耗大量的能源物质。因此，合理的饮食和营养有助于提高大学生的身体素质和学习效率。

案例直播

> 上大三的小李自幼懂事，父母务农，妹妹在读高中，家庭经济条件比较困难。自从上大学以来，为了节省开支，替家里省下一些生活费，小李总是饥一顿饱一顿，觉得饿时就多吃点，不饿的时候甚至不吃早饭。有时学习到深夜，就用泡面来填饱肚子。

为了准备专升本考试，近一年来，小李更是没日没夜地刻苦学习，方便面也成了她的生活必备品。据小李回忆，她曾有过数次胃部不适的感觉，但都没有放在心上，严重时就吃一片止痛药。一个月前，小李胃疼的症状逐渐加重，间隔时间也越来越短，还常常打嗝泛酸，小李以为自己患了胃溃疡，来到医院就诊，得到的却是癌症晚期的噩耗。

身处校园的大学生不仅要学习一定的科学技术知识、专业技能，还应掌握一定的营养知识，形成良好的饮食习惯，确保大学期间科学合理的营养及膳食平衡。想要拥有强健的体魄，就必须摒弃不良的饮食习惯，保证身体健康，将来才能更好地工作，完成时代赋予的使命。

1. 吃饭时不玩电脑

现在，大学宿舍中电脑非常普及，许多大学生也习惯了一边看视频一边吃饭。用餐时及用餐后长时间坐在电脑前，使肠胃功能退化。另外，大多数沉迷网络的同学通常不会合理选择饮食，导致食物营养摄入不足。

2. 别把润喉片当糖吃

润喉片可用来治疗咽喉炎、声音嘶哑、口腔溃疡等疾病，但有的同学没病时把它当作糖来解馋。俗话说，"是药三分毒"，因此润喉片不能随便服用。如果咽喉无明显炎症时滥用润喉片，会抑制口腔及咽喉内正常菌群的生长，导致疾病发生。

3. 不要偏食和挑食

有些大学生偏食和挑食严重，只吃肉不吃蔬菜，或是只吃蔬菜不吃肉，导致营养不均衡，对身体发育产生影响。

4. 别把零食当正餐

大学生食用零食的现象在各个高校屡见不鲜，走进大学宿舍，随处可见各式各样的零食包装袋。其实，过量吃零食会影响食欲，妨碍正餐的摄入量，从而影响身体正常的发育。

5. 远离街边小食摊

街边小食摊特别是校门口的临时小食摊、夜宵摊等，卫生条件差，食品易受灰尘、废气等带菌空气污染，加上有的油炸食品来源不明，处于发育阶段的学生如果长期食用，后果将不堪设想。

6. 不拿饮料当水喝

很多大学生口渴了就喝饮料，出去玩时也喝饮料，有的同学喝饮料上了瘾，身体自然而然会出现问题，如经常无缘无故地流鼻血。其实，口渴了应该多喝水，适当喝一点饮料是可以的，但饮料不能完全代替水。

7. 经常喝牛奶

牛奶对于人来说很重要，它是能够提供优质蛋白质的食物，其中具有人体必需的微量元素和氨基酸，但有的同学偏食，拒绝喝牛奶，造成身体营养不良。

8. 少吃烧烤类食物

摄入过多的熏烤食物是对身体健康有害的，如果经常在饭前摄入大量热量高却没有营养价值的熏烧食物，时间长了会引起胃肠功能失调，而且体内长期摄入熏烧过度的蛋白类食物，易诱发癌症。民间有句谚语"大饥不大食，大渴不大饮"，告诫人们应饮食有节，不暴饮暴食。早餐以吃饱为宜，午餐以八九成饱，但以富含蛋白质的食物为宜，晚餐最好清淡一些，以吃七分饱为宜。

二、适当运动

生活习惯代表着个人的生活方式，良好的生活习惯不仅能促进个人的身心健康，而且也对人的未来发展有促进作用。近年来，大学生身体素质指标逐年下降，主要原因就是生活习惯不健康，其中缺乏应有的锻炼是最大的"祸首"。

案例直播

2013年某天下午，某班学生在上体育课，女生小茹在100米短跑项目跑到约50米时，突然倒在地上，心脏停止跳动，经校医紧急抢救恢复心跳，后送湘雅医院全力救治一周后，亦没能挽回小茹的生命。和小茹相比，某高职学校的大学生黄某要幸运一些。同年5月19日11时，黄某正上体育课时，站在排球网前的她突然倒地，失去了知觉。校医赶来对黄某进行急救，但仍未苏醒。后经医院两个多小时的抢救，黄某心跳才恢复了正常。

1. 体育运动的益处

（1）运动可以改变人的形态、结构，调节人的新陈代谢水平，提高各器官系统的机能。这些改变、调节和提高的趋向是与人类社会的进步相适应的。

（2）运动可以提高人体在生长发育期的发育水平，使人的发育期大大延长；运动有着明显的抗衰老作用，可延长人的寿命。

（3）运动可以对人体产生全面的影响，提高环境适应能力、工作能力、劳动能力及运动能力。

（4）运动可以提高人体的免疫能力，预防和治疗某些疾病，加速病患者在医学手段后的恢复。

（5）运动可以提高人的智力容量，改善人的精神状态和心理素质。

（6）运动可以塑造健美的体态，培养良好的行为举止，提高人的审美能力。

（7）运动有益于实现某些特殊性状的变异，并使这些对人类有益的性状遗传下去。

（8）运动是指导控制人类未来进化过程的积极有效因素，它有益于人类向自身进化的更高水平发展。

2. 体育运动原则

要想科学地安排体育运动和身体锻炼，提高锻炼效果，避免伤病事故，就必须注意以下基本原则。

（1）循序渐进原则。体育锻炼的循序渐进是指在学习体育技能和安排运动量时，要由小到大、由易到难、由简到繁，逐渐进行。

（2）全面发展原则。锻炼时，要注意活动的多样性和身体机能的全面提高。

（3）区别对待原则。体育锻炼时，要根据每个锻炼者的年龄、性别、爱好、身体条件、职业特点、身体基础等不同情况区别对待，使锻炼更具有针对性。

（4）经常性原则。经常参加体育活动，锻炼的效果才明显、持久，所以体育锻炼要经常化，不能"三天打鱼，两天晒网"。虽然短时间的锻炼也能对身体机能产生一定的影响，但一旦停止体育锻炼后，这种良好的影响作用会很快消失。

（5）安全性原则。从事任何形式的体育锻炼都要注意安全，如果体育锻炼安排得不合理，违背科学规律，就可能出现伤病事故。

三、充足睡眠

对许多大学生来说，熬夜似乎早已成为一种生活的常态。每天的深夜和凌晨，常会看到这样的情景：宿舍的灯熄灭了，但电脑屏幕还亮着；校园的街道是安静的，宿舍的楼道却是吵闹的。其实，大学生正处于身体发育的关键阶段，充足睡眠是身体健康的保证。

案例直播

2023年，21岁的大学生小李连续5晚通宵直播，结果猝死在出租房内。小李是平顶山某学院一名大三学生，学校规定，学生完成6个月的实习可以毕业，回到郑州的小李便通过网上求职找到了一家游戏直播公司，基本要求是每月直播时长不低于240小时，算下来平均每天8个小时，这工作量不小。

为了完成学校规定，小李硬着头皮干了这份工作，也告诉了父母，说合租宿舍里其他几个同学都在这家公司从事直播工作，大家相互都有照应。在11月10日晚7点左右，李父接到学校电话，称孩子在出租屋内死亡。

原来，小李一直是白天进行直播，在 11 月 5 日公司却要求他晚上直播，并进行规劝和诱导，说晚上打赏的多，也更挣钱。小李虽然不情愿，但还是听从了公司的安排。账号的记录则完全还原了小李进行直播的所有时间轨迹。连续 5 晚通宵直播，时长都在 9 个小时左右，一个月 240 小时的最低时长才有 3 000 元的底薪，每天耗费的体力和精力可想而知，如果没有强壮的身体恐怕还真吃不消。"有命挣，没命花"用来形容那些拼命付出，没日没夜一心只想挣钱的人，既是在肯定他人的努力，也是在担忧这般做法会不会出现意外。凡事要有个度，生命才是最重要的。

长期熬夜导致的睡眠不足，会对大学生的身体产生严重危害，主要表现在以下几个方面。

1. 容易疲劳，免疫力下降

经常熬夜造成的后遗症，最严重的是疲劳、精神不振。因为熬夜导致睡眠不足，脑神经不能得到充分的休息。同时，人体免疫力也会随之下降，感冒、胃肠感染、过敏等神经失调症状都会出现。

2. 头疼脑涨，注意力不集中

熬夜后，上课时经常会感到头疼脑涨，注意力无法集中。长期熬夜、失眠对记忆力也会有所损伤。

3. 产生黑眼圈和眼袋

夜晚是人体的生理休息时间，该休息而没有休息，就会因为过度疲劳造成眼睛周围的血液循环不良，引起黑眼圈、眼袋或是眼球布满血丝。

4. 皮肤干燥，长黑斑和青春痘

晚上 11 点到第二天凌晨 3 点是"美容"时间，也是人体的经脉运行到肝、胆的时段。这两个器官如果没有得到充分的休息，表现在皮肤上，容易出现粗糙、脸色偏黄、长黑斑和青春痘等问题。更加糟糕的是，长期熬夜会渐渐地出现失眠、健忘、易怒、焦虑不安等神经和精神症状。

5. 影响生理健康

长期熬夜对女生的危害有肥胖、皮肤受损、免疫力下降等，还会出现内分泌失调，进而可能会引发各类妇科疾病；对男生的危害有头疼、皮肤受损，严重的可影响精子的质量、数量以及存活率，这将对日后男生的正常生育造成一定的影响。

6. 患慢性病的概率增加

熬夜人群的肾上腺素等激素分泌量也比一般人高，新陈代谢的压力增加，进而出现慢性疾病，如高血压、糖尿病等。

7.视力危害最大

熬夜对眼部的危害是最大的，尤其是戴眼镜熬夜。一般而言，人的正常生理时钟是在子时（夜里 11 点）开始进入睡眠状态。科学研究表明，晚上 11 点前睡觉，人的体能可以得到最大程度的恢复。根据这个理论，凡是超过夜里 11 点以后睡觉的都叫熬夜。建议每隔 1 小时，做一次眼保健操，以缓解眼部压力。

第二节　消费——试着学习理财

上了大学后，大学生手中可支配的资金大幅增加，很多刚入学的大学生在每个月的生活费支出安排上往往无所适从，更不用说理财了。大部分大学生缺乏计划性，容易出现盲目消费的情况。此外，为确保每一名家庭经济困难的学生能顺利完成学业，学校已基本形成了包括国家奖学金、励志奖学金、助学金以及学院奖学金、勤工助学、特困补助、绿色通道、社会资助在内的多元化的学生资助体系，以保证学生安心上学、静心读书。如何规划好自己有限的资金，是大学的一门必修课，大学生合理理财，既能使自己的大学生活更有规划，也能为今后的理财奠定基础。

一、大学生消费的特点

随着社会经济的发展，大学生已逐渐成为一个庞大的消费群体，在这个竞争激烈、个性鲜明的新时代里，大学生们又是怎样消费的呢？

案例直播

透支，如今已经成为高校校园消费的热门词。随着多家银行陆续面向大学生推出信用卡业务，尚无固定收入的大学生提早成为"卡奴"。调查显示，现如今每 4 名大学生中就有 1 人持有信用卡。然而，由"方便消费"引发的"过度消费"却给大学生和银行都带来了不小的麻烦。一方面，大学生为每月拿到生活费就要先还信用卡债叫苦不迭；另一方面，银行也面临大学生信用卡坏账率增大的紧张局面。

通过以上案例,结合现实生活中的消费现象,可以总结出大学生消费的基本特点。

1. 关注健康的消费意识增强

党的十八大以来,全民健身运动在我国深入展开。大学生探求健康的热情日益高涨,追求健康的消费意识不断增强。以往的大学生将大学体育课程视为学校必修的课程要求,是必须参加的集体活动。现在,受新冠疫情的影响,大学生们意识到了生命健康的重要性,逐渐将体育锻炼作为生活的重要组成部分。他们不仅办理健身卡,购买"Keep"等线上健身类 App 中的课程,还会去体育场馆内进行篮球、游泳、羽毛球等运动。除了多样化的健身消费,他们还增加了口罩等防疫用品、维生素等保健产品的支出,以此来提升自身防护病毒的能力,增强自身的免疫力。随着近年来食品安全问题的不断曝光,他们在消费时还会优先考虑有品牌的商家,为自己的饮食安全提供保障。由此可见,未来大学生在消费中将更加关注安全与健康,对于安全、健康的商品和服务的需求也将持续增加。

2. 线上消费成为常态

互联网智能化、数字化的发展伴随着"00 后"大学生的成长。进入大学后,丰富多彩的校园生活使他们更能灵活地运用线上消费。据高校思想政治教育前沿问题研究课题组研究的数据显示,"在消费形式方面,当前大学生更依赖网络消费"。线上消费已成为他们消费的主要模式。一方面,他们线上消费范围更广。以往大学生的线上消费主要集中在从淘宝、天猫等平台购买服饰、首饰等生活日用品。现在,随着互联网越来越发达,以生鲜、药品、外卖为代表的即时配送业务和网络直播购物也逐渐成为他们线上消费的主要选择。另一方面,他们越来越倾向线上教育,导致其线上教育支出在消费中的占比逐渐升高。以往的线下培训教育价格高昂,占用时间长。现在,随着宽带网容量的大幅度提升和 5G 网络的普及,线上教育进一步成熟,其所具备的丰富的教育资源、优惠的销售价格等优势深受学生的青睐,他们越来越倾向于购买线上的培训课程。由此可见,大学生的线上教育消费模式将成为新常态。

3. 个性化消费特点凸显

消费市场中多元化的商品供给,为大学生追求多元化的物质需要与精神要求提供了可能,他们的消费因此呈现出更加个性、鲜明的特点。首先,大学生消费偏向智能化。当下,大学生喜爱追求智能化、时尚化、高品质的产品。无线智能音响、VR 游戏机、颈椎按摩仪等智能产品激发着他们的购买欲望,使之成为第一批购买这些产品的群体。其次,大学生消费偏向电商化。大学生作为互联网电商消费的主要群体,在"618""双11"等购物节点,他们的支出会比以往更多。观看抖音、淘宝等网络红人的"带货"

直播并进行消费已经成为其大学生活的常态。最后，大学生消费偏向潮流化。"网红打卡"已成为大学生出行消费的主要部分，他们通过小红书、抖音等平台了解网红地点、网红小吃，并进行"打卡"。2021年，电视连续剧《觉醒年代》就吸引了大批学生粉丝前往鲁迅故居进行"打卡"，并在网上购买与《新青年》和鲁迅相关的周边文化创意产品。可见，大学生的消费将向着个性化方向不断发展。

二、大学生消费的误区

目前，大学生所受教育的经历和所处的校园环境，使得他们成为社会上一个比较特殊的消费群体。大学生消费观念的超前和消费实力的滞后之间的矛盾，使得其消费状况存在不少问题。

> 有媒体报道，湖南郴州17岁高中生小王为买苹果手机和iPad2，在黑中介的安排下卖掉自己的一个肾。北京一名即将去外地上大学的女孩因母亲未给她购买"苹果三件套"而对母亲大声叫嚷："不给我买，就让我在大学丢脸去吧！"然后扔下母亲，扬长而去。一名高年级的学生表示，不少新生为即将开始的大学生活添置各种数码行头，一些人动辄就要家长掏钱购买价格不菲的电脑、手机等，让许多经济条件一般的家庭难以承受，实在令家长感慨"伤不起"。

不健康的消费习惯不仅加重了学生家长的经济负担，增加了高校学生教育管理的难度，也直接影响大学生世界观、人生观和价值观的形成与发展。那么，大学生消费主要有哪些误区呢？

1.非理性消费现象尚存

尽管大学生消费情况整体向好，但仍存在一些问题。

一方面，他们计划性消费意识不强。在当今货币日益数字化的社会，大多数人尤其是有着家庭供给生活来源的大学生，很容易淡化金钱的概念。绝大多数家庭都是通过银行卡、微信、支付宝转账等形式给大学生提供生活费。不断的经济供应和货币数字的"虚拟性"使得许多大学生对生活费的安排毫无计划，"月光"甚至是"周光"的现象频繁出现。加之网购平台眼花缭乱的限时优惠活动，让大学生在购物时产生一种紧张感，最终购买本不在计划之内的商品，变成负债累累的"尾款人"。尽管近年来国家禁止贷款公司向大学生发放贷款，但受其诱导性营销的刺激，仍有少数爱慕虚荣的大学生选择"先消费、后还款"，通过负债、借贷维持自己表面的光鲜亮丽。

另一方面，大学生从众性消费现象明显。受社交媒体软件中网络红人和现实生活中同学的影响，部分大学生存在从众消费的一面。他们不断地被"种草"各类商品，在充满诱导性消费的话术中不假思索，一次次地掏空自己的钱包。究其原因，主要是受群体的影响。在大学生心目中，群体是一个十分重要的概念。如果不认同同学们的想法或者做法，集体就会排斥、孤立他们。很多内心敏感脆弱的大学生不能接受自己被否认、被忽视。因此，为了获得认同感和归属感，他们便做出一系列跟风、从众的消费行为，以此来显示自己的合群，得到同辈群体的认可和接受。

2. 浪费性消费有所抬头

家庭经济实力的提升使大学生可支配的消费金额不断增加，但与此同时，勤俭节约的传统美德也受到了严重冲击，餐桌浪费、商品闲置等现象屡见不鲜。

一方面，很多学生从小就秉持着"自己掏钱，丰俭由我""打包用袋子，就是没面子"的错误观念。自身不合理的消费行为和消费观念从未受到过他人的制止，导致过分奢侈的餐桌点菜和虚荣的"面子文化"等消费行为一直存在。并且，外卖平台通常没有"按需点餐""节约粮食"等提示，这导致大学生常常会购买超出自己食量的食物。这些吃不完的食物无法妥善处理，最终只能被倒进垃圾桶，造成粮食的巨大浪费。

另一方面，受网购平台智能化的发展，大学生只需搜索一种产品，其他的网购平台就会通过大数据源源不断地向其推荐与刚才搜索相关的产品，这使得他们的购物车被一点点地填满，支付成功的页面一次次出现。并且各种限时"秒杀""拼团"等优惠活动也在不断地刺激着大学生的消费，给他们带来"买到就是赚到"的满足感。但冷静下来之后，他们就会发现有些商品并不是自己需要的，购买只是一时冲动。这些可有可无的商品最终也造成了金钱和资源的极大浪费。

3. 网络娱乐消费倾向显著

随着 AI 智能产品、VR 游戏、Switch 游戏机等高端智能游戏产品的出现，心智本就尚未成熟的大学生更加沉迷网络娱乐消费。网络娱乐游戏具有消费成本不高、游戏时间较短、时间空间灵活性强等特点，这使得大学生极易成瘾。不少大学生表示，游戏充值、直播打赏等网络娱乐消费行为能使自己获得短暂的满足感和认同感，在课堂上一起"开黑"已是常态。但事实上，这种纯粹为了打发时间的娱乐消费不仅是虚荣的，而且还是虚假的。这种本末倒置的行为最终只会浪费他们宝贵的时间和精力，使他们产生虚无感并降低他们的幸福感。

此外，随着社会多样化文化的发展，企业将国外选秀节目引入国内市场，影响着大学生的价值观念和生活方式。大学生个性独特，喜欢追求时尚。受大众传媒鼓吹包装的影响，外表光鲜亮丽的偶像成为他们立志追求的对象，从而对自己喜欢的偶像产生一系列消费行为。据相关分析报告数据显示，"00后"占追星群体比重高达70%，更有近15%的"00后"每月为明星偶像至少消费5 000元，他们的消费多集中在为偶像刷榜投票、购买明星代言的商品、参加演唱会等。还有些"粉头"不断地向大学生粉丝输出唯金钱论的价值观，对粉丝们进行洗脑，使粉丝们不惜代价地掏空自己的钱包，甚至产生借贷行为。这些没有底线的追星形式愈演愈烈，使"饭圈文化"逐渐畸形，大学生粉丝对于偶像"爱的供养"早已超出其应该消费的经济范畴，逐渐延伸至价值观领域。

三、大学生如何合理消费

说到如何理财，不外乎四个字，那就是"开源节流"。前者指增加经济收入，是经济收入的源头，源头自然是多多益善；后者指经济支出，针对消费支出需要一定的控制，要尽量控制好收入的"外流"。除了开源，理财的另一个方面就是要花钱有度、合理消费。

案例直播

一名大学生说："每个月的钱就是那么稀里糊涂花的，花没了才知道这个月还没过完。至于下个月，要不厚着脸皮向家里要，要不就先借着。"某高校的李同学说，本学期他带了8 000元的生活费。到了学校后，他和女友一起逛街，给女友买衣服，自己买了一双运动鞋，晚上吃了一顿西餐，花了2 000多元，短短几天就花完了他一个月的生活费。

上面的例子是在校大学生缺乏理财意识、盲目消费的典型，他们也因此常常感到苦恼。其实，如果能增强自己的理财意识，注意该花钱的时候花钱，不该花的时候不花，把握消费的度，就不会出现上面的那种狼狈和尴尬了。下面介绍一些"节流"的原则和技巧。

1. 钱要花在刀刃上

很多家庭条件优越的大学生不知"柴米"来之不易，没有丝毫的节俭意识。家长的资助大多是他们的主要经济来源，家里"源头"的充足让他们的支出更为任意，于是就出现了盲目高额消费、追求名牌、一味攀比等消费现象。其实，任何潮流都不会长久地占据整个社会，盲目追求潮流的消费品往往只不过是昙花一现。作为学生，应该把钱花在必须花的地方，把钱花在刀刃上才是理智的选择，尽量做到"吃要营养均衡，穿要耐穿耐看，住要简单实用，行要省钱方便"。

2. 控制自己的消费

有的学生会抱怨：不知道钱是怎么花光的，也不知道该如何控制支出。这个时候就要学会建立自己的"小账本"，尝试记账和预算可以有效地帮助自己安排收入和支出，也可以避免糊涂消费。

3. 养成节俭的好习惯

生活中有很多小开支，这里几元，那里几块，看似不起眼，但积少成多就是一个大数目。要学会从小事做起，逐步养成节俭的习惯。勤俭节约似乎是老生常谈的话题，但是这个好的习惯会让我们终身受益。

4. 把握消费时机

添置衣物的时候要学会稍稍"超前"准备。在很多大商场，换季衣服都会低折扣销售。所谓的新款在刚刚上市的时候往往会标出高价，但是在季末销售时的价格会是先前的几分之一。所以，避开商家的销售高价期，学会"过时"消费，这样会给自己节约一笔不小的数目。

第三节 旅游——行万里路

俗话说："文武之道，一张一弛。"学习之余参加一些文体活动，不但可以缓解刻板紧张的生活，还可以放松心情。对于大学生来说，结伴出游是休闲娱乐的首选，旅游不仅可以打发时间，还能增长见识。不过，大学生在外出旅游时，不仅要提前做好准备，同时还要警惕路途中的危险，避免受到伤害。

一、旅游前的准备

一直以来，三五好友自助出游深受大学生的喜爱。 方面，大学生具有一定的经济能力和自我生活能力，有相对宽松的时间；另一方面，大学生具有更多的冒险精神和追梦遐想。这些都促成了大学生对自助游的喜爱。不过，虽说自助游十分有趣轻松，但仍然需要大学生们做好出游前的准备。

案例直播

2022 年，三名大一男生打算走小路进入某景区登山探险，他们穿过一片无人经过的树林，走了大约 1 个小时，发现了一条小路，就沿着小路行走。由于并未准备相应的野外装备，3 个小时后，他们依然没有找到通往景区的正规道路，此时三人也找不到下山的道路，只好报警求助。经过近 6 个小时的搜救，三名学生终于成功脱险。

1. 提前预订住宿酒店

如果不是跟团游，最好先在网上预订旅途中的住宿酒店。一是网上订更加便宜，二是可以事先确定好行程，最主要的是可以节省时间，就像回到家一样，旅途的安心很重要。

2. 先买好返程票

如果不是跟团游，最好先把返程票买好。现在火车票可提前十几天订票，行程确定的话提前买好回程票，这样一路可以更安心。如果选择坐飞机，提前买票还可以享受较低的折扣。

3. 参团游选大旅行社

参团游可以省去车票、食宿自订的麻烦，参团游最好选择大品牌旅行社。大品牌旅行社管理规范、人员素质高，还可以通过包机等方式享受低价线路。

4. 选择合适的鞋和衣服

一些同学会为旅行添置新衣，以期更好地享受假期。但是，出游最好不要穿新鞋，鞋是旅行的重要保障。出行穿着也尽量以宽松、休闲为佳，活动起来更方便，不要为了所谓的形象让自己受拘束。

5. 准备好小药箱

出门在外，难免会水土不服，或者遇到晕车、晕船、伤风感冒的事。因此一定要带上常用的感冒、消化、创可贴等自己平时常用的药物，以保证身体健康，这样才能游玩开心。

二、旅游中的注意事项

外出旅游的目的是放松身心、欣赏美好风景，但若在旅途中发生意外伤害事故，不仅会影响旅游者的兴致，给自己和他人带来麻烦，而且可能影响行程，以至于"乘兴而去，败兴而归"。尤其是对于闲暇时间较多的大学生而言，外出旅游的机会很多，更加应该了解和掌握一些旅游安全常识，防患于未然。

案例直播

> 2017 年 12 月 31 日 7 时许，一辆中型客车行至哈尔滨哈五公路 333 公里处，为躲避前方事故车辆，驾驶人操作不当，致使中型客车发生侧滑，驶入公路右侧沟内，造成车上包括驾驶人在内 5 人当场死亡、7 人不同程度受伤。北京林业大学发布事故通报称，该校经济管理学院 9 名大四女生，结伴乘坐面包车从哈尔滨前往某景区途中，发生交通事故，造成 4 人死亡，5 人受伤。经哈尔滨警方调查，事故原因是学生乘坐的面包车为躲避前方发生交通事故的一辆轿车，发生侧滑驶入公路右侧沟内。

目前，"吃、住、行、游、购、娱"是中国发展旅游业的核心内容，决定着旅游业的成败。人们旅游是为了开心，因此在出行前掌握一些旅游技巧，未雨绸缪，是非常必要的。

1. 饮食安全

（1）出门旅游之前记得带一些治疗肠道疾病的药品。

（2）乘坐飞机登机前不要吃得过饱，七分饱即可，不要喝太多汽水、可乐之类的碳酸饮料。在飞机进入高空后，气压会变低，可能会引起胃胀气甚至呕吐。

（3）坐火车、轮船和汽车出行时应吃饱喝足，旅途中要按时吃饭，其中早饭尤为重要，可少量清淡饮食，有条件时吃点带咸味的零食。

（4）夏季高温时节旅游，饮食要讲究卫生，防止病从口入，一定要食用新鲜食品，以防肠道疾病的发生。

（5）旅途中餐应吃得适量，不要只吃大鱼大肉，因为吃得太饱或者太油腻会使人倦怠乏力，影响下午的精力。午饭后休息片刻喝一些茶水或白开水，千万不要饮酒，尤其是不要喝大量烈酒。

（6）途中尽量不吃或少吃购买的食品。食用在景区购买的食品时，应注意食品的质量，因为在途中吃出病的例子并不少见。

2. 住宿安全

（1）避免入住私人旅店，也不要选择偏僻的地方住宿。

（2）不要同陌生人同住一间房，房间楼层尽量选择低一些，最好能选择住在可最短的时间内到达安全地域的房间。

（3）在登记入住时，要看管好自己的贵重物品，不要将其单独放置在不安全的地方。

（4）进入客房以后，首先要熟悉自己所住房间的布局，查看门窗是否能打开或锁住、电话和电灯开关的位置，了解宾馆（酒店）总服务台、楼层服务台、保安部的电话号码。如有保险柜可自己设定密码，将贵重物品和现金放入。然后熟悉宾馆（酒店）的四周环境、内部通道、走廊、报警系统、疏散路线和应急出口等情况。

（5）晚上不要单独外出。

3. 交通安全

（1）提前买票，一定要注意车票的有效期。

（2）不要贪图小便宜，旅游期间尽量乘坐正规公司的汽车。

（3）若有晕车、晕船、晕机病史，可以预先服用预防晕车药物或咀嚼口香糖和含葡萄糖的食物，挑选通风透气的位置坐下，如有不适应马上进行治疗。

（4）乘车时应注意乘车须知，不要做出危险的行为，如将头、手伸出窗外等。

（5）如果是短程的旅行，的士是最好的选择。如果对服务有任何不满或疑问，可记下车牌号码并报警。

（6）去景点之前要了解好回程的车次及时间，根据时间安排游览路线及回程事宜。

4. 景区安全

（1）抵达景区后，牢记集合地点、时间、所乘的巴士车牌号。认真听当地导游讲述有关安全提示和忠告，预防意外事故和突发性疾病的发生。

（2）经过危险地段（如陡峭、狭窄、潮湿的道路等）时不可拥挤，前往险峻景点观光时应充分考虑自身条件是否可行，不要勉强自己和存有侥幸心理；参与登山等活动时应注意适当休息，避免过度激烈运动，同时做好防护工作。

（3）在水上（包括江河、湖海、水库）游览或者活动时，应注意乘船安全，穿戴救生衣，不可单独前往深水区域或者危险河道；选择下水游泳时，应携带救生设备。

（4）参加高风险娱乐项目时，如雪上摩托、骑马、草地摩托、快艇、漂流、攀岩等，一定要根据自身情况选择，仔细阅读景区提示，在景区指定区域内开展活动，注意人身安全。

（5）在景区参观游览时，要听从导游的安排，不要擅自离队；如果迷失方向，应在原地等候导游到来或者打电话求救、求助，千万不要着急。

（6）在自行安排活动期间，应注意人身安全，谨记导游提醒的各种注意事项以及景区的各种公告和警示；在拍摄照片时，旅游者不要专注于眼前的美景，而忽略了身边或者脚下的危险。

（7）自觉维护景区卫生，不在禁烟区内抽烟，不要投食喂动物，不往河道、湖泊中扔垃圾。

（8）到少数民族地区旅游时，应注意民族禁忌，尊重当地民俗，遵守法律法规。

5. 购物安全

（1）不要轻信流动推销人员的商品推荐。由于小摊位物品的真伪难以鉴别，质量难以保障，因此尽量不要在小摊位上购买物品。如确定购买，应选好商品后再与商家讨价；无意购买时，尽量不要向商家问价或者还价，以免发生争执。

（2）购物时请注意商品质量及价格，应细心鉴别商品真伪，并向商家索取正式发票。

（3）不要随商品推销人员到偏僻地方购物或者取物。

（4）在热闹拥挤的场所购物或者娱乐时，应注意保管好自己的钱包、提包、贵重物品及证件等。

第四节　网络——看似美丽的"花"

网络的发展给人们的生活和学习带来了极大的便利，正是因为它神奇的魅力，求知欲旺盛、好奇心强、追求时尚的大学生都非常钟爱网络。然而，网络本身的特点和大学生未成熟的性格，使大学生在感受先进科技带来便捷的同时，也承受着网络带来的危机。

一、网络恋爱

网络让陌生的人相识，即使天各一方，也可以因为网络的连接而变得没有距离感，因此也就产生一种新的现象——网恋。所谓网恋，就是网络恋情，意指两个人通过网际网络发展出的恋爱情谊，这是网际网络之后所产生的新的人际关系，特殊之处是两个人的关系前期并没有涉及现实生活。

案例直播

女大学生尹某通过网络聊天认识了在某建筑公司工作的陈某，两个人在聊天中渐生好感。2022年9月初，两个人相约在陈某单位附近见面。见面以后，尹某觉得陈某不适合做朋友。陈某却一厢情愿地把尹某当作自己的红颜知己，天天给尹某打电话，发短信约尹某出来见面，尹某干脆不接电话、不回短信。2022年9月17日，陈某又给尹某打电话、发短信，尹某依旧不理不睬。恼羞成怒的陈某发了多条含有威胁内容的短信。尹某开始害怕起来，打电话报了警。9月19日，大学科技园派出所依法对陈某做出行政拘留5日、罚款500元的处罚。

大学生网恋正成为一种比较普遍的交往与恋爱方式,但是网恋始终存在各种争议。一份调查资料显示,有三分之一的学生选择将网恋带入现实生活,而且年级越高的学生,在选择网上恋人时越谨慎,越倾向于把网恋发展成现实中的爱情与婚姻。这一点在工科学生身上表现得尤为明显。大学生网恋确实有很多因素。有的学校男女比例失衡,寻找理想的对象比较困难,所以网恋就成为一种方式。有一些人选择了网恋,并不是代表他们沉迷虚拟世界里的爱情,而是网络降低了寻找爱情对象的成本。

　　网恋的好处是降低搜寻的成本,但是也增加了考核成本。如果两个人仅仅在虚拟世界中交流,没有在现实里面对面地接触,就很难确定两个人是否合适。网络给人们很多想象的空间,从而让脑海充满幻想。很多时候,人们在网恋过程中会对对方产生过高期望值,因此见面之后难免有一些失望。

　　总之,不管是网恋,还是传统相亲方式,都是寻找爱情对象的途径,我们都不应该排斥。不管什么样的方式,只要有利婚恋的实现,都可以尝试。不要给网恋贴任何标签,它只是实现爱情的一种方式。从专业角度来看,网恋降低了人们获得爱情的交易费用,让更多人可以获得恋爱的机会。

二、网络游戏

　　网络游戏又称在线游戏,简称网游,指以互联网为传输媒介,以游戏运营商服务器和用户计算机为处理终端,以游戏客户端软件为信息交互窗口的,旨在实现娱乐、休闲、交流和取得虚拟成就的、具有可持续性的个体性多人在线游戏。目前,网络游戏在大学生群体中十分流行,许多大学生或是在寝室,或是去网吧通宵达旦地玩网游,不仅伤害了身体,还对学业造成了很大的影响。

案例直播

　　湖南某高职学院有一名外省籍学生,玩网络游戏近乎痴狂。家长接到老师的电话后不远千里赶到学校,在学校附近租房,把孩子"请"去同住,之后采用盯人战术,一天24小时全方位监控。一个月后,儿子承诺戒断游戏,于是母亲便安心离开了。然而时隔不久,其网瘾又犯,学业一塌糊涂。最终,该名学生被学校劝退。

沉迷网游的危害主要表现在以下三个方面。

1. **危害身体**

（1）医务专家指出，长时间沉迷于网络游戏会使人产生精神依赖，导致自主神经紊乱，体内激素水平失衡，使人免疫功能下降，引发心血管疾病、肠胃神经功能疾病、紧张性头痛、焦虑、忧郁等，甚至可能导致死亡。

（2）影响视力。网游必须集中精力，眼睛要长时间地对着电脑屏幕，视力肯定会受损。曾有报道说，一名大学生在网吧连续待了十几天，其视力由1.2下降到0.2。

（3）辐射危害。长时间在电脑前面，难免会受到电磁辐射的危害，导致皮肤油腻，脸部毛孔增大。

（4）饮食无规律，造成身体素质下降。沉迷于网络游戏的人精神高度集中，伴随着血液加速、心跳加快，人的体力、精力消耗很大，有时在玩的兴头上就连吃饭、睡觉也忘了，致使过度疲劳。

（5）抵抗力差。长时间玩网络游戏，身体得不到相应的休息和锻炼，身体素质会有大幅度地下降，从而很容易生病，并且病了还不容易好。

（6）网络游戏会对学生造成身体危害。重复、机械的运动和长时间的操作会引起腰酸、背疼、全身不适，以肩关节、肘关节、腕关节为多见的关节无菌性炎症，对大学生身体健康极为不利。

（7）在网吧玩游戏时间长了之后会容易产生幻觉，注意力下降，反应能力变差，影响智力发展，影响学习。长时间玩游戏，如果过不了某一关，在心理上还会产生焦虑情绪。

（8）大学生对网络游戏成瘾后，一旦停止网络游戏活动，便难以从事其他有意义的事情，情绪低落，思维迟缓，记忆力减退，食欲缺乏，出现难以摆脱的渴望玩网络游戏的冲动，形成精神依赖和相应的生理反应。

2. **影响学习**

（1）浪费时间。沉迷于网络游戏便不能保证学习的时间。如今的文化课学习，任务很重，没有充足的时间保证，是难以提高学习成绩的。

（2）身心疲惫。沉迷于网络游戏后，第二天根本没有精神上课，上课时精神游离，效果无法保证，学习没有劲头。

（3）精力分散。沉迷于网络游戏后，游戏的场面刺激而惊险，会深深地印在脑子里，即使身在课堂，心也飞到了游戏中。

3. 严重影响道德、性格的形成

（1）网络游戏里面，暴力血腥的场面层出不穷，色情的场面也不时出现，受这些因素的影响，本来免疫能力就不强的学生难免会把它们带到正常的生活中来。

（2）网络游戏需要经济基础做后盾，而网游又往往不被家长认可。所以，经济没有了来源，就会出现说谎、欺骗甚至抢劫等行为，很多青少年的犯罪行为就是这样一步步发展到不可收拾的地步的。

（3）现在的学生很多是独生子女，他们本来就缺乏与人沟通的能力，如果整天沉迷于网络游戏，就会更加缺乏人际交流的能力，并有可能埋下悲剧的种子。

（4）网络游戏还会使成瘾学生的人格发生明显改变，变得自私、怯懦、自卑，失去朋友和家长的信任，继而旷课、逃学。

三、网络购物

网络购物是指消费者通过互联网平台获取商品信息，并通过电子方式发出购物请求和支付款项的购物方式。随着互联网技术的不断发展，网购逐渐成为人们日常生活的重要组成部分，不过也有不少大学生在网络购物中上当受骗。

案例直播

2023年7月2日，某大学的马同学到派出所报案。6月26日，他在网上购物时，突然跳出一个广告链接，一家购物网站正在进行促销活动，价格十分便宜。马同学很快"血拼"了几件大衣和数双鞋子，总共才400多元。卖家告诉他，可以直接通过支付宝付款。马同学立即付款，在输入网银的动态密码时，他发现没有输入框，而卖家说他们使用的是另一种系统，动态密码需通过QQ发给他们，由他们输入。于是马同学将动态密码发给了卖家，很快就付款成功了。

不过，马同学等了几天也没收到所买的货品，用银行卡查询后，发现卡里近4 000元不翼而飞。等他再联系卖家时，对方已经不在线了。

1. 网上购物购票陷阱

（1）退款诈骗：冒充淘宝公司客服拨打电话或者发送短信谎称受害人拍下的货品缺货，需退款，要求购买者提供银行卡号、密码等信息，实施诈骗。

（2）网络购物诈骗：开设虚假购物网站或淘宝店铺，一旦事主下单购买商品，便称系统故障，订单出现问题，需要重新激活。随后，通过QQ发送虚假激活网址，受害人填写好淘宝账号、银行卡号、密码及验证码后，卡上金额即被划走。

（3）低价购物诈骗：通过互联网、手机短信发布二手车、二手电脑、海关没收的物品等转让信息，一旦事主与其联系，即以"缴纳定金""交易税手续费"等方式骗取钱财。

（4）机票改签诈骗：冒充航空公司客服以航班取消、提供退票、改签服务为由，诱骗购票人员多次进行汇款操作，实施连环诈骗。

（5）二维码诈骗：以降价、奖励为诱饵，要求受害人扫描二维码加入会员，实则附带木马病毒，盗取受害人的银行账号、密码等个人隐私信息。

2. 网购防骗技巧

第一招：仔细考察商家

下单前一定要考察商家，从信誉度、销售量、消费者评价等多个方面逐项考察。有信誉的商家是安全购物的重要保障。一般来说，知名电商的商品质量、售后服务都是有保障的。如果是在淘宝上购物，不仅要查看卖家的信誉，核对地址和相应的固定电话是否齐全，还要查看对方的手机、座机号码归属地是否与地址一致。

第二招：注意选购细节

消费者在网购时要增强维权意识和风险防范的意识，不妨注意一些细节问题。比如网购食品时要注意包装上的信息是否齐全，如有没有 QS 标识、生产日期、保质期，进口食品是否有激光防伪 CIQ 标志等。在购买电子产品的时候，一定要看清产品的功能、尺寸，最好在多家网站将同一型号商品进行详细比较，避免商家夸大功能、虚假宣传。在购买生活用品的时候，一定要看其他购买者的评价，看是不是有商家自己拍的商品图，有没有商品细节图，以避免商家从其他地方截图传递不真实的商品信息。

第三招：谨慎转换付款方式

当接到所购商品没有完成付款，需要更换付款方式的电话时，就要当心了，现在很多网上诈骗都是通过这种方式进行的。由于各种网上平台支付方式不同，有些是银行直接支付，有些是提供货到付款，消费者一定要在熟悉各种支付功能的基础上再进行支付。如果在网络购物时突然发生不能交易的情况，最好先中断支付，拨打官方客服电话进行核实后再操作。网银或支付宝里不要存太多的钱，设置的密码安全度要高。如果被骗，要及时向公安机关报案，保留网络聊天记录和图片，以便于警方收集线索。还需要注意的是，用支付宝担保交易时，要确保联系的人和付款交易的人是同一个，否则容易受骗。

第四招：注重保护个人信息

个人的银行账户、身份证号码、手机号码等信息一定要妥善保存，不要轻易泄露，否则可能会遇到麻烦。一些不法分子常伪装成各种服务人员，以退货、付款不成功等理由为借口给消费者打电话，然后骗取消费者的身份证号码、银行卡号、密码等信息，转走卡中的现金。所以在任何时候个人信息都要保护好，不要轻易告诉别人。据了解，淘宝退货或退款是不需要买家的银行卡和支付宝信息的。如果接到自称淘宝卖家的电话，最好先核实其身份。如遇有人找各种借口让进行汇款操作，应提高警惕，必要时可向公安机关报警求助。

第五招：拒绝霸王条款

网上有些卖家是很霸道的，他们在销售协议中加入一些不利于消费者的条款，致使消费者在购物后的维权中增加麻烦。所以，一旦发现有霸王条款出现，要赶快终止交易，以免利益受损。有的商家会通过霸王条款做出一些对消费者不公平、不合理的规定，以此来减轻、免除其义务或者排除、限制消费者权利，达到规避法律责任的目的。所以，在网购时应仔细阅读相关合同条款，如果发现诸如"只换不退""单方任意解除合同"等霸王条款时，要终止购物。消费者因霸王条款而导致权利遭受侵害的，可向消费者协会进行投诉，也可通过法院诉讼要求确认该条款无效，并请求损害赔偿。

第六招：防范陌生链接

现在有一些不法分子通过给消费者发文件、链接的方式，将盗号木马植入消费者的电脑，然后窃取相关信息，有的则是发一个链接将消费者引入自己设置好的购物网站进行诈骗。在进行网络交易时，如果对方发文件给你，千万要小心，若本机安装的杀毒软件弹出了报警消息，应立即中止交易，以防木马中毒。在购物过程中如遇陌生人发来链接网址，应仔细识别接收到的网站与真实网站的区别，查看是否存在加入个别字母的情况，以免进入虚假网站。边购物边聊天也要小心，在淘宝上遇到对方让你使用旺旺之外的即时聊天工具联系时，要注意对方是否有不良企图。

第七招：冷静对待低价

很多购物网站经常会推出"秒杀""特价"等优惠活动，有时优惠的价格很诱人，不少消费者会禁不住低价的诱惑而购物。殊不知，其实有些离谱的低价并不真实，或许只是一个骗局。"秒杀"商品价格太诱人，平时几十元甚至上百元的东西，在某一时刻仅售1元、10元。但是，"秒杀"也有陷阱，比如1元抢购的商品，其运费高达50元，还有的"秒杀"商品没有三包服务、没有质量保证等。面对低价格时不要激动，要想清楚这些商品是否是自己需要的，要知道没有白捡的便宜，如果太便宜就要多个心眼，看看里面是否有诈。

第八招：验货环节别省

签收邮件时一定要验货，不然很可能上当受骗。看到有东西送来，许多人便不问来处，随意签收。只要一签收，无论寄来的货物真假好坏，卖家都会要求付钱；因为一签收，快递公司就会有签收反馈。签收了就证明消费者认可货物，所以在收到快递的时候先当面打开查看货物是非常必要的。如果在收货时发现异常情况，消费者可以拒签快递单，并与卖家联系。

第九招：保留购物凭证

当前，一些网络销售商为了吸引更多的消费者，增加产品的销售额，往往会过分夸大商品功能，也有一些网络销售商存在以次充好、以假充真，或者降低服务质量等情形。一旦发生纠纷，由于网络交易合同电子化以及证据多由网络销售商掌握的特点，再加上很多消费者并未意识到将来可能会发生纠纷，从而导致消费者在维权时难以有效收集、提供证据。所以，网购的时候要特别注意保留聊天记录、购物凭证等。

四、网络信息安全

科学技术发达的今天，网络已经成为一把令人既爱又恨的"双刃剑"，它既可以让人们感受科技的快捷和便利，也可能蚕食人们的心灵。如果大学生缺乏应有的鉴别能力和防范意识，往往会误入歧途，最终害人害己。

案例直播

> 某大学学生陈某因学习成绩优秀，父母为其购置了一台电脑。陈某以学习为由，在校外租住房子，实际上是为了在网络论坛上开设色情淫秽栏目。短短四个月，陈某上传色情淫秽图片400余张、色情小说3篇，以此吸引他人并牟取暴利，但最终落入法网，网络色情葬送了他美好的人生。

根据有关调查数据显示，青少年尤其是刚刚步入大学的新生接触的不良信息主要有暴力、色情、恐怖等内容。此外，网络赌博和网络对骂现象也有蔓延之势。

1. 网络暴力

网络暴力是指网民在网络上的暴力行为，是社会暴力在网络上的延伸。网络暴力不同于现实生活中拳脚相加、血肉相搏的暴力行为，而是借助网络的虚拟空间用语言文字对他人进行讨伐与攻击。

网络暴力使用的语言文字刻薄、恶毒甚至残忍，已经超出了对于这些事件正常的评论范围，不但对事件当事人进行人身攻击、恶意诋毁，更将这种讨伐从虚拟网络转移到现实社会中，如对事件当事人进行"人肉搜索"，将其真实姓名、身份、照片、生活细节等个人隐私公布于众。

2. 色情淫秽内容

网络色情淫秽内容是指互联网上的文字、图片、音频、视频等具体描绘性行为，具有挑逗人们的性欲，导致普通人腐化、堕落，而又没有艺术价值或科学价值的内容。网络黄毒虽然是虚拟的，但黄毒之害对网民尤其是广大青少年网民精神的伤害是非常严重的，不少人甚至因此滑进了违法犯罪的深渊。

3. 虚假信息

虚假信息就是不真实的信息，包括虚假广告、虚假新闻、虚假身份等。虚假信息的泛滥给企业或个人带来的损害比起传统媒体有过之而无不及。互联网具有高度的开放性和交互性，任何一个网站都能生产和发布信息，为所有传播信息和发表观点的人开辟了一个几乎不受限制的空间。正是这种无限的自由性使一些信息造假者和谣言传播者能够在网上发表不负责任的言论，或有意散布虚假信息，制造混乱。

4. 网络赌博

网络赌博不等于网络博彩，它是从网络游戏中衍生的一些博彩活动，涉及网络游戏服务、虚拟货币、第三方交易平台等多个环节，采取一些打法律"擦边球"的形式，赌资往往不直接与人民币挂钩。

5. 语音聊天

网络聊天在很大程度上是匿名交流，这为一些不善于社交、性格孤僻的人提供了一种袒露个人隐私和宣泄情感的方式。根据调查，语音聊天已经成为吸引未成年人上网的又一重要因素。

第三章　学习篇

人的一生都离不开学习，而大学时期的学习尤为重要，这是因为大学教育是专业性教育，这个时期将大致确定一个人一生的专业方向和工作性质。因此，大学生进入校园的主要任务是学习，为今后走入社会做好准备。

第一节　学习模式——转变学习角色

相对中学而言，大学的学习氛围较为宽松，学生自我支配的时间多，学习的自主性强，学习环境由"严格"变"宽松"，这对自制力和自律性强的学生是十分有利的，而对自制力差的学生无疑是严峻的考验。因此对于大学新生来说，及时转变学习模式，才能掌握大学的学习之道。

一、大学学习的特点

从中学到大学，是人生的一次重大转折。大学生活的主要特点表现在：生活上要自理，管理上要自治，思想上要自我教育，学习上要高度自觉。尤其是学习的内容、方法和要求上，与中学相比发生了很大的变化。要想真正学到知识和本领，除了继续发扬勤奋刻苦的学习精神外，还要适应大学的教学规律，掌握大学的学习特点，选择适合自己的学习方法。

案例直播

> 2013年4月，某大学下发了《2013年春季学期本科学生学籍处理标准及要求》，让不少学生寝食难安。其中有368名在校生受到成绩警告，120名学生被降级修读，24名学生收到退学通知，理由是"警告甚至多次警告，成绩依然很差"。在这512名大学生中，多是因为学习成绩差而被警告或退学。究其原因，就是无法适应高中到大学的学习模式的转变。不同于高中的全封闭式管理，大学校园自主式的学习模式让众多大学生失去了目标，尤其是自制力差的学生。

大学教育是专业化很强的教育，其目的是培养国家建设所需要的各类高级专门人才。大学生的学习与中小学学生的学习相比有明显区别，主要表现在以下四个方面。

1. 自主性

在大学阶段，学习虽然也有一定的强制性，但较中小学要少得多。首先，大多数学生所学的专业是自愿选择的，是他们所感兴趣的。其次，大学生除了要学习基础知识外，还要掌握各种专门知识，成为某学科的专门人才。这就要求大学生必须善于自觉地、主动地学习。同时，大学生根据自己的兴趣和爱好，选择某些选修课，独立地阅读各种书籍，制订学习计划，采用适合自己的有效的学习方法，也体现出较大的自主性。

2. 专业性

大学学习的专业性十分明显。大学生的学习实际上是专业学习，从入学开始就有了职业定向，再经过几年的学习，大学生逐步成为基础知识扎实、专业知识结构合理、能力强、创造性高、品行高尚的德智体全面发展的高级专门人才。

3. 多样性

大学生的学习形式多种多样。在大学，虽然课堂教学还是主要形式，但大学生可以依靠多种渠道来获得知识，同时大学的实践性教学活动占有很大的比重。因而要通过自学、讨论，听学术讲座、参加第二课堂等活动来获取知识，加强实验、实习、社会实践和科研等实践性的环节，这些都是大学生增长知识和才干的重要途径。

4. 探索性

大学生的学习具有明显的探索和研究的性质。大学的教学内容由确定结论的论述逐步转向介绍各派理论观点和最新学术发展动向方面的知识，人文学科的内容变化更大，知识更新更快。这就要求大学生的学习观念从正确再现教学内容向汇集百家之长、形成个人见解的方向转变。大学生从在教师指导下完成作业，到独立完成毕业论文（或毕业设计），都带有明显的探索的性质。

二、适应学习上的变化

对于大学校园里学习模式的变化，大学生要适应并及时总结出适合自己的学习模式，将生活与学习、专业与实践相结合，做到全面发展。

案例直播

> 某高职学院学生李某说，刚入大学时感觉大学和高三简直有天壤之别，高三生活"两点一线"，有写不完的作业和背不完的知识点，而大一新生学习压力较小，又没有来自各方面的监督，这种期待已久的自由，让很多学生的生活一下子懒散了许多。为了不虚度大学生活，李某从一进大学开始就注重培养自己良好的生活习惯和学习习惯，为将来进行知识储备。

为了掌握大学的学习之道，大学生应做到以下几点。

第一，要培养学习的兴趣，提高学习的积极性、主动性和创造性，强化自主和能动意识，变中学时代的"要我学"为"我要学"，增强学习的目的性，激发成就欲望。

第二，要实现由应付升学考试到提高自身素质和能力的转变。在打牢基础理论知识、拓宽知识面的同时，要重视实践，积极参与第二课堂的活动，注意培养动手能力和创新能力，在提高个人的综合素质上下功夫。

第三，要注意学习时间的科学运筹，实现由挤时间向讲求效率转变。在学习中要讲究用脑的艺术，遵循学习规律，注意学习方法，提高学习效率，开发自己的智力潜能。

第四，要重视良好学习习惯的培养。大学新生从入学第一天开始，就要注意培养自己好的学习、生活习惯，学习要有计划性，要雷厉风行，不要拖拉；要把每天的时间安排好，生活要有规律，克服随意性；要注意掌握学习的节奏，提高学习效率，学习时要专心致志；还要处理好学习与课外活动、人际交往的关系，尽量少去或者不去网吧，避免上网成瘾，荒废学业，影响身心健康。

三、学习的主要环节

高职学院是高等教育学府，是提供教学和实践技能的高等教育机构。不过这种定义过于简单，它也是人生梦想起飞的地方。

在大学学习中要注意把握几个重要环节：预习、听课、复习、总结、记笔记、做作业、考试等。这些环节把握好了，就能为进一步获取知识打下良好的基础。

（1）预习。这是掌握听课主动权的主要方法。预习过程中要把不理解的问题记下来，听课时增加求知的针对性，既能节省学习时间，又能提高听课效率。

（2）笔记。上课时要集中精力，全神贯注，对老师强调的要点、难点和独到的见解，要认真做好笔记。课堂上尽可能地理解老师所讲内容，经过认真思考，消化吸收，变成自己的东西。

（3）复习和总结。课后及时复习，是巩固所学知识必不可少的一环。复习过程中要认真整理课堂笔记，对照课本和参考书目，进行归纳和补充，并把多余的部分删除，经过反复思考写出自己的心得和摘要。每过一个月或一个阶段要进行一次总结，温故而知新，以融会贯通，形成自己的思路，把握所学知识的来龙去脉，使所学知识更加完整、系统。

（4）做作业和考试。做作业是巩固消化知识，考试是检验对所学知识掌握的程度，它们都起到了及时找出薄弱环节加以弥补的作用。做作业要举一反三，触类旁通，要养成良好习惯。对考试要有正确态度，不作弊，不单纯追求高分，要把考试作为检验自己学习效果和培养独立解决问题能力的演练。

四、科学的学习方法

大学学习除了把握好学习的主要环节之外，还要有目的地研究学习规律，选择适合自己特点的学习方法，提高获取知识的能力。

案例直播

2023 年，小林以当地第一名的成绩考入某高职院校。进入学校后，她发现自己原本在高中的学习方法不再适用，自己的方法总是与老师的方法发生冲突。第一学期期末，本来踌躇满志准备获取奖学金的她未能如愿。她的情绪从此一落千丈，变得郁郁寡欢，无心学习，也无法处理好与同学的人际关系，还整夜失眠。最后不得不去医院精神科检查，结果诊断她是患了抑郁症。

1. 制订科学的学习计划

大学学习单凭勤奋和刻苦是远远不够的，只有掌握了学习规律，相应地制订出学习规划和计划，才能逐步完成预定的学习目标。首先要根据学校的培养计划，从个人的实际出发，根据总目标的要求，从战略角度制订出基本规划，包括自己希望达到的总体目标、学习到的知识结构，在学好专业计划课程之外选修哪些科目，着重培养哪几种能力等。

对大学新生来说，制订整体计划是困难的，最好请教本专业的老师（包括班级导师）或求教高年级同学。首先制订好一年级的整体计划，经过一年的实践，待熟悉了大学的特点之后，再完善整体规划。其次要制订阶段性具体计划，如一个学期、一个月或一周的安排，计划的制订要结合自己的学习情况和适应程度，主要是学习的重点、学习时间的分配、学习方法的调整、选择参考书目等。这种计划要遵照符合实际、切实可行、不断总结、适当调整的原则。

2. 讲究读书的艺术

大学学习不光是完成课堂教学的任务，更重要的是发挥自学的能力，在有限的时间里充实自己，而阅读与学业及自己的兴趣有关的书籍是最好的办法。学会在浩如烟海的书籍中，选取自己必读之书，就需要有读书的艺术。

首先要确定读什么书，其次对确定要读的书进行分类，一般来讲可分为三类：第一类书只需浏览即可，第二类书则需要通读，第三类书则需要精读。正如培根所说："有些书可供一赏，有些书可以吞下，而不多的几部书则是应当咀嚼消化的"。浏览可粗，通读要快，精读要精。这样就能在较短的时间里读很多书，既广泛地了解最新科学文化信息，又能深入研究重要的理论知识。

3. 善于综合和分析

所谓综合，即对研究对象的各要素、方面、环节、过程的概括、抽象；所谓分析，即对研究对象的各要素、方面、环节、过程等做出解析性、还原性说明。这两方面能力的培养，一要通过哲学方法论的专门训练，二要在学习中不断积累。关于综合，不仅要综合客观对象的各方面，更重要的是要注意综合前人对研究对象的重要思路和各种结论，甚至注意综合自己的各种思考和成果；关于分析，就是在研究理论问题时，一定要弄清概念，从概念分析入手，把对象如何清晰地展示出来，然后才能进一步谈怎么办的问题。

4. 学会辩证思维

要培养敏锐的洞察能力，首先要培养自己对专业浓厚的兴趣，其次要培养细心的习惯，最后还要培养自己丰富的联想和想象能力。同时，要学会从正面、反面、不同侧面及动态变化中认识事物、分析问题。之所以要这样，是因为世界上的一切事物无不具有辩证的性质。

5.完善知识结构

合理的知识结构，既包括精深的专门知识，又包括广博的知识面，具有事业发展实际需要的最合理、最优化的知识体系。不过，建立合理的知识结构是一个复杂长期的过程，必须注意如下原则：

（1）整体性原则，即专博相济，一专多能，广纳百家，为我所用。

（2）层次性原则，即合理知识结构的建立，必须从低到高，在纵向联系中，划分基础层次、中间层次和最高层次。没有基础层次，较高层次就会成为空中楼阁；没有高层次，则显示不出水平。因此任何层次都不能忽视。

（3）比例性原则，即各种知识要适当兼顾，数量和质量之间要合理配比。比例的原则应根据培养目标来定，成才方向不同知识结构的组成也就不一样。

（4）动态性原则，即所追求的知识结构绝不应当处于僵化状态，而是能够不断进行自我调节的动态结构。这是为适应科技发展知识更新、职业和工作变动等因素的需要，不然就跟不上飞速发展的时代步伐。

第二节　专业课程——安身立命的砝码

调查研究显示，不管是毕业生还是用人单位，对胜任工作影响最大的因素是专业知识和技术能力，它是应聘者对该专业、该职位的熟练程度和上手难易程度的最基本的体现。沟通表达能力、人际交往能力、健康状况和科学思维能力这些因素相对而言要靠后一些。所以说，专业课程的学习才是大学生安身立命的根本。

一、"好学校" VS "差学校"

如今社会上存在着一种名校情结，家长和学生是非名校不上，招聘单位是非名校不招，众多学子为了"清华""北大"的名号奋力拼搏，颇有不考名校不罢休的气势。那么，学校真的有"好"与"坏"之分吗？名校情结究竟是对是错？

案例直播

> 在一次招聘会上，某重点大学的学生李某看中了一家外贸公司翻译的职位，因为自己学的是翻译专业，所以他觉得自己很有优势，加上自己有外宾接待和在涉外酒店实习的经历，李某觉得十分有戏。

可是，当他把简历递过去时，对方只扫了一眼，就皱起眉头说："把简历放这吧！下一个。"李某有点儿摸不着头脑，他想看看下一个应聘者的情况。那个同学没说话，直接递简历。招聘方也只扫了一眼，就狠狠地在上面画了个圈，然后说："行了，等通知吧。"

李某偷眼一看，发现凡是画了圈的简历都被单独放在一起，圈里面也都是"名校"的。

从历史上看，似乎名校出身的人更有竞争力，成功者比例也更大，看上去有很大的相关性。这里面是由几种历史原因造成的。

1. 在信息不发达时期，名校拥有的知识载体更多

在互联网时代之前，图书和名师是学校的重要资源，这些资源都是优质的知识载体。身处其中的学生容易接触更多的知识而受益。

在信息化的今天，信息已经不是某几所名校所独有的，任何一所学校只要具备一定的资源，都可以共享世界上大多数的图书和文献，互联网消除了学校资料间的差异，各种网络公开课程进一步削弱了名校拥有的优质教学资源优势。因此，如果是为了拥有名校更多的知识载体，在当下已经不是正确的假设。

2. 在人才极度欠缺的时期，名校意味着更多的机会

在30年以前，一个大学生，更别说是名校大学生，都是社会的稀缺资源，名校毕业生甚至可以一步登天，机会比一般学校要多一些。而今天，大学教育得到很大程度的普及，大学生、硕士甚至博士都不易找到很好的工作岗位。这不是名校的悲哀，恰恰是社会的进步。每一个人都不能保证自己在学习的道路上一直能保持快速和正确的方向，遇风波则可能掉队。

能够一路顺风上名校的同学，并不一定都是智商和情商都很高的人，而是一直很努力，很少出差错的人。但是人的一生很长，大学以前很少出差错，并不代表他很健全或更具创造力。现在的社会机制给曾经出过差错的人以更多的机会，这是社会的进步。

3. 名校网罗了更多的高智商人才

我们只看到名校毕业生成功比例更大的表象，并把这种功劳归之于学校，这是不全面的。我相信那些能够取得成功的名校学生即便在不那么有名的学校里就读，一样会成功。或者换句话来说，把名校的老师换掉一部分，并不影响这些学生的成长。在科学界，在学术上做得优秀的人中，名校的比例并不是出奇地高，这就说明，如果要在学术上取得成功，与是否上名校并不完全相关。

4. 名校能够帮助心智不成熟的人提升自信

大多数人在上大学之前还是个孩子，不是一个心智成熟的人，需要外界给予信心和动力。上了名校的学生，骨子里突然就增加了不少的信心，这种自信有时候会产生好的效果，至少可以突破一些心理上的自卑障碍，有些不敢想的事情敢于去想。

事实上，这些对于事业很重要的素质并不是必须通过上名校来获得。这只能是初等教育失败的另一个证明。如果在初等教育中就能够让孩子们真正成熟，成为一个独立的人，那么这些学生就不用去借助外力来完成自己初步的心理训练。

不过我们要知道，学习乃至事业是否成功与名校无关。老师的教学再好，都不能替代学生的消化过程，也不能替代学生的自我思考和思维逻辑能力提高的过程。如果一个学生的知识都是在课堂上听懂的，那么这个学生绝对不是个优秀的学生。优秀的学生永远都是以自学为主，老师的讲课只能是学生和老师对于知识理解进行交流、比较和对话的过程，而不是一边倒的灌输。

充满名校情结的人往往是不自信的人，这是社会不成熟的表现。社会价值一元化最终导致名校情结的出现，这并不有利于人才的真正成长。事实上，社会中每一个人并不是生来就适合做所有的事情的，我们只能不断地塑造自我，慎重地选择合适自己的路，而不是一拥而上，那样反而可能让自己失去走自己更合适道路的机会。

二、"好专业" VS "差专业"

选择一所名牌大学是许多家长及考生的共同愿望，这无可厚非。名牌高校不仅能让学生接受良好教育，校园深厚的文化底蕴、良好的人文环境也能"润物细无声"地帮助学生树立正确的人生观和价值观，让学生终身受益。

考生选报志愿时，专业选择也很重要。因为专业很多时候决定着未来所要进入的行业，决定着今后所要从事的职业。专业选择是职业定位及人生发展的第一步，它不仅关系到在大学学什么，更关系到今后干什么。

案例直播

> 付芬从小喜爱文学。2021年高考，她被某国家示范高职学院物流专业录取。她好几天都闷闷不乐，因为她不喜欢物流专业。
>
> 大一期间，付芬开始考虑转专业，她的父亲还曾为此与校方交涉，最终未果。眼看转专业无望，2022年秋，付芬毅然退学选择复读。2023年高考，她发挥失常，最终结果与她的期望相去甚远，不但无缘国家示范高职学院，就连进入高职学院的把握也不大。

1. 传统专业与新兴专业

院校的传统、特色、主要专业，一直是新生和家长选报的热点。而对于新兴专业，一方面要看到新兴专业培养的是社会发展和国家经济建设急需的专门人才，有利于今后就业；另一方面也要看到新兴专业可能在教学上还没有形成相对独立、完善的教学体系，在教学资源、设备、师资力量上还有所欠缺，是在实践中逐步摸索前行的，还需要时间的沉淀与检验。

2. 冷门专业与热门专业

冷门专业和热门专业是人们在填报志愿时根据就业难易、就业收入和工作环境等情况而衍生出来的。其实"冷"与"热"是相对于某一时期的社会热点、市场需求和就业形势而言的。所以，在专业选报时不要过分追求当时之"热"，冷落一时之"冷"，要遵循"热"极必"冷"和"冷"极必"热"的规律，结合社会发展和国家建设需要，设立长远目标，合理选择专业。

三、大学课程的安排

进入大学后，学习任务十分艰巨，既要学专业相关知识，也要学专业外的知识；既要学科学研究方法，也要学实验、技术操作。一般来说，大学里所学知识是由公共基础课、专业基础课和专业课组成的，循序渐进，一环扣一环，前面任何一环没有学好都将影响到后面课程的学习。

案例直播

> 曾某是湖南某高校的学生，由于当初选报专业时服从调剂，所学的建筑设计专业并不是自己喜欢的，于是他选修了喜欢的计算机课程，并且全身心投入学习选修课程。最后专业课程多门"亮红灯"，而选修课程却十分优秀。不过由于专业课程挂科太多，曾某面临着留级的危险。

对待专业课的学习，应做到目标明确具体，主动克服各种学习困难，不断提高学习兴趣；对待公共课，要认识到其实用的价值，努力把对公共课学习的间接兴趣转化为直接兴趣；对选修课的学习，应注意克服仅仅停留在浅层的了解和获知的现象。

1. 专业课

不同专业的学生有不同的专业课，但不同专业的学生对待本专业课程的学习态度应该是一致的：不管喜欢与否，都要尽力把专业课学好。在学习专业课的时候，学习目标要明确具体，不断提高学习动力和学习兴趣，主动克服各种学习困难，做到直接学习兴趣和间接学习兴趣相结合。

2. 公共课

总的来说，大学生对公共课的学习积极性普遍不如对专业课的学习积极性高，有相当一部分学生持消极应付的态度，学习目的不明，目标不清，动机不强。学习兴趣主要与老师的教学水平相关，如果老师的课讲得生动活泼，学生们就愿意听，有兴趣学。但这种学习兴趣大多停留在较低水平上，只限于上课认真听讲，把听课当成了一种享受或是对专业课的调剂。

因此，大学新生要端正对公共课的态度，要充分认识到公共课的实用价值及对自己的意义，部分实用性强的公共课（例如外语）要当成专业课来学习。

3. 选修课

一般说来，大学生对选修课的学习兴致较高，认为选修课可以开眼界、长见识，扩大自己的知识面。但选修课在大学生心目中的地位和分量不如专业课和公共课，大学生真正投入认真学习的不多。学习目的较模糊，学习动机不强，学习既不消极也不太积极，上课时注意力集中程度不高，认识能力也较少充分发挥。

因此，大学新生对选修课的学习，应注意不要仅仅停留在浅层的了解和获知上，更要杜绝为了捞取学分才选修某些课程——"选而不修"的不正常现象。

第三节　时间管理——一寸光阴一寸金

众所周知，时间是一项特殊的资源，它具有如下特征：时间供给毫无弹性，在任何情况下时间都不会增加，也不会减少，每天都是 24 小时。时间对每个人都是公平的，不分男女老少、职位高低，因此才有"一寸光阴一寸金，寸金难买寸光阴"的说法。

一、大学生时间管理现状

所谓时间管理就是有效地利用时间资源，以便有效地实现个人重要目标。大学生要管理好自己的时间，不要让烦琐的事情占据重要事情的时间，做好自己的时间规划，充分合理地利用时间，这样才能把握现在，赢得未来。

案例直播

> 　　小李是某大学化工系的学生，出于对化学的热爱，小李上大学以来一直认真学习，在大一、大二也取得了不错的成绩。但是她发现自己过得很累，每天除了上课，就是参加学生活动，有时还要和同学逛街，结果搞得自己的化学实验都不能按时完成。每天晚上回到宿舍，小李都会感叹时间怎么过得这么快，她还没完成当天的事情呢，然后就下定决心明天一定要完成计划的事情。但是到了第二天，原来想好的事情，又被其他事情给耽误了。就这样一天一天过去了，快到期末了，小李一看自己平时课程没有学好，为了及格，只能临阵磨枪了，搞得身心十分疲惫。

大学生目前的时间管理现状并不尽如人意，主要表现在以下几个方面。

1. 时间管理满意度低，缺乏信心，执行力弱

面对快节奏的现代生活，大学生往往处于一种过度忙碌或者是不知所措的状态，无论是学习、生活都缺少一个目标，随波逐流，学习和生活很难围绕一个中心展开。

很多大学生都认识到时间是有限而宝贵的资源，却不善于根据自己的情况安排计划，或是制订了计划却不能坚持执行。很多大学生仅仅满足于让计划停留在纸面上或者脑海中，不能针对自己的情况进行调整。另外，大学生的时间管理还受室友、朋友或同学的影响。随着同学感情的加深和关系的密切，课余时间的安排和管理容易受到其他人的影响，如为了增强自己的归属感，改变自己的时间安排而迎合小集体的意愿，或者受从众心理的影响，掩饰自己的真实想法。

2. 时间安排不合理

很多大学生怀揣着雄心壮志进入高校，但是有的大学生不知道自己应该做什么，最后留下的只有后悔。大学生大多不喜欢循规蹈矩，做事往往喜欢凭感觉，在学习和工作中不愿按计划使用时间，从而效率低下，浪费了大量时间。还有部分大学生并不是不愿意计划安排自己的时间，而是他们时间规划得不合理，没有将时间进行具体分配。大学生普遍不能把闲散时间集中使用，很多人把时间用在了睡觉、上网、打游戏上，还有的大学生表面看起来很忙碌，时间安排很紧，却不知道自己真正做了什么。

3. 时间管理存在个体差异

有人曾经以某大学为例研究过大学生课余时间管理现状。研究表明，在周一到周五的课余时间安排中，自习排第一位，但是排在第二位要做的事情中，大一、大二的学生表现出了明显的不同，大一学生选择了学生会等社团活动，大二学生选择了上网。

无论他们选择的理由是什么，我们可以看出，受性别、年级等因素的影响，大学生的时间管理存在着差异。从性别因素分析，男生和女生的时间管理差别较小，但是女生比男生具备更好的时间管理信心及对时间管理行为能力的估计。从年级因素分析，大一新生相对来说更具有时间管理的倾向性，随着年级的增长、压力的增大和学习的日益枯燥，追求成功的动机就下降了，时间管理的能力呈下降趋势。但是到了大三，学生的时间价值观念发生改变，时间管理能力明显提高，甚至高于大一学生。

二、管理时间的重要意义

班·费德文曾说过："成功的工作源自组织，源自安排时间的努力。排出一张时间表得费点儿时间，可是和没有组织工作所必须付出的代价相较之下，那实在是微不足道。"时间的最大特性是不可逆性，这极大地增加了时间的价值，也决定了时间管理的重要意义。

案例直播

> 在一个小镇上，一位作家拜访了一位84岁的老学者。在学者那狭窄的厨房里，作家向学者倾诉了内心的困惑。
>
> 学者："你应该抓紧现在和未来的日子。"
>
> 作家："是的，我在尽力。但是，我已经浪费了几十年。"
>
> 学者摇摇头："达尔文说他贪睡，把时间浪费了，却写了《物种起源》；奥本海默说他锄地拔草，把时间浪费了，后来成为'原子弹之父'；海明威说他打猎、钓鱼，把时间浪费了，最终获得了诺贝尔文学奖；居里夫人说她为孩子和家务，浪费了时间，然而她不但发现了镭，而且还把孩子教育成了科学家。"
>
> 作家大喊："这些人都是天才！我只是个平凡人，愚蠢的平凡人！"
>
> "你有权评定自己是愚蠢的平凡人。但我想说，只要有确定的目标，在任何时间做任何事，都不会妨碍思考和研究，甚至有助于思考和研究。他们自以为浪费了时间，实际上并没有浪费。"
>
> "但是，我年纪大了。"
>
> "我70岁那年，拟完成一个需要10年才能完成的研究计划。当时，我向一位30多岁的年轻朋友谈到这个计划，他笑了笑。我知道他为什么笑。在他看来，70岁的老人，时日已不多，还能做些什么？10年过去了，我的工作如期完成，仍然在实验室里忙着。"学者挺了挺胸，笑了。

"你那位年轻的朋友呢？"作家问。

　　"不再年轻，已经中年啦！"

　　"对他来说，这10年来，应该是黄金年龄，相信有很不错的纪录。"

　　"没有，他也承认过去的10年是空白，真正的空白。"

　　"为什么？"

　　"依旧熙熙攘攘、庸庸碌碌地生活。10年，一眨眼就过去了。"

　　这一番话，如当头一棒，作家呆了：心中是否有确定的目标，是伟大与平庸的天壤之别，是聪明与愚蠢的分水岭。

　　一个人是否能获得成功，取决于他的态度和思维方法，态度决定行动，思维方法决定方向。一个人朝着正确的方向行动，是一定能成功的，有效的行动和正确的思维方法是成功的保障。如果想要成功，管理好自己的时间是一个很重要、很关键的因素，一个人的成就跟他时间管理的好坏是成正比的。

　　大学，是青年有梦的年华，是人生影响力最大的阶段。大学的学习过程，是储备竞争力的过程，是准备冲刺的过程，是酝酿精华的过程。微软奇才比尔·盖茨虽然在大三辍学，但他在事业辉煌成功之后提起，在哈佛大学的经历是一段非凡的经历，是在这里的经历和结识的人以及发展起来的思想与想法永远地改变了他。

　　苹果电脑公司和皮克斯动画公司首席执行官史蒂夫·乔布斯虽然也在大学期间退学，但他也说过："我凭着好奇和直觉，在大学所选听的课，无意中涉足的许多事情，后来都证明是非常有价值的。"他在斯坦福大学劝告大学生们："你们的时间是有限的，因此不要浪费时间去过别人的生活，不要让别人的声音淹没你自己内心的声音，最重要的是要有勇气听从你自己的心灵和直觉。"

　　大学生活永远无法重建重构，它在每个人的经历中都是独一无二的。因此做一个合理的大学规划，管理好自己每天的时间，是极其重要的。时间管理好的人，是时间的主人，否则就是时间的奴隶；时间管理得好，能提升自己的生活品质；时间管理好的人，是一个很忙碌的人，忙而有序，忙而有效。

三、管理时间的技巧

　　在《高效能人士的七个习惯》一书中，作者史蒂芬·柯维提出，"重要事"和"紧急事"的差别是人们浪费时间的最大理由之一。因为人的惯性是先做最紧急的事，但这样做会导致一些重要的事被耽误掉。所以说，时间管理也是有技巧可循的，掌握了时间管理的诀窍，大学时光才不会虚度。

案例直播

　　一天，时间管理专家为一群大学生讲课，他现场做了演示，给学生们留下难以磨灭的印象。站在这些高智商、高学历的学生前面，他说："我们来做个小测验。"

　　他拿出一个1升的广口玻璃瓶放在桌上。随后他取出一堆拳头大小的石块，仔细地一块块放进玻璃瓶里。直到石块高出瓶口，再也放不下了，他问道："瓶子满了吗？"所有学生应道："满了。"

　　时间管理专家反问："真的？"他伸手从桌下拿出一桶砾石，倒了一些进去，并敲击玻璃瓶壁使砾石填满石块的间隙。"现在瓶子满了吗？"他第二次问道。但这一次学生有些明白了。"可能还没有。"一名学生应道。

　　"很好！"专家说。他伸手从桌下拿出一桶沙，开始慢慢倒进玻璃瓶。沙子填满了石块和砾石的所有间隙。他又一次问学生："瓶子满了吗？""没满！"学生们大声说。他再一次说："很好。"

　　然后他拿过一壶水倒进玻璃瓶，直到水与瓶口持平，抬头看着学生，问道："这个例子让我们学到什么？"一名学生举手发言："它告诉我们，无论你的时间表多么紧凑，只要你挤出时间，你可以做更多的事情！"

　　时间管理专家说："那不是它真正的意思。这个例子告诉我们：如果你不是先放大石块，那你就再也不能把它放进瓶子里。"原来，先放大石块就是时间管理的奥妙所在。知晓如何分配时间，才能够在有限的时间内，依序放进上面的各种石头、沙子和水。

　　浪费时间是可耻的，要珍惜时间，掌握时间管理的技巧，让每一分钟都过得充实而有意义，提高效率能使时间创造双倍的价值。

1.对自己的习惯做出准确评价

　　大学生可以通过时间日志来了解自己的情况。时间日志要准确地记录每天做的事情，至少连续记录一周，记录的人通常会惊讶地发现，自己在某些活动上花费的时间比原来自己预想的要多，而某些重要事情占据的时间比自己预想的要少。通过记录，大学生会了解自己的时间利用情况，从而帮助其明确下一步努力的方向。

2.认真制订并执行工作计划

　　"凡事预则立，不预则废。"大学生要将自己要做的事情列出清单，而且一定要写书面计划。这个计划可以是日计划、周计划、月计划等。

日计划就是每天要花一些时间规划自己的活动。无论选择何时，都可以写下当天的工作。日计划的 5 个步骤：写下任务；估计做事的时间长短；留些缓冲时间给未预见的事情；确定优先顺序、简化及授权；追踪与检讨。

3. 确定适合自己的时间管理系统

大学生要全面仔细地想清楚自己需要的是哪种时间管理系统，并试用一段时间，验证系统的效能。时间管理系统包括：你需要什么？何种日志？留多少空白做记录等？有的大学生可能靠日志、笔记本等就可以把工作做好，还有一种比较有效的方法是活页记事簿。大学生可以根据自己的情况量身定制适合自己的时间管理系统。

4. 要巧干不要傻干

对于大学生来说，时间是有限的，一天只有 24 小时，所以提高工作效率尤为重要。大学生除了学习，还有其他很多事情。如果在课外活动上投入的时间太多，就会影响学习。大量研究表明，人的体力和脑力有一个由低潮到高潮，再由高潮到低潮的周期变化。如果我们长时间从事一种活动，就会造成大脑疲劳，效率也会随之下降。所以，大学生要注意提高效率，在适合的时间做适合的事情，持续一段时间后，换换学习或工作内容，让身体处于休息和轮流活动中，这样可以延长高效工作的时间。

5. 掌握关键管理策略

优先顺序：决定哪件事情必须先做、哪些事情可以延缓处理等，明确任务的等级。大学生在面对若干事情的时候，可以根据任务的重要程度分为：A 类任务——非常重要的事情；B 类任务——重要的事情；C 类任务——不太重要的事情；D 类任务——不重要的事情。

根据任务类型的不同，大学生要采取不同的解决方式。有以下几条基本法则：将一天中三分之二的时间用在 A 任务上，五分之一的时间用在 B 任务上，六分之一的时间用在 C 任务上，然后剩下的时间是否用在 D 任务上。例如，在筹办一项活动时，哪些可以放一放，然后将 60% 的时间用于处理较重要及紧迫的事情，20% 的时间用于处理一般事务，20% 的时间可以保留作为灵活运用，这样可以确保任务的顺利完成。

人的精力和注意力是有限的，要做到每次只集中解决一件事情。大学生应该把重要的任务挑选出来，专心致志地完成，把时间用在更有意义的事情上。

第四节　应对考试——考试来了我不怕

曾经有人戏言：大学考试考的不是智商，考的是人类的生理极限、情报搜集能力、套词套话能力、速背速记能力、遇到非考点时心理承受能力、考场上跟踪与反跟踪能力，以及印一堆跟考试不知有无关系的资料的财力。所以，大学考试是能真正反映学生综合素质的。虽说这只是一句玩笑话，不过恰恰是真实的大学考试的写照，对于大学生来说，考试真可谓是"逃不掉的宿命"。

一、大学期末考试

大学期末考试是大学阶段里最重要的考试之一，当学期快结束时，学校会通过试卷的形式对该学期各门学科应掌握的知识进行检测，这种考试方法可以很好地检查学生的学习情况，评估学生的学习能力。

案例直播

> 王某是某高校的学生，在大二的期末考试中，他挂科了。不过让他郁闷的不是挂科本身，而是以59.95分挂了。根据该校给出59.95分成绩的程老师的说法，学生该科目最终成绩由平时成绩30%加上期末成绩70%而来。在学校的新版教务系统中，他只要分别输入两个成绩，学生的综合成绩自然生成，所以会出现小数点。对于学生"多给0.05分就没挂科"的遗憾，他表示，学生实际多少分就是多少分，严格要求也是对学生负责，真正努力学习的同学，考试一定能过关。

只要有考试，就可能有挂科。时下，从进入大学开始，不少大学生就开始参加志愿者、兼职、实习及创业等社会活动。参与此类社会活动，不仅可以缓解困难大学生的经济压力，同时可以储备多方面的知识，增强动手能力，为进入社会就业、参与竞争增加砝码。但与此同时，过多的社会活动也会影响学业。

通过调查发现，大学生挂科的原因五花八门，除课程难度大外，受情感等心理问题、参加学生社团活动过多、家庭经济困难忙于校外打工，甚至填错答题卡等的影响。其中，因网瘾问题造成考试成绩不及格的学生所占比例高达34%。此外，因学习不认真导致不及格的大学生占到 33%，其中相当一部分人也是长期沉迷于网络，不能自拔。

期末复习是期末考试取得好成绩的有力保证。首先，应在思想上重视它，不能麻痹大意，因为期末考试考查面涵盖很广。其次是要讲究方法。古语云："工欲善其事，必先利其器。"意思是说无论做什么事，都要事先做好准备。期末考试也是一样，要想取得好成绩，除了平时努力学习，打好基础，提高学习能力外，期末复习方法也很关键。

在大学期末考试中，对学生没有及格的科目，学校通常会安排在下一个学期的开始再给一次重新考试的机会，叫作"补考"。如果补考不及格的话，则必须进行重修，重修后补考如果还不及格，则可能拿不到毕业证。

不过现在部分高校放宽了对补考的要求，规定只要曾经不及格课程少于某一学分，且在毕业前修完曾不及格的课程，仍发放毕业证。

二、大学生"考证热"

有信息表明，近年来可供大学生考试的证书已超过了百种。主要分为以下三类：

通用型证书。如计算机等级证书，大学英语三级、四级证书，用人单位比较看重这类证书，成为大学生考证的首选。

能力型证书。如全国计算机软件专业技术资格和水平证书等。

职业资格类证书。如报关员证书、物流师资格证书、驾驶证等，范围最广、种类最多。

针对大学生"考证热"这种现象，不仅要看到其合理和积极的一面，还应注意盲目或跟风考证的危害。

案例直播

> 某高校对 200 名大学生进行抽样调查，结果显示三成学生手中持有一本以上"非必要"证书，最多一人拥有四本证书，如果加上英语和计算机证书，这名学生一人拥有六本证书。

大学生面对考证时，首先，要根据自身专业及爱好，不要盲目跟风，采取"四处撒网式"考证法。而应该从自身兴趣和爱好出发，为自己的专业需要和发展前景去考证。这样就会形成良性循环。

其次，要清醒地认识自己，对自己有清晰的定位，弄清楚究竟什么专业的证书才是适合自己的，同时自己也非常有兴趣把它深入钻研下去。因为只有浓厚的兴趣和求知欲才能把我们带到想要去的方向。一言以蔽之：选择要慎重，目标要长远。

再次，大学生考证的同时应注重自我能力的提高，让证书和自我能力成正比，而不是为了考证而考证，最后买椟还珠式地只获得了证书，失去了考证的真正目的，即知识的储备和能力的提高。

最后，应该明确：证书对用人单位来说只是一个参考条件，而不是必选条件。大学生要认识到能力与职业证书的区别，理性对待"考证热"。

三、正视考试失利

对于大学生而言，考试虽然不像中学时期那么受重视，但是作为检验自身学业水平的重要方式和手段，仍需认真对待。尤其是大学时期比较重要的考试，如英语三级、四级考试和专业技能证书考试等。

人生不会一帆风顺，考试难免会有失利的时候，这就需要大学生及时调节考试失利后的心理状态，正确看待考试成绩，切不可过分看重考试结果，最终产生心理障碍。

案例直播

> 小韩今年22岁，是湖南株洲人，在外地上大学。由于担心因文凭问题找不到好工作，春节前，已读大三的小韩报名参加了专升本考试。遗憾的是，他对学习并没有太大兴趣，每次熬夜看书，都觉得异常痛苦。第一场考试结束后，由于发挥失常，小韩彻底丧失了信心，觉得自己根本不可能考上本科，因此后面的两场考试他都没敢参加，等于自动放弃。
>
> 放假回家后，小韩还沉浸在考不上本科的悲伤中，对什么事情都提不起兴趣，经常失眠。见他的情况有点不对劲，妈妈就找他谈心，聊天时她得知儿子竟动了轻生念头。小韩的父母被吓坏了，赶紧带他到医院检查，才知道他患上了中度抑郁症。

考试失利后出现短暂的心理失衡是一种正常的情感反应。不过，如果心理压力过于沉重或持续时间过长，则不利于身心健康和成长。大学生应该如何面对考试失利呢？

1. 正视失败

俗话说："胜败乃兵家常事。"考试失利对学生而言是很正常的事。要知道，如果不经历失败，就无法真正认识人生的真谛。如果一味地生活懊悔或自责，消极地看待失利后正在或将要面临的问题，就不会有重新开始的信心和勇气。更加严重的是，会由考试的失利转化成心情上的失落乃至人生的失意，而后者的杀伤力是十分可怕的。

2. 切忌比较

一些大学生在考试失利后想不开，其中的原因是喜欢与同学或朋友比较，总是以超过别人为目标。一旦事与愿违，便会出现心理错位，拿自己的"失利"与别人的"得志"比。这样比来比去，不但把信心与斗志比没了，而且使原本不爽的心情越来越糟糕。正确的方法是：以他人为参照榜样，以超越自己为目标，只要今天的自己超过了昨天的自己，就有理由为自己骄傲。

3. 转移注意力

如果考试失利了，不妨暂时回避一下，打破静态体验，借助动态活动调节情绪。例如，听一段美妙的音乐，或是约好友逛逛街、打打球，这些都有助于缓解自身的失意情绪。

4. 学会倾诉

有的大学生考试失利后，便会背负起沉重的精神包袱，觉得丢了面子，羞于见同学、朋友，面对朋友的电话或来访持抵触心理。其实，消灭失意的最好方法是倾诉，这样可以让心灵得到释放。

5. 总结经验

总结经验是应对考试失利的最好方法，成功能坚定我们的信念，而失败给了我们独一无二的宝贵经验。大学生要善于从失败中总结教训，积累更多的经验。

第四章　实践篇

常言道："实践出真知。"对于大学生来说，大学校园就是进入社会的前一站，大学生应该积极参与实践活动，及早适应社会生活的节奏。

第一节　学生干部——增加人生历练

一、认识学生干部

要想做好一名学生干部,首先要认识大学校园学生干部的基本构成,包括班级干部、学生会干部以及党、团干部等。

案例直播

　　某高校大三学生小黄介绍，大一时竞选班干部，60人的班级里，有20余人参与了班长的竞选，激烈角逐，仅拉票环节就持续了足足两个小时。上了大二，大一的班子中只有3人愿意留任，竞选时基本上是一个职位只有一个人报名。到了大三，更是无人主动请缨竞选班长和学习委员，班主任无奈之下，经过协商最终指定了两名同学担任这两个职位，整个换届大会仅持续了十分钟。

　　究其原因，大一进校时大家争着当班干部，主要是想通过管理班级事务锻炼自己，为自己的大学履历添彩，以及便于加学分、评奖学金。可是在当了班干部之后，才发现班干部做的都是一些琐碎的事，这才造成了班委竞选出现逐级"降温"现象。

大学校园中之所以出现上述案例中的这种现象，主要是因为大学生对学生干部的认识不足。按照不同类别，学生干部分为班干部（包括团支部、班委会）、学生会干部（包括学院学生会、各院系学生分会）、社团联合会干部（包括各协会、社团、舞蹈队、国旗班、礼仪队）、团委会干部（包括办公室、组织部、宣传部等）。

1. 班干部

（1）班委成员主要包括：班长、副班长、学习委员、纪律委员、文娱委员、体育委员、宣传委员、生活委员、男生委员、女生委员、心理委员等。

（2）团支部成员主要包括：团支部书记、团支部副书记、组织委员与宣传委员等。

2. 学生会干部

学生会干部主要包括：主席团（包括主席、副主席），维权主任，纪检主任，秘书长，各部（学习部、纪卫部、文娱部、体育部、女生部、生活部、保卫部、宿管部、宣传部、外联部、广播站、心理健康部等）部长、副部长、干事等。

3. 社团联合会干部

社团干部主要包括：主席，副主席，纪检组组长，秘书长，各部（组织策划部、外联部、网络部、宣传部等）部长、副部长，以及各协会会长等。

4. 团委会干部

团委会干部主要包括：书记，副书记，办公室，各部（组织部、宣传部、文体部）部长、副部长、干事等。

5. 党支部干部

党支部干部主要包括：书记、副书记、组织委员、宣传委员、纪检委员等。

6. 担任学生干部的优势

在了解了大学校园基本的学生干部分类后，大学生还应认识竞选大学生干部的益处，这样才能提升参加班级活动与管理工作的积极性，才能做好学生干部。

（1）学生干部是同学中的骨干和带头人，需要发挥带领引导作用，并且要求严于律己、以身作则，这无形中使学生干部成为同学学习效仿的榜样，能提升个人能力。

（2）学生干部是学校领导和班主任的得力助手，学校的许多工作和班级的各项事务，都需要学生干部配合去做，因此大部分学生干部与老师或辅导员之间的关系是很密切的，这样可以从他们那里获得有关就业等其他信息。

（3）学生干部是同学和老师之间的桥梁，将同学们的想法、意见、实情反映给老师，及时化解和消除师生之间的矛盾，使老师与学生之间关系协调、情感通融，这样可以改善与同学的关系，增强自身的号召力。

二、竞选学生干部

进入大学之后，在大家尚未了解彼此之前，辅导员可能会指定一些同学做班级事务的管理人或者联系人。但这并不代表他们就是班级的班干部，因为大学的班干部一般实行的是公开竞选，而要想竞选成功，就需要下一番大功夫。

案例直播

> 小白是一名大一新生，在没进入大学之前，她希望自己进大学后要争取当上学生干部。小白个子高，身材好，会跳舞，在高中时是年级文艺部的部长，凭着自身的资质，她认为自己竞选上文艺委员完全没有任何问题。进入大学后，小白观察了班级里的同学，论资质没有能比得上她的，于是她信心百倍，没有把竞选当回事。当拿到竞选通知时，小白也没有过多准备，心想上台不就讲两句话吗？竞选那天，其他同学都激情洋溢，小白有点紧张了，加上没有准备，上台讲话也结结巴巴，发挥得极差。结果，文艺委员的职位被班上一位男生获得，小白懊悔不已。
>
> 18岁的小田是家里的独生女，爸妈对她十分宠爱，凡事都为她计划好。进入大学后，小田想要锻炼一下自己，于是决心竞选班级生活委员，可是性格腼腆的她根本不知道该如何参加竞选，这让她十分的苦恼。

一篇打动人心的竞选发言稿是获得竞选成功的重要法宝，它不仅让支持自己的同学鼓劲助威，还会让其他同学为自己的魅力折服，心甘情愿地投票给自己，让自己顺利过关。除了优质的发言稿，在竞选之前，尽量与班上同学多交流沟通，让他们更加了解自己，从而接纳自己。熟悉的过程是一个接纳的过程，即使同学并不觉得你特别有当学生干部的能力或者并没有感受到你的气质，但是由于熟悉，加上对其他同学也不了解，就很可能会投你一票了。

三、做好学生干部

如果竞选成功了，接下来就要考虑如何当好一名优秀的学生干部了。当好学生干部并非一件容易的事情，要处理多层关系。大学校园有时候就像一个社会，学校的事情多而杂，相应的工作量就大，许多事情处理起来也没那么简单。

案例直播

> 　　刘某是北京某高校的大一新生，在学生干部竞选中，他凭借生动诚恳的竞选演说打动了同学，成为班级的班长。可是竞选成功后小刘犯愁了，虽说自己在高中担任过班长，可是大学并不同于高中，管理方式必然要有所变化。后来在辅导员的帮助下，小刘掌握了班级管理的重点，策划组织了多个活动，受到了同学们的一致称赞。

　　"工欲善其事，必先利其器。"做一名合格的学生干部，应该建立一套合适的解决问题的方法。及时发现问题，细致而正确地分析问题，用正确的方法解决问题，这是一名合格学生干部应培养的基本功。一般来说，学生干部需要具备以下几种素质。

1. 政治思想素质

　　学生干部作为学生基层组织各种活动和工作的组织者和领导者，必须具有较高的政治觉悟和思想品质。俗话说："其身正，不令而行；其身不正，虽令不从。"大学学生干部更应以身立教，为人楷模，把同学们紧紧地吸引和团结在自己的周围。同时学生干部要注意培养事业心，自觉认识所从事的学生工作的重要意义，明确所肩负的重托，增强责任意识，保持旺盛的工作热情，兢兢业业，积极工作。

2. 业务素质

　　大学生都具有一定的专业知识和理论水平，而且求知欲强，喜欢探索，这就要求学生干部有较高的业务素质和合理的知识结构。一般来说，学习成绩好的干部更容易赢得同学的认可，更容易树立起榜样的力量，从而更好地团结同学。

3. 能力素质

　　大学学生干部的能力素质包括很多，其中主要包括以下几个方面：

　　（1）交往能力。学生干部要熟悉交往艺术，善于同各种类型的同学交朋友，学会与各种群体和组织打交道。只有这样，学生干部才能和同学以及其他组织和群体建立密切的关系，各种信息也会源源不断地向自己传来，从而为开展各项工作创造一个宽松和谐的外部环境。

　　（2）决策能力。决策是领导行为的基本功能，领导行为的效果依赖于决策的性质。学生干部应根据中心工作，结合本部门或本系、本班的特点和具体工作的实际情况，找出关键问题所在，及时做出有效可行的决策。

　　（3）组织能力。学生干部要把性格各异、素质不同的同学组织起来，合理安排他们，充分调动每个人的积极性，让他们团结互助，拧成一股绳，为共同目标的实现而努力，从而保证决策的实现。

（4）创新能力。学生干部能不能干出成绩，能不能超越自我、超越别人，取决于是否有创新能力，在工作中能不能提出新见解、新方案，能不能打开新局面。如果学生干部因循守旧坚持本本主义，迷信书本和权威，一切按老规矩办事，那么就没有发展，一切都可能是老样子。

4. 心理素质

良好的心理素质是学生干部对同学实施有效管理的又一重要因素，它包括广泛的兴趣、丰富的情感和坚定的意志等方面。一个人如果兴趣狭窄、情感贫乏、意志薄弱、性格孤僻，缺乏主动精神和自主能力，人际关系不协调，是很难有大的作为的。相反，一个人有了广泛的兴趣，更加接近和了解同学，更多地涉猎各方面的知识，增加和同学的共同语言，能有效地激起和培养群体成员的集体主义观念。

丰富的情感是联络和沟通同学关系的有效途径，它可以增强领导者的感染力和影响力，得到同学的信任和认可。坚定的意志就是要求干部要自觉地确定目标并为实现这一目标而努力奋斗，在工作中表现出主动精神和独立自主精神，勇于为自己的决定和行动承担责任，对工作中出现的挫折和干扰有坚强的自制力，善于控制自己的情绪，保持高度的自信心。只有这样，才能带领同学完成预定任务。

5. 集体素质

学生干部个体的素质固然十分重要，但如果集体素质不平衡，就会导致群体领导层的内耗。对于大学生群体的干部来说，合理的集体素质构成应该具有互补性。它要求各位学生干部在性格、气质、能力上彼此取长补短，优化组合，并互相尊重，注意满足对方的需要。这种心理及能力上的互补有利于学生干部集体的团结，有利于形成集体的合力。

第二节　入党——信仰的选择

共产党员是中国无产阶级革命的先驱者，成为一名光荣的共产党员是无数青少年的梦想。不过，要申请入党并不是那么简单，除了要取得优秀的个人成绩外，还要有较高的政治觉悟，并经过严格的审查，这样才能加入党组织。

一、端正入党动机

端正入党动机是争取入党的首要问题。那么什么是入党动机呢？入党动机就是一个人要求入党的内在原因和真实目的，它从根本上体现出每个党员的素质和行为，是共产党员世界观、人生观、价值观的集中反映。

案例直播

截至2022年底，中国共产党党员总数为9804.1万名，其中，学生党员共290.1万名。在如此多的大学生党员中，出现了个别学生入党动机不够端正的现象：

（1）高校党员发展和教育管理服务工作中存在薄弱环节，有的高校党组织对发展学生党员把关不严，需要提高发展党员的质量。

（2）一些高校对学生党员教育培养不够系统规范，对学生党员管理服务的方式方法比较单一，流动党员管理机制还不健全。

（3）个别学生入党动机不够端正，少数党员政治素养不高，组织纪律性不强。

首先，大学生要端正入党动机，正确的入党动机是：热爱社会主义祖国，坚定共产主义信念，愿意全心全意为人民服务，在建设有中国特色的社会主义事业、实现中华民族伟大复兴、服务祖国和人民的过程中实现人生价值而要求入党。对于如何端正入党动机，主要包括以下几方面。

1. 加强学习

这里不仅仅是指学好本专业内的科学文化知识，为以后的生活、工作打下坚实的基础。更重要的是，加强有关党的理论的学习，要认真学习马列主义理论，认识到其揭示的人类社会发展的基本规律，并用马列主义理论武装自己。

另外，还要加强对党史、党建的学习，真正深入地了解将要加入的党是一个怎样的党，它对我们国家的建设和发展起到哪些重要的作用，真正做到从思想上入党，这样才能说服自己更加努力地朝着早日加入中国共产党的路上迈进。

2. 勤于实践

实践是检验真理的唯一标准。只有融入实践当中，才能够对所学习的理论进行验证和进一步执行。通过实践，更真实地感受到党在组建和发展过程中遇到的困难，意识到老一辈的革命家在党的领导下为今天的安定生活付出的辛劳甚至生命，意识到在新时期，在各种对党不利的言论之下，大学生入党积极分子所应努力坚持的方向。所以，只有勤于实践才能够使学习的理论不只限于空洞的说教，使得大学生能够将理论融入实际的生活之中，鞭策其向前。

3. 自觉接受党组织的教育和考察，并经常进行批评与自我批评

共产党员和我们一样是普通人，社会上各种非无产阶级思想也会影响他们，尤其是当代大学生党员。因此，大学生党员需要加强自身的党性修养，经常反省自己，进行自我批评，以便在不断的学习和生活过程中，逐渐懂得客观世界的规律，并且自觉地接受党组织的考察，通过党组织的教育认识自己的优点和不足，切实做到扬长避短，以取得更大的进步。

4. 了解大学生入党的益处

相对于其他阶段，在大学阶段选择入党比较简单，并且入党可以为大学生带来不少优势。

（1）入党是一个信仰问题，而现代社会个人价值观多样化，所以坚定一个信仰很重要，人若无信仰就会随波逐流。入党的益处就是使人树立信仰，并时刻坚定它。

（2）每一个有责任心的人都不甘碌碌无为，都希望实现自己的人生价值。可以说，入党提供了一个实现人生价值的平台。

（3）成为党员后，可以为大学生就业和考公务员加分，因为在大学能够加入党组织的大学生，品德都是十分优秀的，这是无形的砝码。

二、了解入党程序

《中国共产党章程》规定："年满十八岁的中国工人、农民、军人、知识分子和其他社会阶层的先进分子，承认党的纲领和章程，愿意参加党的一个组织并在其中积极工作、执行党的决议和按期交纳党费的，可以申请加入中国共产党。"这是申请入党的基本条件。

案 例 直 播

> 出生在军人世家的大学生周某，一直想要像爷爷和爸爸那样，成为一名光荣的共产党员。进入大学后，周某积极了解大学生入党流程和注意事项，可是询问周围的同学，大家都是一问三不知，无奈之下，他只能直接联系学校党支部的副书记李老师，最终明白了入党的基本条件和程序。

1. 自愿提出入党申请

要求入党的同学自愿向所在学校党组织提出书面申请，申请主要写对党的认识、入党动机、对入党的态度和本人主要表现。党组织接到申请后，党支部要建立登记册，列入培养计划，随后应派人与入党申请人谈话（一般在十五天内），进行教育和鼓励，并登记上报。

2. 确定入党积极分子

参加学校组织的党校培训，并取得结业证书，经党小组（共青团组织）推荐、支委会（不设支委会的支部大会）审查同意后，便确定为入党积极分子。党支部将入党积极分子报上级党组织备案，并通知入党积极分子本人，要求其本人写出自传（内容主要包括本人简历、家庭主要成员及主要社会关系的历史和现实表现情况），指定党员作为入党积极分子的培养联系人。

3. 进入考察期

党支部每季度对要求入党的积极分子进行谈话、考察，每次考察情况要填入入党积极分子考察表（填写考察意见时，要真实、具体、准确，既要写出优点，也要写出缺点）。考察期至少一年，积极分子要定期向党组织汇报思想、学习工作情况等。

4. 听取党内外群众意见

党支部指定一至两名正式党员召开座谈会，听取党内外群众对入党积极分子的反映。一般座谈会应在考察期近一年，支部准备列为发展对象之前召开。会议内容应真实反映在《发展对象意见征求表》上。

5. 确定发展对象

要求入党的积极分子经过一年以上培养教育后，在听取党小组、培养联系人和党内外群众意见的基础上，经支委会讨论同意，可列为发展对象，并对发展对象的情况予以公示（公示内容包括本人自然情况、所在班级、申请时间、培训时间，公示时间为七天，公示后党支部要将结果形成书面材料与所发展材料一并上报，并公布举报电话）。

6. 政审

主要审查发展对象本人对党的路线、方针、政策的态度，政治历史和重大政治斗争中的表现。审查发展对象直系亲属和关系密切的主要社会关系的政治情况。发展对象应如实向党组织汇报情况，并填写《发展对象政审表》。政审的方法：考察档案和必要的函调、外调，函调和外调材料一般需经乡以上党委盖章生效。函调时间要求：一般提前三至四个月发外调函。

7. 上级党组织预审

党支部确定了发展对象，应及时向上级党委（总支）报告意见，并附送入党积极分子的政审材料、《发展对象意见征求表》《发展对象情况表》《入党积极分子登记表》等。上级党组织（总支）进行审查，对符合要求的，同意确定为发展对象者方可下发《入党志愿书》。

8. 填写《入党志愿书》

发展对象填写《入党志愿书》需经上级党组织同意，在入党介绍人的指导下，用钢笔或毛笔填写。并要求其填写时做到忠诚老实、实事求是，不得有任何隐瞒和伪造。字迹要清楚，不得涂改。对《入党志愿书》上的项目没有内容可填时，应注明"无"。在"对党还有哪些需要说明的问题"一栏，主要填写需要向党说明而其他栏目中不能填写的问题，或对某些栏目需要补充说明的问题。

9. 确定入党介绍人

入党介绍人由两名正式党员担任，一般由培养联系人担任，也可由发展对象约请，或由党组织指定。入党介绍人的主要任务是：

（1）向被介绍人解释党的纲领、章程，阐明党员的条件、义务和权利，认真了解被介绍人的入党动机、政治觉悟、思想品质、工作表现、经历等情况，如实向党组织汇报。不能采取马马虎虎的态度，更不能有意隐瞒或歪曲事实真相。

（2）指导被介绍人填写《入党志愿书》，并认真填写自己的意见（填写入党介绍人意见时，不要简单地以"提希望"的形式代替把缺点写出来，而应实事求是地对被介绍人的政治觉悟、思想品质、工作表现和其他方面的情况作出全面评价，并表明自己对其能否入党的态度），向支部大会负责地介绍被介绍人情况。

（3）被介绍人批准为预备党员以后，应继续对其进行教育帮助，使其按期转为正式党员。

10. 召开支部大会

召开支部大会的程序包括：

（1）申请入党人汇报对党的认识、入党动机、本人履历、现实表现以及向组织说明的其他问题。

（2）党小组和介绍人介绍入党人的主要情况，并对其能否入党表明意见。

（3）支委会报告对申请入党人的审议情况。

（4）与会党员充分发表意见，对申请入党人能否入党进行讨论。

（5）申请入党人对大会讨论情况表明自己的态度。

（6）采取举手或无记名投票的方式进行表决。

11. 审批接收新党员前的谈话

在审批接收新党员前要指派党委组织委员、组织员、其他党委成员同申请人谈话（两个人以上），作进一步的考察。谈话前，组织员要对支部报来的入党材料进行审查，看材料是否齐全，手续是否完备（查看支部记录），并采取座谈或个别谈心的方式，听取党内外人员对入党申请人的反映。

谈话时，主要了解被谈话人的入党动机，对党的认识和对党的基本知识的掌握情况，征求其对党需要说明的问题，帮助其提高对党的认识，指出努力的方向。谈话后，及时并如实地将谈话人的意见填入《入党志愿书》，并向党委汇报谈话情况。

12. 预备期的培养考察

预备期为一年，从支部大会通过预备党员之日算起。对预备党员进行教育和考察，党组织通过听取本人汇报、个别谈心、集中培训、介绍人帮助等方式，每季度要讨论一次，发现问题及时同本人谈话。预备党员要自觉地接受党组织的教育和考察，经常向党组织汇报思想和工作情况，每半年要向支部书面汇报思想和工作一次。预备期满后，党支部要进行全面考察，并写出书面报告。

13. 预备期满，考察合格，转正

本人在预备期满前合适时候向支部提出书面转正申请→党支部征求党内外群众意见→支部大会讨论、表决通过→预备党员材料报上级党组织审批。

（1）考察不合格，延长预备期。对预备期满后不完全具备条件或犯有一定错误，但还没有完全丧失预备党员条件，并且本人决心努力改正错误的，可延长预备期。延长时间不得超过一年，但不能少于半年。延长预备期必须经过支部大会讨论作出决议，填入《入党志愿书》，报上级党组织。延长预备期期满后，由党支部根据其是否具备党员条件作出转为正式党员或取消预备党员资格的决议，并报上级党组织审批。

（2）取消预备党员资格。对在预备期内不能履行党员义务，确定不具备党员条件或犯有严重错误或延长预备期后经过教育考察已不具备党员条件的，应取消预备党员资格。取消预备党员资格必须经过支部大会讨论通过，支部大会决议填入《入党志愿书》，报上级党组织审批。

三、入党申请书范本

入党申请书是大学生向党组织提出的一种书面材料。入党申请书标志着申请人向党组织表明自己有入党的志愿和要求，使党组织了解申请人的政治信仰和追求，便于党组织对申请人有针对性地进行培养、教育、考察，同时也是党组织确定入党积极分子和发展对象的重要依据。入党申请书是要求入党的大学生对党的认识和自我认识的反映，因此，每一名要求入党的大学生，都应该认真写好入党申请书。

某高校大二学生小唐想要申请入党，可是只写过入团申请书的他，对入党申请书的写法与格式完全不懂。自以为聪明的他，灵机一动，在网络上随便找了一份入党申请书范本，仅仅改了名字，其他完全照抄。结果可想而知，党支部直接拒绝了他的入党申请。

　　根据《中国共产党章程》有关规定，入党的同志必须亲自向党组织提出申请。申请可分为口头申请和书面申请两种形式，通常情况下，申请入党的同志应写书面申请。

1. 书写格式

　　（1）标题。居中写"入党申请书"。

　　（2）称谓。即申请人对党组织的称呼，一般写"敬爱的党组织"，顶格书写在标题的下一行，后面加冒号。

　　（3）正文。主要内容包括对党的认识、入党动机和对待入党的态度，写这部分时应表明自己的入党愿望；个人在政治、思想、学习、工作等方面的主要表现情况；今后努力的方向以及如何以实际行动争取入党。

　　（4）结尾。主要表达希望党组织考察的心情和愿望，一般用"请党组织在实践中考验我"或"请党组织看我的实际行动"等作为结束语。申请书的结尾一般用"此致，敬礼"。

　　最后，要署名和注明申请日期。一般居右书写"申请人×××"，下一行写上"×年×月×日"。

2. 书写内容

　　（1）要求入党的原因。主要写自己对党的认识和入党动机，要明确表示："我志愿加入中国共产党，拥护党的纲领，遵守章程，履行党员义务，执行党的决定，严守党的纪律，保守党的机密，对党忠诚，积极工作，为共产主义奋斗终身，随时准备为党和人民牺牲一切，永不叛党。"

　　（2）表明对党的性质、宗旨、指导思想、奋斗目标、组织原则、纪律和党的路线、方针、政策及党风方面的认识和态度。

　　（3）自己的政治信念和思想、工作、学习、作风等方面的主要情况，要剖析自身存在的不足，表明对入党的态度和决心，以及今后如何以实际行动争取入党，并明确表示愿意接受党组织对自己的教育和考察。

3. 注意事项

（1）要认真学习党章，掌握基本精神，加深对党的性质、宗旨、任务，党员的权利、义务等基本知识的理解。

（2）要联系自己的思想实际谈对党的认识和入党动机，不要以旁观者身份一味评论别人。

（3）对党忠诚老实，向党组织反映真实思想情况。

（4）入党申请书要写得朴实、庄重，不要追求华丽的辞藻，夸夸其谈。对正文中各部分内容的基本写法可根据自己的实际情况掌握。

第三节　社团——让生活更精彩

大学生社团是高校校园文化中的一项重要内容，是开展校园文化的一个重要阵地，学生社团作为一种非正式团体，是具有共同兴趣爱好的团体，大学生参与社团是步入社会前的最好锻炼。高校大学生社团不仅数量多，而且覆盖面广，几乎每个大学生都能找到适合自己的组织，是学生自我塑造、自我管理、自我完善的第二课堂。

一、学生社团的特点

教育离不开实践，按照实践育人的要求，体验教育应该成为教育学生的基本途径之一。区分不同层次未成年人的特点，精心设计和组织开展内容丰富、形式新颖、吸引力强的学生实践活动，已经成为现代教育的重要内容和途径。广泛深入开展学生社团活动，无疑已成为实践育人实施体验教育的重要模式。

学生社团活动，可以理解为学生自主参与，围绕一定的主题，有计划、有目的、有组织的一种群体性实践活动。因此，学生社团活动应该具有以下几方面特征。

1. 自发性

学生自主参与强调了学生主体根据自身的特点和志趣爱好主动地选择，一定的主题为学生的主动选择提供导向作用。

2. 教育性

学生通过参加社团活动，其思想、观念、知识、技能、能力乃至情感、态度、价值观必然发生或多或少或深或浅的改变。这些改变是社团活动教育性作用的结果。

3. 实践性

社团活动对学生参与者的基本要求就是动手、动脑，而且发生在具体的情景之中，也必然会产生真实的情感。尤其是学术类、科技类、艺术类的学生社团，都为其成员提供了平台，学生在活动中增长了知识、锻炼了能力。例如：民乐团的开办、羽毛球比赛的进行、汇贤诗文社的创作、摄影组的采风、兰亭书法协会的书法展、机械侠协会的机器人大赛……无不体现出实践的特质。

4. 多样性

大学生所建的社团中，有学术型的协会，如信号协会、火车迷协会、自考协会、读者协会、电子协会、机械侠协会等；有从事公益活动的"青年志愿者"服务组织，如义工社、"小红帽"志愿服务队等；有利用节假日进行的社会实践小组，如创新创业协会、兼职协会等；有从事业余文学创作活动的文学社，如汇贤诗文社、兰亭书法协会等；有文娱爱好者所组织的各种团体，如民乐团、舞蹈队、合唱团、流星蓝乐剧社、街舞社、B—BOX等；有体育爱好者组织的各种球队、协会，如篮球队、足球队、羽毛球协会、交谊舞协会、散打协会、瑜伽协会、跆拳道协会等。社团活动的多样性，在一定程度上满足了广大大学生的求知愿望和施展才能等多方面的需求。

5. 可操作性

组织者可以对学生社团活动的主题、参与学生的条件、具体的组织形式等进行合理地引导、规范和调控，以顺应社会主流文化的方向，体现学校的办学思想，达成学校的培养目标。例如，为了在学校范围内实现共同学习的愿景，学院团委、院学生会可举办读书节活动，通过读书讲座、知识竞赛、礼仪剧表演、征文比赛、演讲比赛等形式，在校园内大兴学习之风，营造浓厚的学习氛围。

二、理性选择社团组织

各个大学校园里都活跃着很多的社团组织。社团是为大学生适应社会实践而服务的，是大学生展示自我的一个舞台，它已经成为一种独特的校园文化，丰富着大学生的生活。

案例直播

2023级大学新生小罗满怀着热情，来到了自己心仪的学校。兴趣爱好广泛的他，第一时间注意到了校园随处可见的社团招新海报：英语社、动漫社、小品协会、羽毛球协会……在深深感受到大学生活丰富多彩的同时，小罗也在眼花缭乱的社团招新宣传中感到困惑：这么多的学生组织，我该如何选择？

每当秋高气爽的季节，一群大一新生走进校园，社团组织也开始了新一轮的招新。面对各种各样令人眼花缭乱的社团组织，新生该如何做出选择呢？

1. 兴趣很重要

社团的种类是多种多样的，但并非所有的都适合自己，大学生选择社团时首先考虑的应该是自己擅长什么和是否感兴趣。擅长文艺的同学可以选择加入话剧团、合唱团或舞蹈团；喜欢演讲的同学可以找到演讲协会、文学社；爱好运动的同学有自行车协会作为发挥兴趣的天地；珍惜环境、爱好自然的同学可以参加环境保护协会进行考察；喜欢新闻采编的同学，院报、广播台、电视台是施展才能的平台；热衷摄影的同学不妨到摄影协会去体验一下。如此多的社团，总能找到适合自己的一个。

2. 选择不可过于草率

选择社团时，要综合多方面的因素和条件，考虑清楚后再做决定，切不可草率。一些同学匆匆忙忙选了一个社团，待了一段时间后觉得不适合，就很快放弃，可谓"来也匆匆，去也匆匆"，结果什么也没学到。

3. 不可贪多

参加社团组织固然好，但其前提是不要与正常的学习时间相冲突。有的人觉得社团活动丰富多彩，很有意思，就一连参加好几个社团，整天不是到这个社团开会，就是去那个社团值班，如此忙碌，难免顾此失彼，更有甚者严重影响学业，得不偿失。建议新生选择一两个自己感兴趣的社团即可，毕竟学生还是以学习为主。

4. 功利性不可太强

抱着功利的想法去参加社团是不可取的。有的学生觉得参加社团可以在每年的综合测评或品德考评时加分，从而获得诸如"社团优秀干部、成员"之类荣誉等；有的学生希望能够在社团中混个"一官半职"，以此来提高自己的知名度；有的学生认为如果不参加社团，自己的经历太简单，将来毕业的简历上内容不够丰富……这些想法无疑会使原本纯洁的社团文化蒙上一层不太纯洁的色彩。那么参加社团到底为了什么？社团为大学生提供了一个与人和社会接触的机会，从中可以提高自己的社交能力、实践能力、创造能力、生存能力，填补性格上的某些空白，也可以增进同学之间的相互了解，结识更多的新朋友。

5. 认真对待社团活动

一旦入选某个社团，就得认真去做好社团的每一项工作，坚持到底。自己心里要清楚在社团中应该做什么以及怎样培养社会实践能力，不要把社团中的职务看得过重，要知道不论做什么工作，对自己而言都是很好的锻炼。

三、社团活动的优势与原则

学生社团活动以学生为主体，充分考虑社会、学校和学生的实际及需求，采用学生喜闻乐见的组织形式开展活动，因而其教育功能所产生的效益将体现无遗。不过，大学生在看到社团活动的益处之外，还需要坚持参与社团活动的基本原则，即以不影响专业课程的学习为前提。

案例直播

某高校大三学生小杨是某社团的副社长，热心社团活动的他对社团的建设十分尽心，然而，社团活动的时间很难照顾到所有成员，有时会与上课时间发生冲突。为保证活动进度，小杨不得不逃课以完成任务，长期下来，小杨的专业课程受到很大影响，辅导员也经常找他谈话。期末考试中，小杨的专业课有几门不及格，需补考通过方能拿到毕业证。

1. 参加社团活动的优势

相较于枯燥的高中生活，大多数新生都会认为大学的生活比高中时期丰富多了。而大学中各式各样的社团活动，便是使大学生活绚丽多彩的组成部分，而且参与社团活动的益处还是很多的。在大学里，不妨通过实践活动来多多锻炼自己各方面的能力，为自己步入社会提前做好准备，打下坚实的基础。

通常社团都会与企业或者个人进行联合，通过协商让其为社团的活动垫付经费。而社团要如何得到企业的赞助呢？这就需要交际能力和随机应变等各种能力的综合运用了。首先需要知道企业想要的是什么，而后争取得到更多的社团经费，甚至得到以后各类活动的经费。或许开始的时候经常失败，或者自己的条件总是难以达到，但进行过多次努力之后，交际能力和谈判能力都得到了增强，成功的概率也大幅提高了。

另外，加入喜欢的社团，还可以更好地了解自己所喜欢的领域，往这方面深入地发展，使自己的兴趣爱好得到充分的发展，让大学生活变得更加的丰富多彩，而不只是教室、图书馆、宿舍"三点一线"的无趣生活。

2. 参加社团活动的原则

在大学中，除了团组织、学生会、青年志愿者协会的工作以及各种社团活动外，学校还会定期举办不同的活动。比如各学院的迎新晚会、校园十佳歌手比赛、演讲比赛、辩论赛、心理剧演出、礼仪剧演出、话剧演出、周周乐舞会、校园知识竞赛、学术讲座等。

大学生应寻求均衡发展，学习之余可以在社团活动中不断提升自我，将课堂上所学理论加以实践，增强对知识的理解运用，同时获得从书本中学习不到的实践能力。但对于学生来说，学习仍是第一要义，以逃课为代价参与社团活动是很不可取的。社团只可作为充实生活的一种途径，切不可本末倒置。

第四节　兼职——睁眼看社会

大学生之所以在课余时间做兼职，除了经济上的原因外，现在的社会环境也迫使大学生早早就有了就业压力，很多人希望通过兼职取得一定社会经验，为以后找工作做准备。

一、兼职的益处

作为大学生，走出校门接触社会、了解社会，积累社会经验是非常有必要的。做兼职是一个很好的途径：一来可以锻炼自己，提高自己的能力；二来多多少少减轻了家里的负担，更能体会父母的辛苦与不易，对将来毕业找工作非常有帮助。

在大学期间做兼职还可以增加社会阅历，丰富大学生活，在大学期间只顾学习，不走出校门锻炼，将会是一件遗憾的事情。

由于市场竞争的加剧，现在的企业对人才的选拔要求越来越高，社会经验与现有能力是企业录用人才的一个很重要的条件。我们不能阻止别人前进的步伐，但我们可以加快自己成长的速度；我们不能降低企业用人的标准，但我们能提高自己的职业能力。在真正踏入社会找工作前，先磨炼一下自己是非常必要的。总结起来，大学生做兼职有以下益处。

1. 赚取生活费

"金钱不是万能的，但没有金钱是万万不能的。"这一观念可以说是深得大学生追求实际的心理认可，强调自主自立的，尤其是来自贫困家庭的学子们不愿把学习费用和日常消费这笔巨大的开支让父母全部承担，于是，选择兼职就成为大学生解决开支的一个重要途径。

2. 锻炼自我

当前，大学生面临的一个突出问题便是就业。为此，大学生将锻炼自己的空间不仅仅局限在校园内，而是投身到日益丰富多彩的社会生活中去。做兼职是锻炼能力，获得社会经验，为以后求职增加砝码。工作经验是大学生在市场上的第二张学历，随着市场的成熟和企业管理者用人理念的逐渐理性，这张"学历"的含金量将逐渐增高。

3. 实现自我价值

在大学中，并不是每一名大学生都能拥有中学尖子生时代的"荣耀"与"辉煌"，自我价值的否定是普遍存在于大学生中的一种彷徨而苦闷的心理。为此，一部分大学生另辟蹊径，选择了做兼职，企图在这一领域中重新找到自我价值。

二、寻找兼职工作

大一期间，各个学校的课程设置一般以公共基础课为主，难度不大，时间也比较充裕。在课余时间，同学们可以通过做兼职来充实生活，这不仅能积累一些工作经验，还有利于提高应变能力、心理承受能力，拓宽人际关系网，从而丰富人生阅历。

　　受家人经商的熏陶，章某对兼职颇有心得。刚刚进入大学，他就开始考虑兼职赚外快的问题。可是，到各个兼职网站转了一圈，章某发现各种兼职信息林林总总：促销员、外卖员、家教、兼职校对员……真是"乱花渐欲迷人眼"，实在不知道该选哪种兼职了。

目前，在大学生中比较流行的兼职工作主要有以下七种。

1. 家教

家教工作适合某一门或几门学科功底扎实、善于沟通、讲解能力较好的同学。随着近期小语种学习热潮的迭起，各小语种专业的同学找家教会有更多机会。

优点：工作时间固定，工作环境相对安静轻松，且待遇不菲，既可用到自己的知识储备，又可接触社会，锻炼口头表达能力、思维能力和应变能力。

缺点：单纯重复以前的知识，对专业学习和动手能力的提高没有太大作用。

应聘途径：通过学校勤工俭学中心介绍，或到正规网站家教中心寻找工作信息，街边大树上贴的广告不可盲目相信。

2. 导游

在旅游业日益发展的背景下，导游逐渐成为大学生兼职"新贵"，在考取导游证之后即可联系旅行社开始带团。

优点：弹性工作时间，可以选择在周末或假期带旅游团，不会与学习时间冲突。

报酬较丰厚，还可以在工作中广交朋友。

缺点：工作强度大，有时一天只能休息三至四个小时，精力、体力消耗很大，身体素质不好的同学最好不要尝试。

提醒：成为一名导游需先通过考试取得导游证，持证上岗。一般每年 11 月左右举行一次全国统一考试。考试分为笔试和面试两部分，包括《政策与法律法规》《导游业务》《全国导游基础知识》《地方导游基础知识》和《导游服务能力》。前四门为笔试科目，最后一门为面试科目。

3. 促销员

优点：企业多利用周末和假日进行产品促销，一般不会与学习时间冲突。与人沟通的能力和耐力能得到很好的锻炼。由于短期促销活动招聘人员以在校大学生为主，因此参与其中可以结识很多同龄人朋友。

缺点：有的促销劳动强度较大，需从早站到晚，要求有一定耐力和体力。

应聘途径：到信誉良好具有一定规模的大学生兼职中心联系即可。

4. 礼仪

优点：薪酬较高，能够接触高层社会，在一定程度上会激发人的上进心。工作前一般要接受严格的形体培训，对自身形象塑造大有益处。

缺点：越是光鲜的舞台，背后的风险和付出的代价就越大。如果没有足够的安全保障，应持谨慎态度。

5. 翻译

适合语言类专业学生，对外语水平要求高，对于口译人员，有些还会要求外貌端庄大方。

优点：可以锻炼自己的外语水平，工作时间十分灵活。学习与赚钱同步进行，在寒冬炎夏不需出门便可获得丰厚报酬。

缺点：有的企业会以稿件质量不过关为由拒付稿酬。对个人能力要求较高，有时薪金与付出不成正比。

应聘途径：可以关注电视、报纸、杂志及人才招聘网站上的招聘广告，找具有一定规模、可信的翻译公司。每次翻译材料之前要签订劳动合约，报酬最好分两次取得，译前拿一部分订金，译后一手拿钱一手交稿。

6. 服务生

优点：连锁快餐店品牌形象良好，是认识社会的一个好窗口。工作要求时刻保持微笑，身心自然变得开朗。对反应能力、记忆能力的提高有较大帮助。

缺点：薪水不高，一般为 12 元每小时。连续工作 4 小时以上可以供应一顿免费午餐。劳动强度较大，如果不小心与顾客发生冲突则会被重罚。

应聘途径：店家招聘计时工一般会在店外张贴招聘启事，如有这方面的意向，可以留意周围相关快餐店，也可以登录官网寻找招聘信息。

7. 专业实习

大学生在掌握一定的专业知识后便可以积极"推销自己"，到与专业相关的单位实习。毕竟上大学的目的之一是要找一个好工作，实习就是为实现这一最终目的所做的准备。如果所学的是计算机等需要较强实践能力的专业，实习的重要性更是不言而喻。在实践中学习，学以致用，知识会掌握得更加牢固。

三、警惕兼职骗局

兼职不仅仅是挣钱的方式，更是大学生接触社会、增长阅历的途径，因此不能被高薪蒙蔽了双眼，要时刻保持清醒的头脑和理智，加强法律意识和自我保护意识，这样才能在兼职过程中一帆风顺。

案例直播

小赵是某高校的大三学生，暑假期间，他在网络上看到某五星级大酒店招服务员。面试时，招聘人员推托人员过多，于是在大厅简单面试便通过了。之后招聘人员要求小赵交200元的工服费和200元的手机费。当小赵再次打电话给此人时，此人却说要小赵再交580元才能获得工作机会，这时小赵才发现自己被骗了。

绝大多数大学生没有社会经验，一直身处单纯的校园中，而走出校园之后就要学会保护自己。近几年，大学生兼职被骗的案例屡见不鲜，因此对于大学生来说，提高警惕、学会自我保护十分重要。下面介绍几种常见的欺骗大学生的手段及陷阱，以供参考。

1. 黑中介

社会上存在个别不规范的中介机构，这些不良中介一般具有以下几种特征：

（1）没有营业执照或营业执照过期；

（2）没有固定的办公场所；

（3）中介非其营业项目，常常在经营其他项目时兼营非法中介。

此类黑中介利用学生涉世未深、求职心切，或夸大事实，或无中生有，以"某企业急招兼职者"为幌子引诱学生前来报名，收取中介费。学生一旦交完费，"信息"则遥遥无期，或者找几个人做"托"让学生前去联系。几趟下来，学生打工热情锐减，并对社会实践感到一片茫然。

应对策略：一定要到有资质、信誉好的正式职介中心找工作。进门时要看该职介所是否有劳动行政部门颁发的职业介绍许可证和工商部门颁发的营业执照，具备这两个证的职介所，才可以从事职业介绍的工作。

2. 收取抵押金

一些用人单位在招聘时，往往收取不同金额的抵押金或收取身份证、学生证作为抵押物。通常，这类骗局在招工广告上称有文秘、打印、公关等比较轻松的岗位，或是以优厚的报酬等吸引大学生，求职者只需交一定的保证金或者其他一些费用，如服装费、建档费等即可上班。但往往学生交钱后，招聘单位又推托目前职位已满，要学生回家等消息，然后便石沉大海。

应对策略：用人单位私自向求职者收取抵押金属于违法行为。有关法规明确规定，用人单位在招用职工时，不得向求职者收取抵押金，更不能扣留身份证、学生证等证件将其作为抵押物。学生在求职时要增强法律意识，以法规为依据，对违法行为予以回绝和揭发。同时，应主动与用人单位或个人签订合同，维护好自己的权益。

3. 娱乐场所高薪招工

有的娱乐场所以特种行业的高薪来吸引求职者。工种有代客泊车、侍者，有的甚至是不正当交易，年轻学生到这些场所打工，往往容易误入歧途。

应对策略：学生要根据自身的条件选择适合自己的职业。

第五节　实习——就业前的实战演习

在校实习是大学生进入社会，参与就业的前奏与演习。大学生在校期间，进行一段时间的社会实践，参与结合专业课程的实习实训，对于了解认识社会、提高心理适应能力、提高心理承受能力，以及增加对社会、职业岗位、与人交往的认识，都是非常必要的。

一、实习的意义

大学生就业是高校的重要问题，大学生利用假期参加社会实习活动，了解实际社会需求，了解专业就业情况，对于增进和激发学习热情以及修正职业发展规划都是有益的。

案例直播

> 小李与小吴是大学的同学，小李性格内向，学习成绩很好，基本每年都能拿到奖学金。而小吴正好相反，性格开朗，专业成绩总是徘徊在六十分左右。大三临近毕业时，院系安排了实习，小李认为实习耽误自己的学习，对于实习毫不上心，而小吴觉得实习很有意思，非常认真地对待实习。
>
> 实习结束后，小李与小吴同时应聘一家公司，小李觉得自己成绩这么好，肯定首先被公司录取，可是面试通知公布后，小李发现自己没有在名单上，而不被自己看好的小吴却进入了面试。后来，小吴告诉他，公司对实习活动的评价十分看重，小李由于对实习的不上心，丧失了一次好机会。

实习是学生在即将工作前的一段培训阶段，具有很重要的意义。

1. 理论与实践相结合

大多数大学生在校期间的主要精力都放在学习和校园生活上，很少有机会外出体验和接触实际的工作环境，所以理论脱离实践成了大学生就业的"软肋"，导致"大学生就业难"的现象愈演愈烈。大学生应该深入社会中去锻炼，借助实习机会将自己所掌握的理论知识运用于工作实际，认识到自己在知识和经验方面的不足，加深自己对于专业知识的理解和巩固。实习还能够帮助大学生增加实践经验，拓宽视野，提高自己在理论知识的指导下观察、分析和解决问题的实际能力。

2. 完善职业定位

实习有助于大学生更全面地认识自己和了解自己及相关职业，进行正确的职业定位，科学规划自己的职业生涯。对于很多在校生来说，对职业的概念认识很模糊，没有系统的职业规划，不清楚自己应该确立一个怎样的职业目标。很多同学即使确立了目标，也往往只是盲目跟随社会潮流，并不知道自己的职业目标设定是否真正适合自己。到底我们所期待从事的行业，我们所向往的公司是不是和自己的个性和兴趣契合？这个问题没有人能代替自己回答，而只有通过自己的亲身实践去体会。

通过实习，有机会接触各种不同性质的工作，也能够到不同的公司去感受不同的文化，从而更清楚地认识自己适合做什么、什么样的企业是自己喜爱的、哪些知识是有用的等。通过实践的反馈，进一步修改完善自己的职业规划，同时发挥自己的优势，修正自己的不足，对自己的知识结构做必要补充和调整。

3. 为正式就业做准备

借助实习而得到的"职场第一次"的经历，能够使大学生初步完成从理想到现实的心理过渡和从学生到职业人的角色转换。实习的经历对于减轻就业竞争，以及初次走上正式的工作岗位将要经历的现实冲击起到不容忽视的缓冲作用，能够为将来尽快适应新的工作岗位打下良好的基础。

实习可以说是求职的一次预演。在当今人才市场处于一种买方市场的状态下，实习岗位的竞争也较之前更加激烈。如果经受过一次假期实习招聘的考验，无论结果的成败，都对自己今后正式的求职有着巨大的帮助，因为这种经历可以帮助大学生熟悉求职的流程，使大学生能够更快地投入到正式求职状态中去。

4. 为就业成功增加砝码

从某种角度上讲，实习不但巩固了专业知识，同时还给自己在求职时增添了砝码，用人单位更愿意录用具有一定实习经验的应聘者。

二、寻找实习单位

寻找实习单位时，首先要明晰自己的实习意向。为什么要实习？你希望从实习中收获什么？是要见见世面、锻炼自己的能力，还是积累社会经验，为将来的工作做铺垫？如果随波逐流、盲目跟风，是找不到适合自己的实习岗位的。

案例直播

> 湖北某大学中文系的胡某所学的是师范专业，本来学校安排的实习地点在咸宁，但他不愿离开武汉，只能自己去找实习单位。没想到试了不少学校，都遭到拒绝。最后还是托亲戚关系，才进了武昌一家中学，不但没有工资，还要倒贴路费、饭费等。胡某不禁感慨：找个实习单位真的这么难吗？实习尚且如此，真正就业恐怕会更难！

当前国家和社会对大学生就业十分关注，为在校大学生提供了大量实习信息和机会，很多公司和企业在假期前一个多月就会在校园召开假期实习生招聘会。因此，只要大学生掌握实习信息的途径，寻找实习单位其实很简单。

1. 寻找实习单位的技巧

（1）不仅要会寻找实习招聘信息，也要懂得发布自己的求职信息。时常在各大求职网站上发布、刊登自己的求职信息，主动出击，往往能够收到意想不到的效果。此外，平时多关注相关信息，可以收集到很多相关的经验，增长很多见识，这些都是要慢慢积累的。

（2）利用求职网站的电子邮箱业务。许多求职网站推出了定期发送职位到注册者个人邮箱的服务项目，这个资源不能浪费。定制这些网站的电邮服务，可以节省不少时间，免去了到求职网站反复进行职位搜索的过程。

（3）敢于挑战，直面实习单位。如果对实习单位很感兴趣的话，不妨直接打电话或者上门询问，要求面谈。另外，如果有些单位没有发布招聘实习生的通告而自己又对其非常感兴趣的话，也可以主动发简历或者电话咨询。

（4）日常的人际关系积累。对人脉关系的利用不能有"临时抱佛脚"的想法，对那些对自己有所帮助的同学、亲戚、朋友，在平常就要经常联系。院系的老师和外界的沟通也是很广泛的，所以有空也要经常来往，和老师们处好关系，这样有实习机会的时候就容易被优先考虑。

2. 寻找实习信息的途径

途径一：各大公司的网站的有关招聘的主页。

途径二：参加各大公司的学生俱乐部，这些公司会优先将实习信息通知你。

途径三：各个名校的官网求职版经常发布实习信息。

途径四：不错的求职网站会时常刊登实习信息。

途径五：由已经在那里工作或者曾经工作的朋友、同学、亲戚推荐。

三、确保实习安全

实习是对大学生业务技能和专业能力的考验，但是在面对工作中出现问题时，应该保持冷静的头脑，不断提高业务技能，以不变应万变，防范各种突发情况和实习骗局。同时，要树立危机意识，切莫因疏忽造成自己终身的遗憾。

案例直播

> 2021年10月，在学院的组织下，安徽某学院大三学生王某与100多名大三学生一起前往一家科技园实习，抵达后，负责接待的苏州科技园工作人员带他们去的却并非是早前承诺的园区内大企业，而是吴中区农村的两家私人工厂。干得多，吃得少，床上只有凉席，一个月的工资仅有1000元左右。同学们赶紧向学院领导反映情况。在学校的交涉下，学生顺利返回学校。

由于大学生急于找实习工作，加上涉世未深，因此要特别注意人身、财产、交通等安全问题，要提高警惕，注意识别和防范求职陷阱。在求职以及日常生活过程中应从以下几方面做起，保证实习安全。

（1）多方面、多渠道详细了解公司情况及背景，认真确认求职信息的真实性，对于获得的求职信息要多方确认，不能贸然行事。必要时可向当地人才服务机构或学校就业指导中心咨询、核实，也可以直接与该单位的上级主管部门或工商管理部门联系核实。

（2）警惕卷入任何形式的传销活动，防止钱财被骗，保护好个人的有效证件。在求职过程中如果遇到需要缴纳一定现金或必须先购买某种产品才能获得实习机会的情况一定要慎重，要做到"不缴不知用途的款，不购买自己不清楚的产品，不将证件及信用卡交给该公司保管，不随便签署协议"。如发现异常情况，要及时向当地劳动保障监察部门或公安部门报警，以寻求法律保护。

（3）填写个人信息要谨慎小心，特别是在网上投寄简历时，一定要慎重填写个人基本信息（如本人联系方式、家庭住址等）。

（4）在求职过程中要注意人身安全，特别是女生，不要单独到偏僻的地方或隐秘的地方（如宾馆、郊区）参加面试，最好有朋友陪同参加。在求职过程中要随时与老师、同学、家长保持信息畅通。此外，无论哪种形式的面试或预约，一定要给家人、老师或朋友留下前去招聘单位的详细地址和联系电话（包括固定电话），以备查用。

第五章　情感篇

　　情感生活在人的生命中是不可或缺的。在上大学之前，我们的主要任务是读书，对于情感方面的事情思考得不充分、不成熟，但是进入大学校园，我们第一次需要独立地面对亲情、友情和爱情，而且随着知识结构的完善和对世事了解的深入，对情感生活也会有新的认知。大学生对情感问题处理的好坏，不仅直接影响到大学生活质量，而且可能会影响到自身的发展。因此，无论是亲情、友情还是爱情，都需要大学生用心对待。

第一节　亲情——"谁言寸草心，报得三春晖"

　　古人云："父母养育之恩，地无其厚，海无其深。"

一、不忘父母养育恩

　　"慈母手中线，游子身上衣。临行密密缝，意恐迟迟归。"对于离开父母独自开始新的大学生活的新生而言，这句话有着更真实的意义。也许有不少的同学是第一次离开父母的庇护，进入大学之前，父母对自己的生活起居处处照应，衣食住行都给予很好的安排，所以进入大学的新生要看到父母亲情，感恩父母的养育之情。

案例直播

我也只是个爸爸

　　他是一名老警察，女儿在外地上大学，身体一直不是很好，他经常去看她。

　　那天，他接到一个电话，告知他女儿突然晕倒了，学校已把她送到了医院，但是手术费还需要两万块。对方给了他一个账号，他打女儿的电话，关机。他向领导请假，把钱打了过去，自己开车过去看女儿。

　　路上，他接到女儿打来的电话，原来总是有人骚扰她，她索性关了机，他明白自己受骗了。

　　女儿调侃道："爸，作为一名老警察，你应该知道这是一般的电话诈骗，怎么能上当呢？"

　　他笑道："我当时没想那么多，只想尽快把钱打过去救你，要是因为这点钱，耽误了手术时间，爸会后悔一辈子。"

　　女儿在电话那边，哭得稀里哗啦。

二、正确处理与父母的关系

　　中国青年报社会调查中心通过调研咨询，对3120人进行了一项调查（受访者中，"80后"占58.1%，"70后"占23.2%，"90后"占10.9%），部分结果显示如下：

　　69.6%的人坦言与父母有矛盾，其中59.7%的人和父母存在代沟，8.9%的人经常和父母发生冲突，1.0%的人和父母无法沟通，仅28.2%的人和父母关系很融洽。

　　和父母有矛盾时怎么处理？调查中，68.0%的人首选"和父母好好沟通"，42.2%的人会"和朋友倾诉"，26.7%的人选择"自己憋着"。接下来的排序依次为：向亲戚诉说（17.3%），上网寻求支持（14.0%），向老师、心理医生求助（11.8%）等。

案例直播

一名高职生的来信

　　我发现我在很多事情的处理上和父母有不一样的看法，有时候甚至产生矛盾，他们总是说"听我的没错"，要求我必须按他们说的做，如果我稍加申辩，他们就说我是顶嘴不听话，举几个例子：

例1：高中时，他们总是说我学习没有初中那么努力，天天念叨，烦都烦死了，一直到高考成绩出来后都还说："如果像谁谁谁再努力点，重点大学都考到了。"可我不可能像某些强人那样白天黑夜连轴转没命地学，总得有休息时间吧？而且，我自己很清楚我不是一个学习能力很强的人，我的理解能力和记忆力都不占什么优势。但我尽力了啊，他们为什么就觉得我不该是这个成绩呢？

例2：高考填报志愿的时候和父母意见不一，我根据我的成绩来看，觉得主要目的在于考上二本院校，二本不上哪怕是专科也一定要上，不愿意再复读（之前已复读一年），只要好就业，将来能养活自己就成。可他们认为不是好的大学绝对不行："你看我和你妈妈就是吃了中专文凭的亏，现在要什么没什么，你怎么也得上本科！"结果报的志愿过高，还不是到高职来了。

例3：进入高职一段时间后，他们还要我回去复读，我实在是受不了了，我就和他们大吵一架，因为我在气头上说了一句："你们自己的理想没有实现凭什么要我去实现！"他们在所有亲戚朋友面前说我是个"化生子"，说我令他们很失望，说我不如谁家的那个孩子，说我不尊重、感恩父母，我真的是很无语。

我也不知道怎么跟他们说了，烦心得很！

如何处理与父母的关系？咨询师给了如下建议。

1. 不要和父母吵架

尽量他们说什么你听什么，尽管他们有的时候不对，你可以这边耳朵进那边耳朵出，说得对的就记住。因为年龄不同，各自所处时代也不同，所以看法肯定会不一样，你不要争一时的对错。

2. 学会换位思考

你可能会感觉到，原来熟悉的父母是那么不理解自己！可是，你是否知道，你的父母也会为此感到难过呢？他们或许会发现，十几岁的你不像以前那么听话了，看这不满意，看那不顺眼，只要他们一说话，你立刻就像受了刺激的刺猬，支起了全身的毛刺儿准备反抗。当他们发现以前乖巧依顺的"小羊"变成了桀骜不驯的"老虎"时，他们是多么难过和失望啊！

3. 正确理解与父母的冲突

是你不再需要父母了，还是他们做错了什么？是你不再相信父母了，还是父母不尊重你？虽然这些现象在生活中都会出现，但是，大多数成长期的孩子与父母发生冲突是由于自己的心理发生了很大的变化，以至于你与父母一时都难以适应。为什么会这样呢？

一是因为你看待世界的眼光变了。当你进入青春期，急剧的身心变化打破了儿童期平和安宁的内心世界，从此以后，你看待自己、看待世界的眼光与以前截然不同。小时候你可能很听话，在你的心目中，父母永远是正确的、神圣的。但是，随着年龄的增长，你的知识增加了，你与外界的接触面扩大了，你开始用自己的眼睛观察世界、评判事物。于是，在你的眼里，父母不再是世界上最伟大的人了，不再是自己最知心的朋友了，因为你有了更加了解自己的同龄朋友。父母的观点不再是一贯正确的"金科玉律"；因为你有了自己的思考，渐渐地，你与父母的关系不像小时候那么亲密无间了，仿佛正有一条鸿沟不知不觉地横卧在你们之间。

二是你开始有了追求独立的愿望。你可能会觉得自己已经是大人了，应该和成年人一样，拥有独立自主的权利。于是，你开始讨厌父母过多地干涉自己的隐私，希望自己决定穿衣戴帽的风格，自己决定与谁交朋友，自己决定如何利用课余时间；希望父母把自己当成大人看待，希望自己能够参加大人们的讨论。当然，为了表示自己能够独立自主，不想完全受别人摆布，你也会常常故意与父母作对，即使明明知道父母说的话在理，也总是不自觉地顶撞。这种追求独立的愿望和努力是你走向成熟的必经之路。如果到了青春期，你还要事事依赖别人，没有自己的主见，长大后还要在这方面补课呢！由于青春期的你很难顾及父母的想法和心情，父母也还不了解你的愿望，你追求独立自主的努力和行动自然会经常与父母的关心发生冲突。

三是彼此缺乏沟通。随着生活节奏的加快，父母和子女在一起相处的时间越来越少，彼此之间缺乏了解和理解。再加上如今的父母经常要面对许多难题：夫妻感情的困惑，职业升迁的压力，社会竞争的挑战，养家育儿的艰辛……这些问题都是以前的父母可能不曾面对的。而子女也不比父母轻松多少：应付繁重的功课，承受升学竞争的压力，面对早熟的感情，处理同学之间的关系……两代人各有各的困扰和难题，很可能无意之中忽视了彼此的关心和沟通。相信此时你会对自己和父母有些理解，不再那么怨恨父母了。但是，你与父母之间仍会发生冲突。不过，你需要知道，在所有的人际关系中，出现冲突是非常自然的，因为每个人的需求和看法并不总是一致的。就像俗话说的那样："舌头与牙齿也有摩擦的时候，更何况是人呢？"然而，冲突并非就是坏事，在一定程度上，冲突是人与人关系的试金石，没有冲突的关系是一种不健全的、肤浅的关系。在你与父母的关系中，重要的不是避免发生冲突，而是当冲突发生后，学会如何化解冲突。

4. 学会沟通

化解冲突的一个重要方法就是沟通。与父母进行有效沟通要掌握以下基本要领：

（1）了解是前提。了解父母，沟通就有主动权。知道父母怎么想、怎样处事，有什么兴趣爱好，是什么脾气秉性，对我们有什么期望，我们与他们沟通就有了预见性，掌握了主动权。

（2）尊重理解是关键。尊重是与父母交往的基本要求。如果连最爱自己、对自己付出最多的人都不尊重，就失去了最起码的道德。与父母正常沟通时，首先要理解父母，理解其心情，尊重其意愿，还要讲求基本的礼貌，不能任性。

（3）理解父母的有效方法是换位思考。当我们不理解父母、与父母发生冲突的时候，要学会换位思考，替他们想一想，了解他们是为了什么，有什么想法。这会使我们变得冷静和理智。

（4）沟通的结果要求同存异。沟通时不要走极端，两代人之间毕竟存在差异，难免会有不同的观点、动机和行为方式。正因为有分歧，所以才要沟通。这种沟通，不一定非要统一不可，而要求同存异。找到同，就有了共同的语言和行动；保存异，就是保持对父母的尊重和理解。

另外，我们要克服闭锁心理，向父母传递自己的有关信息和情况，表达自己的心情，说出自己的意见，让父母了解自己。我们要保持自己的独立性，但不要忽略与父母的交流与沟通。与父母发生矛盾时，要耐心解释，让父母听得进，以得到他们对自己的理解。解释时说话放低声调，斟酌词句，有商有量。即使父母不对，也要就事论事，不针对父母本人，更不能迁怒于父母。

不管怎么说，长辈也是从我们这个年龄走过来的，他们也经历过"疾风骤雨"时期，以他们几十年的人生经历，看问题要成熟得多。我们在慢慢长大，应该学着独立，但独立和成熟有个过程，不是突然的。要经常坐下来，跟爸爸谈谈你在学校的情况，跟妈妈谈谈遇到的烦恼，这样父母也会诚恳地与你交谈，从中自己可以得到很多有益的启示。不要认为跟父母谈心是"没长大"，善于沟通正是越来越成熟、独立的表现。在交流沟通中，说不定父母也会受到你的影响，接受一些年轻人认可的新生事物，那样会无意中缩小代沟，增进家庭亲情。父母是爱我们的，只要我们同样以爱的方式对待父母，沟通的障碍就会大大减少。

三、孝顺父母要趁早

你读过现代作家黄伯平的《孩子，请听我说》吗？"孩子，当你还很小的时候，我花了很多的时间，教你慢慢地用汤匙、用筷子吃东西；教你穿衣服、绑鞋带、扣扣子；教你洗脸、梳头；教你擤鼻涕、擦屁股……这些和你在一起的点点滴滴，是多么令我怀念！孩子！你忘记我们练习了好几百回才会的第一首儿歌吗？还记得每天总是要我绞尽脑汁去回答你不知道从哪里冒出来的问题吗？只要和你在一起，就会有许多温暖涌上心头。不忙着，陪着我，慢慢地走，就像当年一样，我带着你一步一步地走。"

案例直播

不一样的面试

一位大学毕业生应聘于一家大公司。经理审视着他的脸，出乎意料地说："你替父母洗过澡擦过身吗？"

"从来没有过。"青年很老实地回答。

"那么，你替父母捶过背吗？"

青年想了想，说："有过，那是我读小学的时候，那时母亲还给了我10块钱。"

在诸如此类的交谈中，经理只是安慰他别灰心，会有希望的。青年临走时，经理突然对他说："明天这个时候，请你再来一次。不过有一个条件，刚才你说从来没有替父母擦过身，明天来这里之前，希望你一定要为父母擦一次，能做到吗？"这是经理的吩咐，因此青年一口答应了。

青年虽然大学毕业，但家境贫寒。他刚出生不久父亲便去世了，从此母亲做清洁工拼命挣钱。他渐渐长大，读书成绩优异，考进大学。学费虽令人生畏，但母亲毫无怨言，继续供他上学。直到现在，母亲还在做清洁工。

青年回到家，母亲还没有回来。母亲出门在外，脚一定很脏，他决定替母亲洗脚。母亲回来后，见儿子要替她洗脚，感到很奇怪。于是，青年将自己必须替母亲洗脚的原委说了一遍。

母亲很理解，便按照儿子的吩咐坐下，等儿子端来水，把脚伸进水盆里。青年右手拿着毛巾，左手去握母亲的脚，他这才感到母亲的双脚已经像木棒一样僵硬，他不由得抱着母亲的脚潸然泪下。读书时，他心安理得地花母亲如期送来的学费和零花钱，现在他才知道，那些钱是母亲用血汗换来的。

第二天，青年如约去那家公司，对经理说："现在我才知道母亲为我受了很多的苦，您让我明白了在学校里没有学过的道理，如果不是您，我还从来没有握过母亲的脚，我只有母亲一个亲人，我要照顾好母亲，再不能让她受苦了。"

经理点了点头，说："明天你到公司上班吧！"

部分大学生可能以为，孝敬父母就是要在上学期间少花父母的钱，让他们的生活更舒适，或者等以后自己走上工作岗位之后，等父母老了之后给父母更多的钱花。其实，这只是孝敬父母的一个方面，孝敬父母更多的是要给他们精神上的快乐。作为大学生，该如何向父母表达孝心呢？

（1）对待父母的态度要温和，不采取偏激的行为方式。随着年龄的增长，大学生对父母的崇拜、依恋、顺从减弱，更多地寻求同龄人的友谊，在家的时间减少，这被称为"离巢"现象。孩子的骤然长大使父母一下子失落很多，心里也空落落的。所以我们要理解这种心情，多打电话回家，常回家看看。对待父母态度要温和，即使自己不能接受他们的观念也不要顶撞、闹气，即使不能采用，也要虚心聆听。听一下也没什么不好，至少可以给父母一点安慰。

（2）要表现出一定的独立能力，让父母放心。从小衣来伸手，饭来张口，上学从来都要父母接送的，突然放学回来后就把自己关在房间里，或经常玩到很晚才回来，怎么不让父母忧心忡忡呢？这不是父母不想放心，而是你的表现不让他们放心。试着去关心父母，帮他们做做家务，谈谈家庭情况或你的理想，让爸妈觉得他们的孩子长大了，自然就不会过多地干涉你的行动了。

（3）要保持自己的独立性，但不要忽略与父母的交流与沟通。对父母的理解、宽容就是一种良好的沟通方式，具体的沟通方式有很多，如打电话、发微信，在父亲节、母亲节、生日、节假日等陪父母散步、谈心等。

（4）开开心心地学习，平平安安地生活，是对父母最大的感恩。

第二节　友情——"结交在相知，骨肉何必亲"

蒙古族有这样一句谚语："向你的朋友学好，对着你的影子整装。"

记得刚进大学的第一天，我们寝室的全体室友便找了一家饭店，高声呐喊着，一边大口大口地吃饭，一边诉说着各自的中学故事，笑谈各自的家乡方言……那一刻成为我终生的记忆。后来，我才知道，那便是友情。

对处于青年期的大学生而言，友谊是一种最主要的情感依恋和人际关系。在大学生特殊的生活环境里，学生们对友谊有一种更加强烈的心理需求，没有友谊温暖的大学生很少会感觉到生活的幸福感，因此，正值青春年华的大学生，拥有一段真挚的友情，是人生一段美好的经历。

一、大学里的友情

古人云:"与善人交,如入芝兰之室,久而不闻其香;与不善人交,如入鲍鱼之肆,久而不闻其臭。"人的一生中知心朋友是必不可少的,特别是大学生,所谓"近朱者赤,近墨者黑",与什么样的朋友交往将会影响人的一生。

案例直播

同窗的影响

我在湖南读书时有两位同窗好友,一位名叫湘生,另一位名叫顺久,我感念的是大学生活里他们对我的影响要胜于师长。

湘生是好读书又情感丰富之人,且爱诗歌。他对诗歌的热爱迅速传染了我,使我于懵里懵懂间一下子有了人生的一个方向。我于是见贤思齐,也拿过小本子来偷偷涂鸦。我后来走上职业文字客的人生路,现在想起来应是从偷看湘生的诗歌开始的。

顺久是另一类型的好友,世面见得多,看人看事常看到骨子里。然而他世故却不圆滑,有辩才却不损口德,有极强亲和力与待人接物的能力。这样的人物你跟他日日相处,开心之外料必要受到潜移默化的人格影响。我如今爱同朋友笑闹相处,料必亦有他的人性影子。这些影响皆大于书本的影响,也大于学校师长的影响。

年轻时结交了什么样的朋友,你有可能从此就形成了什么样的人格,也就有了什么样的人性色彩。

在今天的大学校园里,大学生根据各自的兴趣、爱好,结成了一个个或松或紧的交往圈。这种交往圈,大概可以分为学习圈、娱乐圈、社团圈、老乡圈等。

(1)学习圈。这个圈子的同学是学习实力派。每天奔波于教室与自习室之间,全身心投入学习,积极参加各种考试,如英语等级考试、计算机等级考试、会计师考试或其他实用的热门证书考试,增强自身的"含金量"。

(2)娱乐圈。大学生幽默地给这个圈子的同学起了"驴派"(经常出去旅游)、"旋派"(经常跳舞)之类的绰号。这个圈子的大学生,都爱好某种娱乐活动,如体育、文艺等。喜欢体育运动的学生,课余时间经常在一起活动,不仅内部"操练",还经常主动"出击",寻找别的班级打对抗赛,力求把活动搞得有声有色;喜欢旅游出行的,总是在节假日约在一起,游览各地的山山水水,乐在其中。

(3)社团圈。学生社团是大学校园里一道亮丽的风景线,是校园文化的重要载体。

社团有特长类，如汇贤诗文社、兰亭书法协会、葫芦丝协会、摄影协会；有实践类，如社会实践部、青年志愿者；等等。许多大学生通过加入社团培养能力，增长才干，同时也会结交一群志趣相投的朋友。

（4）老乡圈。中国人非常注重"乡土"观念，"老乡会"是大学生的一个重要交往圈，大学校园里"老乡会"具有三大特点：一是以地域上的"同乡"为基础，由来自同一地区的学生组成，大的以省为界，小的以地、市为界，可视规模、人数灵活地调整；二是具有封闭性，以老乡的感情维持，对内是一种比较亲密的人际关系，对外则具有封闭性和排他性，非本地区者谢绝加入，最多只能"列席"会议；三是"老乡会"的活动时间相对比较集中，一般集中在9、10月份新生入校期间和5、6月份毕业生离校期间。

子曰："益者三友，损者三友。友直，友谅，友多闻，益矣。友便辟，友善柔，友便佞，损矣。"这对大学生如何选择、结交朋友有着深刻的启示：一个人的朋友如何，对自身的发展往往起很大作用。与正直、讲信用、有学问的同学结交朋友，会受益匪浅；与谄媚奉承、华而不实的人交朋友，很可能会误入歧途。大学生无论交什么类型的朋友，都要慎重对待。

大体来讲，大学生的益友有以下几种：挚友，畏友，密友，学友。挚友是指恳切、真诚，以感情和原则为生命的真心朋友。畏友是指朋友之间敢直言规谏，直陈人过的人。畏友像一面镜子，照出自己脸上的尘土与污点，可使自己及时发现并予以改正。密友是指亲密无间，感情浓厚，能与自己同甘共苦的朋友。学友是指勤于学习或知识渊博的朋友。学友可以使自己增长知识，开阔视野，相互配合，取长补短，相互促进，相互鞭策。

二、大学友情交往的技巧

英国文学家萧伯纳曾这样说过朋友的作用："倘若你有一个苹果，我也有一个苹果，我们彼此交换这些苹果，那么我和你仍然是各有一个苹果。但是，倘若你有一种思想，我也有一种思想，我们彼此交流这些思想，那么我们每个人将有两种思想。"朋友就是可以互相交换思想、沟通心灵、彼此相助的人。一般而言，知心朋友可遇不可求，但交友的时候要多观察对方，尽可能地多了解对方。

案例直播

我们的关系为什么越来越糟?

小肖是一名大一学生。她还未进大学时,父母就教育她到了学校要多交朋友,与朋友搞好关系。小肖心想,与朋友搞好关系就要舍得花钱。于是,她经常请认识的同学吃饭。有时对刚认识不久的同学也顺口说上一句:"有空请你吃饭。"结果,自己被吃穷不说,有些朋友碍于面子也要回请她,双方都只能勒紧腰带过日子。有的干脆就直接断绝了来往,觉得交往不起。小肖很纳闷:自己宁可苦点,也要与朋友搞好关系,可怎么关系越来越糟了?

案例直播

写在沙子上还是刻在石头上?

有两个朋友在沙漠中旅行,在旅途中他们吵架了,一个还给了另外一个一记耳光。被打的觉得受辱,一言不语,在沙子上写下:"今天我的好朋友打了我一巴掌。"他们继续往前走。当蹚过一条急流时,被打巴掌的那个差点淹死,幸好被朋友救起来了。被救起后,他拿了一把剑在石头上刻下:"今天我的好朋友救了我一命。"一旁的朋友好奇地问他:"为什么我打了你以后,你要写在沙子上,而现在要刻在石头上呢?"他笑着回答说:"当被朋友伤害时,要写在易忘的地方,风会抹去它;相反,如果被帮助,我们要把它刻在心里的深处,那样任何风都不能抹去它。"

交朋友要出于真心,诚心诚意地交往。对待朋友最怕虚情假意,虚与委蛇。朋友之间要包容。"人非圣贤,孰能无过?"因为一点小小的过失就错失一位好友,实在是不值得。真正的友谊靠的是赤诚相投,而不在于甜言蜜语。至于物质上的交换,互相利用,甚至尔虞我诈的小人之交,我们应把它扔到垃圾堆里去。当然,我们提倡朋友之间的礼尚往来和文明馈赠。从某种意义上讲,朋友之间的"雪中送炭"或"千里送鹅毛"等行为能体现朋友间的相互关心和友爱,当朋友有困难时,鼎力相助,无私支持,这正是真朋友的表现。

交友是一门复杂的艺术，要想结交到情趣相投的知心朋友，仅有交往的艺术和技巧是不行的，重要的是提高个人素质，培养健康的交友心态，提高对交友的认识，而且要大胆实践，善于总结交友中的经验。

（1）以诚待人。古语有云："信人者，人恒信之。"说明要想处理好朋友之间的关系，获得朋友的信任，就要相信朋友，以心换心是最简单的处世原则。真诚是朋友间的黏合剂，真诚给人以安全感、愉悦感和信赖感。

（2）厚友薄己。把荣誉、享受让给朋友，把困难、责任留给自己。虚心接受朋友提出的缺点、不足；切忌对朋友乱发脾气、刻薄、排挤。

（3）不吝啬你的赞美。任何人都喜欢听好话，在不违背做人基本原则的情况下赞美朋友并给予鼓励，切忌因嫉妒别人而总是给予冷言冷语。

（4）学会感恩。不要把别人的好视为理所当然，要知道感恩。

（5）乐于助人。人在一生中并非一帆风顺，学习、生活、工作中都会产生烦恼，此时，如果你能伸出援助之手，就如"雪中送炭"，自然会加深彼此的友情。

（6）处理好竞争和友谊。作为大学生，在与同学交往中应树立竞争意识，在学习过程中要不甘落后，敢于脱颖而出。即使竞争有时会显得不近人情，甚至可能要付出巨大的努力和一定的代价，但只要是为了获取知识，有利于调动人的主动性、创造性，对个人的发展有帮助，就要勇于参与竞争。不难想象，一个缺乏竞争意识、学习成绩平平、工作不积极的人是很难赢得同学的尊重和好感的。随着社会的发展，大学生面临的竞争会更加激烈。面对竞争，应调整心态，勇敢地参与，要摒弃一切陈旧观念，明确竞争意识和追名逐利或虚荣的思想有着本质的区别。同时，大学生也应采取正确的竞争方式。有竞争就会有胜负，面对胜负，应保持"胜不骄，败不馁"的健康心态。当处于劣势时，应改变思路和方法，提高自己，以赶超对方，而不能采取贬低或破坏对方来获得自己的优势，更不能心生嫉妒，背地里风言风语或采取不正当的手段。处于优势时，则应保持虚心，不骄傲，不能看到同学落后于自己而幸灾乐祸。

竞争和友谊并不一定是不能互容的。竞争标志着奋发进取，积极向上，是前进的推动力，使生活充满生机。你追我赶，竞高争长，最能促使学业不断进步，思想积极上进。友谊是一种特殊的人际关系，是联结人们心灵的纽带，是人的情感生活的重要组成部分。通过友谊，能促使大学生在学业上互相切磋，品德上互相激励，思想上互相启迪，使大学生愉快充实地度过大学的美好时光。所以竞争与友谊在本质上是没有冲突的。当然，假如你把竞争建立在个人主义的基础上，这种竞争就有可能破坏友谊，葬送友谊。因而在竞争时也应积极发展友谊。竞争者应伸出友谊之手，同学向你借笔记或请教你时应热情帮助。在竞争中互相激励、互相帮助反而能够增加对彼此的了解和信任，何乐而不为呢？

三、正确处理异性友情

人生的路漫长而曲折，需要很多朋友的陪伴。同性朋友自不必多说，那是多多益善，读万卷书，交天下友。那异性朋友该怎么相处？太亲密了，难免有瓜田李下之嫌；拒人于千里之外，又显得不近情理。

案例直播

> **我该如何是好？**
>
> 小李是大学二年级女生，她与同班男同学小江经常一起讨论学术问题，课下两个人也经常一起交流兴趣爱好。没过多久，便引来同学们的议论，说两个人是在谈恋爱。小李很苦恼，自己现在还不想谈恋爱，他们之间只是纯粹的同学关系、朋友关系，比较谈得来而已，要去除同学们的非议，只能与小江断了来往，可她又舍不得，不知道该怎么办。

我们的一生，会邂逅许多美丽的花蕾，但属于自己的，只有适时而开的那一朵。所以，请冷静思考，这支箭对于自己而言是射偏的友情之箭，还是自己早已期待的幸福之箭。如果是纯真的友情，那就保持纯洁。

异性相吸是一种自然的现象。对于大学生来说，青春期特有的生理、心理特点，使得异性之间更易于产生思想、感情上的沟通。女生喜欢男生的豁达、主见和力量；男生则喜欢女生的贤惠、温柔和细腻。

心理学研究和实际观察发现：青春期交往范围广泛，既有同性知己，又有异性朋友的人，比那些少有朋友，或只有同性朋友的人的个性发展更完善，情绪波动小，情感丰富，自制力较强，心理健康水平较高，容易形成积极乐观、开朗豁达的性格。因此，异性之间的正当交往不仅应被允许，而且是有益的，异性之间的纯真友谊不可缺少。但过分拘谨会妨碍大学里异性之间的交往；过分热情、随便，会显得轻浮、不庄重，同样是不可取的。那怎样才是正确的异性交往呢？

（1）注意交往方式。青少年男女以集体交往为宜。课堂上的讨论发言、课后的议论说笑、课外的游戏活动等，为大家创造了异性交往的机会。使一些性格内向的同学，免除了独自面对异性的羞涩和困窘；一些喜欢交际的同学，满足了与人交往的需要。大家都融进了集体氛围中。每个人所面对的是一群异性同学，他们各有所长，或幽默健谈，或聪明善良，或乐观大度，或稳重老练……使我们在吸收众人的优点的同时，又能开阔眼界和心胸。

（2）要把握交往尺度。对方约你一同参加某项活动时，如听音乐、看电影、观画展、逛书市，这是正常的、公开场合的两性交往，完全可以大大方方地赴约。女孩应端庄、坦荡，不使对方产生误解和非分之想，男孩要沉稳、庄重，尊重对方。只要把握与异性交往的尺度，诚恳待人，热情大方，自尊自重，便能处理好与异性的关系，以自身良好的修养和人品赢得异性的尊重和友情。

第三节　爱情——"人生自是有情痴，此恨不关风与月"

神话中丘比特问爱神：LOVE 是什么意思？

爱神说：

L——Listen 就是倾听；

O——Obligate 就是感恩；

V——Valued 就是尊重；

E——Excuse 就是宽容。

一、大学爱情课是选修还是必修

大学，是容易滋生爱情的地方。少男钟情、少女怀春的青春期，一旦遇到合适的土壤，就会播种下爱情的种子，绽放出绚烂的爱情之花。在大学校园，爱情这一主题被朝气蓬勃的大学生演绎得更加淋漓尽致。

有人说，大学里的爱情是一门必修课，只有当你爱上一个人时，心智才是健全的。爱情可以教会你许多东西。如果大学里没有恋爱，那无疑少了一个学习的机会和一个改变的机会。这个改变或许一生中只有那么一次，那种简单的幸福或许也只能体验一次。

也有人认为，谈恋爱需要缘分，大学生各方面准备还不成熟，目的性太强反而不利，恋爱应该是一门选修课。选修这门课付出的精力很大，而最后如果修不到圆满的结局，反而留下痛苦的回忆，还不如放弃这门课。

其实大学里的爱情到底是选修课还是必修课不是最重要的，顺其自然就好。遇见了属于你的爱情就好好地珍惜并且付出，没有遇见也不必妄自菲薄。就算大学里没有了爱情，生活一样充满生机。生活少了两个人的天空，却多了很多人的精彩！爱情是不期而遇的，可以期待，可以充满想象，却不能刻意去制造。

小锋留给女友的信

背景：小锋将要去外地上大学，而他的女友留在家乡工作，帮助小锋父母一起挣学费。

"亲爱的，明天我就要走了，要离开你三年，留下你一个人，心情很沉重。但是，一想起等到放寒假回来咱俩见面的时候，想起将来能永远生活在一起的日子，就觉得分离值得忍受，甚至感到幸福。

亲爱的，我向你发誓，我将沐浴在对未来的憧憬中。你能维护爱情、经受住考验吗？你曾向我提过这类问题，说男孩子会很快忘掉女孩子，爱情的命运更多地取决于男孩子而不是女孩子。是的，事实也许是这样。但是，我们不要把事情想得很坏而折磨自己，我们要相信一切都会是美好的，不管在哪里，我会永远牢记对我们的爱情负责。

我们两个人未能同时去学习，这不要紧。待我大学毕业后先工作，然后我们结婚，之后你再去学习。任何事情也妨碍不了我们，你不必担心。我们曾发过誓，三年后，当我们要做丈夫和妻子的时候再互相亲吻。这是你提议的，我同意了。我很理解你的想法，我也是这样想的。亲爱的，谢谢你，你是这样尊重我们的爱情，并且为我做出了这么多牺牲，相信我，我会珍惜时间，好好学习，等你上大学的时候，就能有能力帮你。

爱你，谢谢你，等我！"

小锋大学毕业，他们得出了他俩的爱情已经经受住时间考验的结论，于是开始实施原定计划：小锋工作，帮助女友接受高等教育。复习一年，女友考上了职业技术学院。六年之后，他们结婚。

浪漫的爱?

　　小云和小正一见钟情,两个人闪电般坠入爱河。他们相约三周后在海边相见,没有手机联络,也没有约定具体地点,却奇迹般地重逢——浪漫到了极致。谁知在一起后不过半年,就开始争吵不断,最终恶语相向,无可挽回地分了手。

　　恋是一种原始的激情,是一种瞬间的情愫,不包含任何理性的成分;爱是一种有创造力的感情,是在理性的参与、漫长时间的考验下,去把握感情的一种能力。只有经受时间考验的爱之果实才会甜美……恋每个人都能做到,爱却需要能力。

　　一段感情的成功与否,不是看是否还牵手,而是由感情品质而定,很多时候牵手不代表成功,分手不代表失败,关键是看在这段感情中你是否完成了两件重要的恋爱心理任务:你是否更了解自己的需求,你是否已学会疼爱别人。爱的反面不应该是恨,而应该是淡忘。那为什么有些人的爱会变成恨,而不能成为淡忘呢?那是因为他在爱里面,缺乏了自信。

1. 在恋爱中我们需要完成两项重要的心理任务

一要更了解自己。除自我认知概念外,让两性恋爱中的自己更完整清晰地呈现出来。
二要培养我们爱人的能力,从习惯被爱到开始学会爱人。

2. 看一个男人是不是好男人有三个基准:负责、尊重和情绪稳定

负责意味着他能对自己所说过的话负责。

尊重则是指他能够尊重自己的另一半,就是我们通常所说的,你和他之间建立的是伙伴式关系,你们相处的方式是平等的。

另外,他还要是一个情绪稳定的人。有些人的情绪容易大起大落,这样的人是很难维持一段长久的关系的。

上面说的只是好男人的基准。如果我们把条件再抬高成精品男人的话,还可以归纳出所谓"三心二意"的基准。

何谓"三心"?

第一个"心"是开心。他应该是一个开朗的人,这会让和他一起相处的人也感到心情愉快。

第二个"心"是关心。关心意味着体贴,这是所有女生都很容易理解的。

第三个"心"是同理心。同理心就是设身处地为别人着想的能力。同理心是尊重的来源，也是情侣间解决冲突时最重要的能力。

何谓"二意"？

第一个"意"是诚意。诚意意味着真诚，真诚又是负责的基础。

第二个"意"是善意，就是要能够用善意的方式去解读情侣的行为。这是很多人在与恋人相处时很难做到的，比如对方不小心迟到时，用恶意的解读方式来理解，就会开始责怪对方："你不在乎我！"

3. 男生在恋爱里的情绪需求

（1）自身的能力被肯定。他时常会关心自己是否让人瞧得起。

（2）才华被欣赏。也许他有些爱好和才华与其工作完全不相干，但你仍需学会喜爱和尊重。

（3）努力被感激。他对你以及对这段感情所做的努力需要被感激。

4. 女生在恋爱里的情绪需求

（1）时常被关怀。虽是日常的唠叨，请你耐心倾听。

（2）再三地被肯定。她可能一而再再而三地询问你是否爱她，其实她只是需要再三地肯定，你需要给她安全感。

（3）想法被尊重（在分享情绪种种时增进彼此感情）。每一个成熟的女性身体里都有个非常幼稚的小女孩，每一个幼稚的小女孩体内都有个幼稚的小问号，那就是我到底有没有讨人喜欢？在这个时候你需要学会称赞对方。

当然，每一个成熟的男性身体里都有个非常幼稚的小男孩，每一个幼稚的小男孩体内都有个可笑的小问号，那就是我有没有让人家瞧不起？不管变成多成熟的男性，这个小问号依然存在。学会给他肯定，从来没有什么事情比爱更动容。如果现在觉得生命中有一些不完整的地方，很可能就是这门功课还没有做完。

爱情其实有规律可循，如果遵循这些心理情绪需求，当最后一次对对方说我爱你的时候，我们会了无遗憾。对过去的人最好的纪念方式就是继承她的品质，继续好好地生活下去。

5. 健康爱

心理学家根据恋爱中对爱情的追求，将爱情分为健康和不健康两大类：

（1）健康的爱情表现。其一，不痴情过分，不咄咄逼人，不显示自己的爱情占有欲，能够充分尊重对方。其二，将爱情给予对方比向对方索取爱情更使自己感到欢欣，并以对方的幸福为自己的满足。其三，是彼此独立的个性的结合。

（2）不健康的爱情表现。其一，过高地评价对方，将对方的人格理想化。其二，过于痴情，一味地要求对方表露爱的情怀。其三，缺乏体贴怜爱之心，只表现自己强烈的占有欲。其四，偏重于外表的追求。

二、面对爱情的消亡

大学生恋爱已经不是一个新鲜问题，而大学生恋爱的后果却始终备受社会关注，一度成为人们茶余饭后的话题。许多在大学中恋爱的人，可以携手一生，但也有许多在大学中恋爱失利的人，该如何面对和处理呢？

面对爱情的消亡，人的表现分三种：

其一，愚者多怨。把被负、被伤、被弃的憾、恨、怒，化为逢人便说的故事，若有雷同，绝对共鸣。琐琐碎碎，百说不厌，百诉不累，把自己化成了一条又长又臭的"缠脚布"。人人退避三舍，他却浑然不觉。

其二，仁者不言。一个巴掌拍不响。爱情的鹊桥断了，双方都有责任。就算对方移情别恋，也只能归咎于缘分灭绝。保持缄默，是自我尊重的方式。

其三，智者不记。把相恋时的狂喜化成披着丧衣的白蝴蝶，让它在记忆里翩飞远去，永不复返，净化心湖。

案例直播

打破的鱼缸

一个遭受女友抛弃的男孩来找心理咨询师，说他前女友现在过得很好，为此感到愤恨难平。咨询师问他为什么。

他说："我们在一起时发过誓的，先背叛感情的人在一年内一定会死于非命，但是现在两年了，她还活得很好。老天是不是太没有眼睛，难道听不到人的誓言吗？"

咨询师告诉男孩，如果人间所有的誓言都会实现，那人早就绝种了。因为谈恋爱的人，除非没有真正感情，全都是发过重誓的，如果他们都死于非命，这世界还有人存在吗？老天不是无眼，而是知道爱情变化无常，我们的誓言在智者的耳中不过是戏言罢了。

"人的誓言会实现是因缘加上愿力的结果。"咨询师说道。

"那我该怎么办呢？"男孩问咨询师。

咨询师对男孩说了一个寓言：从前有一个人，用水缸养了一条最名贵的金鱼。有一天鱼缸打破了，这个人有两个选择：一个是站在水缸前诅咒、怨恨，眼看金鱼失水而死；另一个是赶快拿一个新水缸来救金鱼。

"如果是你，你会怎么选择？"咨询师问。

"当然是拿水缸来救金鱼了。"男孩说。

"这就对了，你应该快点拿水缸来救你的金鱼，给它一点滋润，救活它，然后把已经打破的水缸丢弃。一个人如果能把诅咒、怨恨都放下，才会懂得真正的爱。"

男孩听后，面露微笑，欢喜地离去。

有人说："誓言都是骗人的。"可是你知道吗？当一个人说要和你共度一生时，她真的是那么希望的，只是由于许许多多的外界原因，使许多人不得不背弃誓言。所以，当你的鱼缸破碎时，不要一味地沮丧，赶快找个新的鱼缸吧！任何时候，都不要对爱失望。

失去爱会使人感到一种重要关系的丧失，一种身份的丧失，需要一定的时间去面对和适应。

第一，学习怎么看待失恋。有些同学可能把失恋看作人生的一次巨大失败，是自尊心的强烈受损，那就必然会产生强烈的负面情绪体验。其实，失恋只是一种选择的结果，他人不选择自己不等于自己就全面失败。

第二，感情宣泄。不要过分地隐藏或压抑失恋带来的痛苦，要找适当的方式和途径进行宣泄。

第三，情境转移。失恋后之所以难以摆脱恋情的困扰，就在于生活的方方面面都与昔日的恋人有着千丝万缕的联系，所以要想摆脱失恋的痛苦，可以换一个崭新的环境，暂时离开曾经熟悉的环境。

第四，在失恋中学习，把失恋作为一种人生的财富。也许失恋给人带来的强烈的内心冲击是其他事件所不能代替的，这个过程中所体会到的失落、挣扎和痛苦，实为一笔人生财富，使人有了更多的人生体验，人会在失恋中变得更加成熟。

第五，失恋给人再恋爱的机会。一次失恋不等于整个爱情生命的结束，只要用心去体验、学习和感受，还会再恋爱，再体验美好的爱情。

大学里的爱情是花须堪折方能折的玫瑰，急于求成反而会被它的利刺扎伤。所以，当爱花开，就不要错过。如果没有，那就耐心等待，属于你的缘分会盛开在你最美丽的时刻。

案例直播

写给大一新生的忠告

你报到那天，如果是爸妈送你来的，临告别的时候拥抱一下他们吧！因为他们其实很不舍。

大学是个新起点，多点正能量，多看书，多参加自己喜欢的社团活动，毕业后也会有更好的方向和勇气。

大学里什么都有可能是假的，唯有知识是真的。

很多人认为人脉比成绩更重要，还认为拓展人脉的最好办法就是喝酒，但真正的人脉不是你认识了多少人，而是有多少人想认识你。

入学之初就要问问自己：你要转专业吗？你要入党吗？如果要，就要看看需要什么条件，自己就有了目标。你要考公吗？你要专升本吗？如果要，那就在前两年打好基础，劳逸结合，然后准备冲刺。定下目标，就要坚定立场，不要走走停停走一步看一步，不然你会发现路边全是风景，你最终却全错过。

图书馆和操场是大学里最值得去的两个地方。

千万不要相信那些校园网贷！千万不要相信那些校园网贷！千万不要相信那些校园网贷！

很多机会都是靠自己争取来的。

不要相信"60分万岁，多一分浪费"这样的话，能多考一定要多考。更不要相信不挂科的大学是不完整的。

多考证，多去图书馆，放弃无意义社交。学会独处，多给家人打电话，不要为了想谈恋爱而谈恋爱，不要挂科。上课尽量坐前几排，少逃课，自律，多学技能，多参加活动竞赛。

试试攒点钱吧！别太大手大脚，不必要的不买，毕业你就会发现，你想去旅游，想买东西，都可以理直气壮地用自己攒的钱来完成。

想要当班干部一定要大胆说出来，不然你是抢不过别人的。

不要觉得进了大学就解放了，这是会给你无限可能的地方啊！不要觉得自己基础没有别人好就放弃，谁认真谁就赢了，告诉自己坚持一下。

不要大一就进五六个社团或者学生组织，这样会浪费很多时间，要找准一两个社团或组织，认认真真做下去，不要觉得一开始打杂没意思，这些都是以后做管理层的基础。

做一个靠谱的人。

大学如果有机会，就多去参加志愿服务活动，校外的最好。多去奉献一下，然后你可以收获到很多不一样的东西，也会结识到很多优秀的好朋友，这也会是你一笔宝贵的财富。

不管你高考考得怎么样，是要复读还是要去上大学，可能很难选择。但不管怎样选择，都以最好的自己去面对，不抱怨生活，不辜负选择。

不要随波逐流，可以保持自己的一片初心，有时候学会一个人独处很重要。

学会做人，做讲礼貌和有素质的人。

好的大学只代表这个大学好，高考考得好只代表你之前努力得到了些许回报，但它只是一段经历。

从大一开始就要找好自己的方向，不要荒废大学的时间。到快要毕业的时候才去想自己到底想要什么，这个时候你会发现很迷茫。

相信自己。有的事情看上去很难，做起来也难，但是你最后一定都可以完成的。至于完成的优秀程度，就看你有多认真了。

学会合作，找喜欢和相处舒服的人合作，这样效率高，并且过程心情愉快。

如果参加的社团组织让你不快乐了，让你感到长时间的焦虑或者压抑了，无论已经到哪个位置了都要舍得放手。要记得做自己喜欢的事，千万不要勉强自己。

要有自己的主见和规划，不要盲目随大流，每个人的特点和优点都不一样，要充分认识自己、了解自己，知道自己喜欢什么和讨厌什么，要多培养自己有优势的方面。

尽量避开不能让两个人共同变得优秀的恋爱，不然就是在浪费最好的时间陪对方长大。

不要逢人就说你的际遇。

多去图书馆，少看偶像剧和综艺，提高学习成绩，学习成绩很重要，很多情况下学习成绩是你选择的资本。

要真诚地对待别人，虽然并不是任何时候真心都能换来真心，但还是要期待着。

多读一些书，多鉴别一些朋友，多观察一些事物。

如果有目标的话，一定要坚持朝着那个方向前进，哪怕没有人陪着你，优秀的人总是孤独的。不要因为旁人的堕落而迷失方向，勿忘初心。

无论怎样，请不要和一直抱怨生活的人在一起，生活要有正能量。对那些三观不正的人要悄无声息且坚决远离。

　　珍惜大学时光，不要胆怯，想做的大胆去做，毕业以后可能再也没有这样的时光了。

　　乾坤未定你我皆是黑马，乾坤已定那你我就扭转乾坤。

第六章　交际篇

伟大的革命导师马克思曾经说过，人是各种社会关系的总和，每个人都不是孤立存在的，他必定存在于各种社会关系之中。如何理顺好这些关系，并提高生活质量是每个进入社会的人必须学会的技能。

第一节　大胆交际——扩大自己的交际圈

大学生进入学校的那一刻就已决定了其交往需要，在大学校园里建立良好的人际关系，形成一种团结友爱、朝气蓬勃的环境，将有利于大学生形成和发展健康的个性品质。

一、人际关系的意义

人是社会的动物，不能离开群体而单独生存。社交是一种能力，也是一种艺术，用心去灌溉，才能收获美好的果实。在社会活动中，人们几乎每天都要和他人打交道。有人估算，一个人每天除了8小时的睡眠之外，其余16个小时中有70%的时间是在进行人际交往。因此人际交往对于人们来说有着特殊的意义。

案例直播

有人做了一项实验，该实验以每天20元的报酬（在当时是很高的金额）雇用了一批学生作为被试对象。为制造出极端的孤独状态，实验者将学生关在有放音装置的小房间里，让他们戴上半透明的保护膜以尽量减少视觉刺激。又让他们戴上木棉手套，并在袖口处套了一个长长的圆筒。为了限制各种触觉刺激，又在其头部垫上了一个胶枕。除了进餐和排泄外，实验者要求学生24小时都躺在床上，营造出一个所有感觉都被剥夺了的状态。

结果，尽管报酬很高，却几乎没有人能在这项孤独实验中忍耐三天以上。最初的8个小时还能撑住，之后，学生就吹起了口哨或者自言自语、烦躁不安起来。在这种状态下，即使试验结束后让他们做一些简单的事情，也会频频出错，精神也集中不起来，实验后需要三天以上时间才能恢复到原来的正常状态。实验持续数日后，人会产生一些幻觉。到第四天时，学生出现双手发抖、不能笔直走路、应答速度迟缓以及对疼痛敏感等症状。

看来，人们的身心要想正常工作，就需要不断地从外界获得新的刺激。社会生活中的每一个人都生活在人际关系网中，每一个人的成长和发展都依存于人际交往。对于正在学习、成长之中的职业院校的学生来说，培养良好的人际交往能力，不仅是大学生活的需要，更是将来走向社会的需要。

大学生是一个特殊的群体，其特殊性决定了人际交往对大学生的学习、生活、成长、成才具有十分重要的作用和功能。

1. 有助于大学生获得信息

促进社会化信息交流是人际关系的一大特点，获得信息不仅是现代人事业成功的保证，也是人类的生活、学习和自我教育至关重要的因素。大学生从书本上获得的知识和信息毕竟是有限的，即便是皓首穷经、学富五车，在现代社会潮水般涌来的新信息中也只是沧海一粟。当今大学生通过人际交流，都能从中获得大量有用的信息。不仅如此，人际交往也是大学生社会化的最重要和最有效的途径。如果说家庭是人类社会化的第一个场所，那么可以说，学校是人类社会化的第二个场所。不同类型，不同经历，不同习惯、爱好、个性、价值观的同学相互交往，不仅有利于个体信息的沟通、培养社会交往能力，而且也有利于提高对社会问题的认识能力，促进社会化的完成，为今后踏入社会做好充分的准备。

2. 有助于大学生自我意识的提高

交往活动是促进大学生自我认识的基本途径。歌德说过："人只有在人们之间才能认识自己。"事实上，人们对自己的观察评价是把别人当作认识自己的镜子，常要以别人对自己的评价作为依据，因此，人在认识别人的同时，就得到形成自我评价的必要知识。

所以，通过广泛的交往和比较，人就能逐渐形成较为恰当的自我表象，既避免"自我"的夸大，又能克服"自我"的萎缩。人际交往对大学生的自我意识的发展成熟起着重要的作用。

3. 有助于大学生的心理健康

弗兰西斯·培根曾说："如果你把快乐告诉一个朋友，你将得到两个快乐；而如果你把忧愁和一个朋友倾吐，你将被分掉一半忧愁。"对大学生而言尤其如此。大学生正处在由青春后期向成人转变的时期，良好的人际交往使大学生紧张的心理得以放松，归属、安全、友谊等需要得到满足，自尊心和自信心大大增强，内心的冲突与苦闷得到缓解。大学生中某些抑郁症、焦虑症、神经衰弱、溃疡病等常与人际关系失调有关，而社交恐惧更是人际关系不良的直接后果。

4. 有助于大学生个性的发展完善

交往活动是大学生个性发展和完善的必要条件。大学生在人际交往中认识自己的个性，展示自己的才华，相互影响，发展和完善自己的个性。正如法国作家巴比塞所说的那样："个性和集体配合起来，不会失去个性，相反，只有在集体中，个性才能得到高度的觉悟和完善。"

5. 有助于大学生事业的成功

交往活动是大学生事业成功的保证因素之一。一方面，交往活动为大学生适应大学生活、学业成功、充分发展提供了保障，为今后成功地走向社会打下了基础。另一方面，今天的同学可能是明天的同行与朋友，大学期间的同学情、师生情将一直延伸到明天的事业中去，并对今后的家庭生活、个人事业提供极好的帮助。正如许多毕业同学踏上社会后所得到的感触：大学的时光最宝贵，大学期间的友谊最难忘。

二、大学生常见交际圈

随着人际关系社会性的不断强化，人们思想开放程度的不断增强，现代科技手段的不断进步，当代大学生的人际交往变得越来越错综复杂。在如今的大学校园里，大学生因为相同的兴趣、爱好，或因为共同的理想，抑或某种特定目的而形成了大大小小的交际圈。

案例直播

对于校园里的人际交往，湖南某大学的大一新生小李说，进大学后他就加入了两个社团，还在校内参加老乡会的活动，很热闹。而相对于大一新生而言，大三学生超过半数称"生活圈子越来越小，交往得最多的就是室友"。尤其是女生，每天就和寝室另外几个同学形影不离，"基本没有别人掺和进来，我们也没想过要加入别人。"另一名大三学生小向也深有同感，自从大三学业逐渐繁忙后，他就退出了校园社团。"聚会少了，感情自然就淡了。"由于大三课程少，就算在同一个班，见面的机会也很有限。

1. 同学关系

同学是大学生人际交往的基本关系，也是大学生人际交往的主要对象。大学校园里的同学关系总体来说是和谐友好的，同学之间的关系有亲情化、家庭化的趋势，即在日常生活、学习中创造一种如同亲人般和谐稳固的同学关系。

大学生与同学间的交往最普遍，也最微妙与复杂。一方面，大学生年龄相仿、经历相同、兴趣爱好相近，又共同生活在一个集体，学习相同的专业，沟通与交往容易；另一方面，大学生来自不同地域，有着不同的家庭背景，生活习惯、个性气质存在差异，再加上大学生空间距离小、交往密度高而自我空间相对狭小，对人际交往的期望较高，一旦得不到满足，容易采取消极退避的态度。

2. 宿舍室友

室友关系是大学阶段最基本的人际关系。如果住集体宿舍，与宿舍成员搞好关系非常重要。倘若关系融洽，则心情舒畅，不仅有利于大学生的学习，也有利于其身心健康；倘若关系不融洽，甚至紧张，就会给大学生活蒙上一层阴影，带来负面影响。其实宿舍里发生的都是一些鸡毛蒜皮的小事，有些事大家坐在一起说开了就好了，最重要的是沟通。大学三年和室友相处的时间可能比家里人还要多，只要把握好交际关系，就可以收获几个贴心的好朋友。

（1）与室友统一作息。一个宿舍一般有三四个人或五六个人，甚至更多的人，大家在一起生活，应有统一的作息时间。只要大家协商一致、共同遵守，就能减少争执，消除摩擦，维持正常的生活秩序。如果是"夜猫子"，晚上睡得很迟，待宿舍成员都睡了才开始洗漱，这样就容易惊醒其他人，影响其他人休息。久而久之，就会引起室友们的厌恶。因此，宿舍的成员应当尽量统一起居时间，减小作息差距。倘若实在有事，早起或者晚睡者也应尽量降低声响，以免对室友们产生影响。

（2）不搞"小团体"。在宿舍中，应当以平等的态度对待每一个人，不要厚此薄彼，和一部分人打得火热，而对另一部分人疏远不理。有些人喜欢同宿舍中的某个人十分亲近，平时老是与某个人说悄悄话，进进出出都和某个人在一起。这样就容易引起宿舍其他成员的不悦，认为你是不屑与之交往。所以在宿舍里，对每个人要尽量保持同等距离，和室友们处在不即不离的状态，不搞"小团体"。

（3）不触犯室友的隐私。每个人都有自己的秘密，也有足够的好奇心。对于室友的隐私，切不可想方设法去探求。对方把一个领域作为隐私，就对这个领域有了特殊的敏感，任何试图闯入这个领域的话题都是不受欢迎的。应注意的是，未经室友同意，不可擅自乱翻其衣物等物品。

（4）积极参加宿舍的集体活动。宿舍活动不单纯是活动，更是室友之间联络感情的重要形式，应该积极参与配合。千万不要幼稚地把集体活动当作是纯粹的费财费力的无聊之举，表现出一副不屑为伍的样子。其实，宿舍活动是感情投资，是大学生活中不可或缺的。

（5）别人有难要帮，自己有事也要求。良好的人际关系是以互相帮助为前提的。当室友遇到困难时，应当主动伸出援助之手。当我们有事时，也应真诚地向室友求助。因为求助有时反而能表明你对别人的信任，能够融洽关系，加深感情。

（6）不拒绝零食和宴请。当室友买来水果、瓜子之类的零食分享给自己时，应愉快地接受，不要推托，不要以吃别人的难为情为由而拒绝。有时，室友因过生日或其他事请你吃饭，也应欣然前往。因为应酬不仅仅体现在物质上，更体现在心理上。你接受别人的邀请，从某种意义上说，也是给别人面子。

（7）不逞一时口快。"卧谈会"是宿舍的一项重要活动。室友们相互间谈论见闻、发表意见，本来是一件很愉快的事，但也往往因小事而发生争执，使"卧谈会"变成了"口舌大战"。其实，喜欢逞一时口快，在嘴巴上占便宜的人是非常愚蠢的，给人的感觉是太好胜，难以合作。你不尊重别人，别人也不会尊重你。夸夸其谈，想处处表现得比别人聪明，最后只会引起别人反感。

（8）完成该做的杂务。宿舍成员不仅应做好自己个人的事，还应做好集体的事，没有哪一个集体会欢迎一个自私、懒惰和邋遢的人。因此，必须尽力完成好属于自己的那份杂务，凡事要养成亲力亲为的好习惯。

3. 网友关系

随着网络的普及，另一种特殊的大学生交际关系进入人们的生活——网友关系。网友是一种特殊的朋友，指通过某一网络媒介而相识乃至相知的、见面较少或只能在某一特定地点才能见到的朋友。比如通过 QQ、微信、微博、抖音等社交软件。与一般意义上的朋友不同，网友是通过网络媒介物而相识乃至相知的，现实中见面较少或根本没有见过面。

4.师生关系

师生关系是指教师和学生在教育、教学过程中结成的相互关系，包括彼此所处的地位、作用和相互对待的态度等。师生关系既受教育活动规律的制约，又是一定历史阶段社会关系的反映。良好的师生关系是提高学校教育质量的保证，也是社会精神文明的重要方面。

三、大学生人际交往的特点

大学生的文化层次较高，生理和心理日趋成熟，比较重感情，因此大学生的人际交往具有与其他社会交往不同的特点。从交往心理看，大学生交往呈多元与开放式交往。大学生渴望友谊，渴望结交更多的朋友，交流更多的信息，接受更多的新思想。在这种心理的作用下，大学生的人际交往呈现出前所未有的开放式交往趋势，具体表现如下：

一是交往的范围扩大。交往对象由以前的亲友、朋辈转向更广泛的社会交往群体。同学交往不再局限于同班同学，而是发展到同级、同系甚至是同校的可认识的所有同学；不仅包括同性交往，异性交往也是交往的重要方式。

二是交往频率提高。交往由偶尔的相聚、互访，发展到较为经常的聊天、社团活动、举行聚会、体育活动、娱乐、结伴出游以及其他一些集体活动。

三是交往手段多元化。电子网络的发展为大学生的交往提供了更加广阔的交往空间，交往手段的发展，使大学生的人际交往变得更方便、更快捷，交往距离更远，交往范围更广。

从交往方式看，以寝室为中心，社会工作和网络社交占主导。大学生虽然主动追求开放式的人际交往，但由于时间、精力、生活环境、经济条件等方面的限制，交往的主要场所仍然在校园内，中心是学生的寝室。尽管各种网络社交软件正逐渐被大学生接受并渗入到他们的生活中，但新兴社交方式所发挥的作用并不被学生们看好。从交往目的看，情感型交往与功利型交往并重。随着社会的发展变化，大学生在社交目的上也趋于"理性化"，选择什么样的人交朋友，并不纯粹是出于情感和志同道合，交往的动机已变得很复杂。可以说，大学生的人际交往在注重情感交流的同时，越来越注重与自身社会利益相关的务实性，呈现出情感型交往与功利型交往并重的趋势。

第二节　积极交际——敞开自己的心扉

人际关系是一门艺术，需要通过学习来掌握如何与人沟通，想要营造良好的人际关系，就需要有主动交往的意识。"守株待兔"的交往方式是行不通的，与同学交往需要敞开心扉，积极扩展人际交往圈。

一、影响人际交往的心理

我们每天都在进行着人与人之间的交往，相信愉悦的人际交往是每个人的向往。但是愿望总是美好的，现实中总会出现一些不和谐的交往状态，甚至发展为人际交往的心理障碍。

案例直播

以优异的成绩考入某高校的沈某在外人看来，是十分优秀的：智商高、能力强、有前途。可是沈某却有着自己的烦恼，因为他发现，如今的他，虽然身在名校，虽然接受着外人的仰视，但对自己的所有评价都是一般般：学业平平，长相平平，家境平平，人际关系平平……在他的眼中，周围的同学都那么优秀，要么是学术大牛，要么是人缘特好的微笑天使。因为自卑，沈某渐渐变得玩世不恭，表面上似乎对什么都满不在乎，也不再积极参加各种活动。面对校园里五花八门的比赛，他一律在心里默念"参加了也不会有结果的"后，便忘得一干二净。更可怕的是，这种心态也蔓延到学习上。沈某在学业上也变得马马虎虎，只求通过考试，大部分时间都沉迷于网络游戏中。这自然也让沈某失去了更多的机会，更加碌碌无为。他明明知道自己陷入了恶性循环，却不知怎么跳出来，内心充满了纠结与痛苦。

良好的心理素质是人们进行广泛社交活动的必要条件。如果心理状态不佳，会形成某些隔膜和障碍，在一定程度上阻碍人们交朋结友和适应社会。因此，我们在工作生活中应该注重自身修养，努力克服种种人际交往中的病态心理。

1. 自卑

这种心理表现为对自己缺乏正确的认识，在交往中缺乏自信（主要因素），办事无胆量，畏首畏尾，随声附和，没有自己的主见，一遇到错误的事情就以为是自己不好。这样导致他们失去交往的勇气和信心。主体自己瞧不起自己，这是一种消极的情感体验。在心理学上，自卑属于性格上的一种缺陷，表现为对自己的能力和品质评价过低。自卑和自满正好是两种完全相反的心理品质，却都是大学生常有的心理表现。

2. 嫉妒

嫉妒是对他人的一种不服、不悦、失落、仇视，甚至带有某种破坏性的危险感情，是通过把自己与他人进行对比而产生的一种消极心态。当看到与自己有某种联系的人取得了比自己优越的地位或成绩时，便产生一种褊狭的忌恨心理；当对方面临或陷入灾难时，就隔岸观火，幸灾乐祸；甚至借助造谣、中伤、刁难、穿小鞋等手段贬低他人，安慰自己。

3. 怯懦

怯懦主要见于涉世不深、阅历较浅、性格孤僻、不善辞令的人，怯懦会阻碍自己计划与设想的实现。怯懦心理是束缚思想行为的绳索，理应断之、弃之。

4. 多疑

有猜忌心理的人，往往爱用不信任的眼光去审视对方和看待外界事物，每每看到别人议论什么，就认为人家是在讲自己的坏话。猜忌成癖的人，往往喜欢捕风捉影、节外生枝、说三道四、挑起事端，其结果只能是自寻烦恼、害人害己。

5. 逆反

有些人总爱与别人抬杠，以此表明自己的标新立异。对任何事情，不管是非曲直，你说好他偏说坏，你说一他偏说二。逆反心理容易模糊是非曲直的严格界限，常使人产生反感和厌恶。

6. 排他

人类已有的知识、经验以及思维方式等，需要不断地更新，否则就会失去活力，甚至产生负面效应。排他心理恰好忽视了这一点，表现为抱残守缺，拒绝拓展思维，促使人们只在自我封闭的狭小空间内兜圈子。

7. 表演

有的人把交朋友当作逢场作戏，往往朝秦暮楚、见异思迁，且喜欢吹牛。这种人与人之间的交往方式只是在做表面文章，因而常常得不到真正的友谊和朋友。

8. 自私

有的人认为交朋友就是为了"互相利用"，因此他们只结交对自己有用、能给自己带来好处的人，而且常常是"过河拆桥"。这种人际交往中的自私心理，不仅会失去朋友，还会使自己的人格受到损害。

9.情感淡漠

有些人对与自己无关的人和事一概冷漠对待，甚至错误地认为言语尖刻、态度孤傲、高视阔步就是自己的"个性"，致使别人不敢接近自己，从而失去了更多的朋友。

二、让自己变得自信起来

自信心是一种反映个体对自己是否有能力成功地完成某项活动的信任程度的心理特性，是一种积极、有效地表达自我价值、自我尊重、自我理解的特性和心理状态。与人交往也是一样，大学生因为自卑而害怕交朋友，正是缺乏自信心的表现。

案例直播

> 有一位女歌手，第一次登台演出时，内心十分紧张。想到自己马上就要上场，面对上千名观众，她的手心都在冒汗："要是在舞台上一紧张，忘了歌词怎么办？"越想她心跳得越快，甚至产生了打退堂鼓的念头。就在这时，一位前辈笑着走过来，随手将一张纸条塞到她的手里，轻声说道："这里面写着你要唱的歌词，如果你在台上忘了词，就打开来看。"她握着这张纸条，像握着一根救命的稻草，匆匆上了台。也许是因为有那张纸条握在手心，她的心里踏实了许多。她在台上发挥得相当好，完全没有失常。她高兴地走下舞台，向那位前辈致谢。前辈却笑着说："是你自己战胜了自己，找回了自信。其实，我给你的，是一张白纸，上面根本没有写什么歌词！"她展开手心里的纸条，果然上面什么也没写。她感到惊讶，自己凭着握住一张白纸，竟然顺利地渡过了难关，获得了演出的成功。"你握住的这张白纸，并不是一张白纸，而是你的自信啊！"前辈说。歌手拜谢了前辈。在以后的人生路上，她就是凭着握住自信，战胜了一个又一个困难，取得了一次又一次成功。

1.活泼

自信的人在其面容、姿态和言行举止上，都会表现出一种活泼的生气，显得对生活充满信心。我们可以在自己的生活中，发现和体验心理学家的这种评价。自信的人不但自己充满生气，而且会给周围的人带来一种生机勃勃的气氛和一种乐观的鼓舞。

2.坦诚

自信的人总是能够直接而坦诚地说出自己的意见，甚至是自己的缺点。这种坦诚和不掩饰缺点的性格，正是对自己充满信心的表现。自信的人总是说自己想说的话，而不是看他人的脸色说别人想听的话。

3. 虚心

自信的人能够虚心地接受批评，坦然地承认自己的错误。能否虚心地接受批评，能否坦然地承认自己的错误，是衡量一个人自信程度的指标。在我们的生活中，不自信的人恰恰是拒绝接受批评的，在自己明显错误的时候，也总是尽量去作辩解。

4. 大度

自信的人能够自然和自如地表达自己对别人的赞赏、好感和喜欢，也能够自然和自如地接受别人对自己的赞赏、好感和喜欢。不自信的人容易嫉妒别人，不希望别人超过自己；而自信的人恰恰相反，能够大度而坦然地赞赏和接受别人。

5. 轻松

自信的人在日常言行中会表现出轻松自如的神态。孔子说："君子坦荡荡，小人长戚戚。"，即"君子"的心地平坦宽广，而"小人"经常局促忧愁。毫无疑问，自信也是君子的基本表现，他们在日常生活中会表现得轻松自如，而不是终日陷入沉重抑郁之中。

6. 言行一致

自信的人言行是一致的，他所说的与其所做的，往往一致而协调。因而，他的容貌、声音和举止，也都会表现出一种内在的和谐气氛。俗话说："君子一言，驷马难追。"说到就应该做到，这是自信的人所应表现和信守的。

7. 开放

自信的人对生活中的新观念、新体验和新机会，都持有一种基本的开放态度。社会在发展和变化，是积极而开放地接受这种发展和变化，还是消极而顽固地拒绝这种发展和变化？这是衡量自信与不自信的另一个指标。

8. 幽默

自信的人能够以一种幽默的态度面对具体的生活，包括生活中的失意、紧张和挫折；自信的人也能够自然地发现生活中的幽默，能够在自己或别人身上发现并欣赏幽默。幽默是一种自然而轻松的态度，也是一种敏感和智慧的表现。

9. 勇敢

由于对自己充满信心，包括对自己的人格、能力、命运充满信心，因而，自信的人总是能够以一种轻松自然的态度，来面对生活中复杂的情景或挑战，表现出一种大智大勇的气度。

10. 果断

自信的人比较果断，尤其是在重大或关键的问题上，自信的人总是能够表现出一种果断的作风。由于自信的人勇于承担责任，不会因为事关重大而优柔寡断，不会想着逃避不好的结果而瞻前顾后，因而会保持一贯的果断作风。

三、积极寻求他人的帮助

积极寻求外界帮助是一个人心智成熟的标志之一，内向羞怯而敏感脆弱的人，往往会遇到更多问题，也常常不愿意主动求助他人，这种情况愈演愈烈，就会出现心理问题。

案例直播

> 19岁的女生小颖考上了湖南某高职院校，性格内向的她不爱与人交际，班上组织活动，她也总是躲在后面。遇到了难题，自己能解决的就自己解决，不能解决的就打电话回家寻求父母的帮助，很少跟同学或老师倾诉。一个学期下来，小颖不但没有交到朋友，连专业成绩也越来越差，甚至不愿意去上课。辅导员老师多次找她谈话，鼓励她学会与同学交流，懂得求助和帮助他人，从中得到内心真正的快乐，这才慢慢解开了小颖害怕向人求助的心结。

"廉者不受嗟来之食"一直被当作有气节的表现，可是这句话并不适用于人际交往中，向他人寻求帮助并不是接受"嗟来之食"，而是一种正常的交往需求。一个人由于家庭、际遇等原因而陷入一时的困顿并不丢人，古往今来有过很多曾经穷困潦倒过的大人物，例如韩信就曾饿晕在河边，之后靠漂母的施舍才得以活命。主动说出自己的困难，主动寻求帮助，也是积极面对生活的表现，在关键的时刻更是一项生存技能。

这个世界上很多事情只有积极争取才能获得，有困难说出来，这时你就会发现，获得帮助并不像想象的那样困难和令人难堪，并且通过他人的帮助，能交到很多好朋友，正所谓"患难见真情"，在困难时帮助自己的朋友才是真正的挚友。

第三节 巧妙交际——大学交往三两招

培养良好的人际交往关系是每一个刚刚步入大学生活的新生所面临的一个重要课题。对于大学新生而言，初期的人际交往能否顺利展开，不仅是在大学生活中能否得到最大限度全面发展的基础，同时也是整体素质能否在实质上最终形成和完善的一个重要因素。因此，在全方位开展新生入学教育的同时，有必要加强对大学新生人际交往的教育和引导。

一、做好第一次自我介绍

人与人第一次交往中留下的印象，在对方的头脑中形成并占据着主导地位，这种效应即为第一印象效应。第一印象的好坏对之后与人交往有着深远的影响，因此大学生在与人交往时，为了给人留下好印象，一定要做好第一次自我介绍。

> 　　一名新闻系的毕业生正急于寻找工作。一天，他到某报社对总编说："你们需要一个编辑吗？""不需要！""那么记者呢？""不需要！""那么排字工人、校对呢？""不，我们什么空缺也没有了。""那么，你们一定需要这个东西。"说着他从公文包中拿出一块精致的小牌子，上面写着"额满，暂不雇用"。总编看了看牌子，微笑着点了点头，说："如果你愿意，可以到我们广告部工作。"这名毕业生通过自己制作的牌子表现了自己的机智和乐观，给总编留下了美好的"第一印象"，引起其极大的兴趣，从而为自己赢得了一份满意的工作。

大学正式开学后的班会，第一件事就是让同学们互相认识，进行自我介绍。传统的方式就是按照顺序一个一个地站起来，流水式地将自己简单地介绍一下，对大家来说，这样的表现和所达到的效果非常不好，过后还是有许多人不认识，只有一点面熟，达到叫名字的程度还需要很长时间。

因此，想要引人注目，就必须做到"先声夺人"，第一次自我介绍就要精心准备，这不仅关系到同学们对自己的第一印象，同时也会在班干部竞选中脱颖而出。其实不仅是在认识同学时，在将来就业面试时，第一印象同样十分重要。面试时的第一印象，有两个关键点：一是考官会根据职务的要求，在此框架下物色人才；二是考官可能通过自己的主观体验，来选择与他心中形象相匹配的人选，比如考官可能会根据自身经历，对有某种形象特征的人产生好感等。关于第一印象，同样有个性和共性之分。在个性方面，人可能根据自己的喜好来判断他人；在共性方面，诸如真诚、善良、有礼貌等，都是形成良好第一印象的要素。个性方面的印象我们无从把握，但我们可以从共性方面加深自己留给别人的第一印象，提升自己在他人心目中的形象。第一印象一旦形成便很难改变，因此我们要珍惜这仅有的一次机会。在平时要注意自我修炼，比如观察自己，找到适合自己的打扮风格，不断学习和充实自己，适时展现自己的气质和风采。另外，一个人要是具备一技之长也会给人留下一个美好的第一印象。

二、保持良好的交往心态

生活在大学校园这个小型社会里，大学生就已经跟周围的人形成了一种人际关系，如何保持良好的交往心态，对于处好彼此之间的关系是相当重要的。正确的交往心态应该是不卑不亢，坦诚相待，太过自大或是太过自卑都不能收获真正的友谊。

案例直播

三个人合伙做生意，最后赔了。甲说："都怨你们，没有真本事，和你们合伙真是倒霉！"乙说："我觉得这次赔本有两个原因：一是我们三人想法不一，劲没往一处使；二是工作上也存在一些客观阻力。"丙说："都是我不好，我没干好工作，请你们原谅，我一定会改正，大家还是接着干吧！"这段对话中，甲用长辈的口吻指责两个同事，显然是一种家长心态；乙非常冷静，像一个稳重、明事理的成年人，属于成人心态；丙却像做了错事一般，一个劲地求大家原谅，正处于孩童心态。

大学生应拥有并保持良好的积极交往心态，积极的心态能够促使人采取积极的行动，行动的结果反过来又可以助长积极的心态。人与人之间要讲究宽容、大度、尊敬、欣赏、谦虚和信任，以下做法都是积极交往的心态下的行为。

1. 赞扬别人

赞扬是高级的心理需要。每个人都渴望被肯定、被赞扬，我们应该给予他人这些，即"给予别人真诚（心灵的理解和真诚的关心）的赞赏"。它能使人朝气蓬勃，是促人向上的催化剂。

2. 热情为他人服务

和人打交道，如果先提自己的需要，十次有九次要失败，请相信这样的观点："成功的人际关系，在于你捕捉对方观点的能力。"

3. 对人报以微笑

在人际交往中，真诚的微笑显示的是一种力量、涵养和暗示，仿佛在说："我喜欢你，你使我快乐，见到你非常愉快。"经常抬头挺胸面带微笑，你会充满信心，成为一个真诚、快乐、精力旺盛的人。

一个不习惯笑的人，首先要强迫自己微笑，单独一个人时，吹吹口哨，唱唱歌曲，等等；其次，经常暗示自己要快乐。

4. 宽慰别人

有些人似乎觉得学会宽慰别人很难。但是不妨想一想，当你处于悔恨、内疚、痛苦的情绪之中时，你尤其会觉得需要在别人的宽慰之下重新获得力量。因此，要学会宽慰别人，因为它是可以给人的心灵以莫大安抚的良药。

5. 记住别人的名字

当我们看集体照片时，最先注意的是自己；当公布成绩时，最先注意的是自己的名字。别人也是如此。在人际交往中，记住对方的名字能给人以尊重感，能很快缩短你和别人的距离。

6. 学会沉默

沉默效应有其独特的功能，如表示出友好和谦逊、自信和力量，还可以防止不注意讲话方式带来的不必要麻烦。适当沉默会给自己留下回旋的余地，使旁人更敬佩你的内在气质，更有助于人际关系进一步交往。

7. 积极倾听

有句老话说：人长着两只耳朵一张嘴巴，就是为了少说多听。我们要学会积极地倾听，如要求补充说明、提问、交换答题，让对方说完，为避免沉默再复述一下；也可以利用手势，保持合理的坐姿，保持目光接触等，要集中精力，不可东张西望。

三、提升个人的社交能力

社会交往能力是指妥善处理组织内外关系的能力，包括与周围环境建立广泛联系和对外界信息的吸收、转化能力，以及正确处理上下左右关系的能力。具体来说，分为以下三种能力。

（1）表达理解能力。表达理解能力意味着一个人是否能够将自己内心的思想表现出来，还要让他人能够清楚地了解自己的想法，其次就是理解他人的表达。

（2）人际融合能力。表明了一个人是否能够体验到人的可信以及可爱，它和人的个性有极大的关系，但又不完全由个性决定。

（3）解决问题的能力。当前很多大学生的一大弱点是依赖性强，独立解决问题的能力差，再加上应试教育的弊端，因而严重影响了学生的交往能力。

案例直播

> 升入大二后，北京某高校学生小周突然发现自己越来越不愿在众人面前开口讲话了。但同时，网络社交空间中的小周，却是另一种表现。在人人网、微博、微信等社交空间中，他与别人频繁互动，经常就一些话题聊得热火朝天。小周说，自己在现实和虚拟世界中，完全是两个人，一个内向，一个外向。这种情况在大学校园并非个例，也是如今大学生社交能力低下的表现。

人际交往能力就是在一个团体、群体内的人与他人和谐相处的能力，对于大学生来说有着特别的意义。

1. 人际交往是维护大学生身心健康的重要途径

（1）人际关系影响大学生的生理和心理状况。处于青年期的大学生，思想活跃、感情丰富，人际交往的需要极为强烈，人人都渴望真诚友爱，大家都力图通过人际交往获得友谊，满足自己物质和精神上的需要。但面对新的环境、新的对象和紧张的学习生活，一部分学生心理矛盾加剧。此时，积极的人际交往和良好的人际关系，可以使人精神愉快，情绪饱满，充满信心，保持乐观的人生态度。一般来说，具有良好人际关系的学生，大都能保持开朗的性格、热情乐观的品质，从而正确认识、对待各种现实问题，化解学习、生活中的各种矛盾，形成积极向上的优秀品质，从而迅速适应大学生活。相反，如果缺乏积极的人际交往，不能正确地对待自己和别人，心胸狭隘，目光短浅，则容易形成精神上、心理上的巨大压力，难以化解心理矛盾。严重的还可能导致病态心理，如果得不到及时疏导，可能形成恶性循环，从而严重影响身心健康。

（2）人际交往影响大学生的情绪和情感变化。青年发展期的大学生，正处在人生的黄金时代，在心理、生理和社会化方面逐步走向成熟。但在这个过程中，一旦遇到不良因素的影响，就容易导致焦虑、紧张、恐惧、愤怒等不良情绪的产生，影响学习和生活。实践证明，友好、和谐的人际交往，有利于大学生对不良情绪和情感的控制和发泄。

（3）人际交往影响大学生的精神生活。大学生情感丰富，在紧张的学习之余，需要进行彼此之间的情感交流，讨论理想与人生，诉说喜怒哀乐。人际交往正是实现这一愿望的最好方式。通过人际交往，可以满足大学生对友谊、归属、安全的需要，可以更深刻、更生动地感受到自己在集体中的价值，并产生对集体和他人的亲密感和依恋之情，从而获得充实的、愉快的精神生活，促进身心健康。

2. 人际交往是大学生成长成才的重要保证

（1）人际交往是交流信息、获取知识的重要途径。现代社会是信息社会，信息量之大，信息价值之高，是前所未有的。人们对拥有各种信息和利用信息的要求，随着信息量的扩大，也在不断地增长。通过人际交往，可以相互传递、交流信息和成果，使自己经验变得丰富，增长见识，开阔视野，活跃思维，启迪思想。

（2）人际交往是个体认识自我、完善自我的重要手段。孔子曾说："独学而无友，则孤陋而寡闻。"人际交往可以帮助我们提高对自己的认识，以及自己对别人的认识。在人际交往的过程中，彼此从对方的言谈举止中认识了对方。同时，又从对方对自己的反应和评价中认识了自己。交往面越宽，交往越深，对对方的认识越完整，对自己的认识也就越深刻。只有对他人的认识全面，对自己的认识深刻，才能得到别人的理解、同情、关怀和帮助，自我完善才可能实现。

（3）人际交往是一个集体成长和社会发展的需要。人际交往是协调一个集体关系、形成集体合力的纽带。而一个良好的集体能促进青年学生优良个性品质的形成，如正义感、同情心、乐观向上等都是在民主、和睦、友爱的人际关系中成长起来的。良好的人际关系还能够增进学生集体的凝聚力，成为集体中最重要的教育力量。人际交往是人与人之间的一种互动，良好的人际交往能力是积极向上的。反之，则不利于个体全面健康的发展。

四、运用灵活的交往技巧

通过对人际交往的特点以及交往的原则的认识与理解，大家可以领悟到交往的一些知识。结合这些特点与原则，大学生能够找到合适的方法培养自己的人际交往能力，促进自身人际关系的建立和发展。同时还需掌握以下人际交往的技巧，打造真挚坚固的交际圈。

案例直播

> 蔡某，女，20岁，某大学二年级学生。主诉为："我入学已一年半了，但和同学关系总是处不好。不知从什么时候起，周围的人好像都不喜欢我，讨厌我。有的人一见到我就掉头走开；有的人还在背后嘀嘀咕咕议论我。为此，我心里很烦，不知道周围的人为什么不喜欢我？我怎样才能获得他人的好感与尊重呢？"小蔡的苦恼主要表现在人际关系方面，同学关系处不好，不为别人接纳，认为大家都不喜欢自己，为此心烦。一方面她有与同学处好关系、被他人信任和尊重、让别人喜欢的愿望，另一方面又缺乏必要的知识。因此，建议她学习和掌握一些人际交往的基本原则和必要知识，同时要冷静地从自己为人处世的态度、性格特征、思维方式等方面找找原因，也可诚恳地主动找几个同学聊聊，请他们帮自己找找原因。

1. 把握成功的交往原则

（1）平等交往。平等主要指交往双方态度上的平等，我们每个人都有自己独立的人格、做人的尊严和法律上的权利与义务，人与人之间的关系是平等的。在交往过程中，如果一方居高临下、盛气凌人、颐指气使，那么他很快便会陷入孤立。大学生往往个性很强，互不服输，这种精神是值得提倡的，但绝不能高人一头，因同学之间在出身、家庭、长相等方面的客观差异而对人"另眼相看"。坚持平等的交往原则，就要正确估价自己，不要光看自己的优点而盛气凌人，也不要只看到自身弱点而盲目自卑，要尊重他人的自尊心和感情。

（2）尊重他人。每个人都有自己的人格尊严，并期望在各种场合中得到尊重。尊重能够得到他人的信任、坦诚相待，缩短交往的心理距离。一般来说，大学生的自尊心都较强，因此，大学生在人际交往中尤其要注意尊重他人，不损伤他人的名誉和人格，承认或肯定他人的能力与成绩。否则，易导致人际关系的紧张和冲突。必须注意在态度上和人格上尊重同学，平等待人，讲究语言文明，礼貌待人，不开恶作剧式的玩笑，不乱给同学取绰号，尊重同学的生活习惯。

（3）真诚待人。真诚是人与人之间沟通的桥梁，只有以诚相待，才能使交往双方建立信任感，并结成深厚的友谊。坚持真诚的原则，必须做到热情关心、真心帮助他人而不求回报，对朋友的不足和缺点能诚恳批评，对人、对事实事求是，对不同的观点能直陈己见而不是口是心非，既不当面奉承人，也不在背后诽谤人，做到肝胆相照、赤诚待人、襟怀坦白。

（4）互助互利。人际关系以能否满足交往双方的需要为基础。如果交往双方的心理需要都能获得满足，其关系才会继续发展。因此，交往双方要本着互助互利的原则。互助就是当一方需要帮助时，另一方要力所能及地给对方提供帮助。这种帮助可以是物质方面的，也可以是精神方面的；可以是脑力的，也可以是体力的。坚持互助互利原则，就要破除极端个人主义，与人为善，乐于帮助别人。同时，又要善于求助别人。别人帮助你克服了困难，他也会感到愉快，这也可以进一步增进双方的感情。

（5）讲究信用。信用是成功的伙伴，是无形的资本，是中华民族优良的传统美德。信用原则要求大学生在人际交往中说真话，言必行，行必果。答应做到的事情不管有多难，也要千方百计、不遗余力地办到。如果经再三努力而没有实现，则应诚恳地说明原因，不能有"凑合""对付"的思想。守信用者能交真朋友、好朋友，不守信用者只能交一时的朋友或终将被抛弃。坚持信用原则，要做到有约按时到，借物按时还，不乱猜疑，不轻易许诺，不信口开河。

（6）宽容大度。人际交往中往往会产生误解和矛盾。大学生个性较强，接触密切，不可避免地会产生矛盾。这就要求大学生在交往中不要斤斤计较，而要谦让大度、克制忍让，不计较对方的态度，不计较对方的言辞，并勇于承担自己的行为责任，做到"宰相肚里能撑船"。他吵，你不吵；他凶，你不凶；他骂，你不骂。只要胸怀宽广，发火的人一定也会自觉无趣。宽容克制并不是软弱、怯懦的表现；相反，它是有度量的表现，是建立良好人际关系的润滑剂，能"化干戈为玉帛"，赢得更多的朋友。

2. 掌握人际交往的艺术

（1）语言艺术。"良言一句三冬暖，恶语伤人六月寒。"这句话告诉我们交往时要注意运用语言的艺术。语言艺术运用得好，能优化人际交往；相反，如果不注意语言艺术，往往在无意间就出口伤人，容易产生矛盾。讲究语言艺术，要注意以下方面：

一是称呼得体。称呼反映出人们之间心理关系的密切程度。恰当得体的称呼，使人能获得一种心理满足，使对方感到亲切，交往便有了良好的心理氛围；称呼不得体，往往会引起对方的不快甚至愤怒，使交往受阻或中断。所以，在交往过程中，要根据对方的年龄、身份、职业等具体情况及交往的场合、双方关系的亲疏远近来决定对方的称呼。对长辈的称呼要尊敬，对同辈的称呼要亲切友好，对关系密切的人可直呼其名，对不熟悉的人要用全称。

二是说话注意礼貌。每个人都希望别人赞美自己的优点，如果我们能够发掘出对方的优点并进行赞美，他会很乐意与你多交往。但是赞美要适度，要有具体内容，绝不能曲意逢迎。真诚的赞美往往能获得出乎意料的效果。

（2）非语言艺术。一般包括眼神、手势、面部表情、姿态、位置、距离等。掌握和运用好这种交往艺术，对大学生搞好人际交往是不可少的。"眼睛是心灵的窗户""眼睛像嘴一样会说话"。面部表情是内心情绪的外在表现，它们均能表达人的态度和情感。如眉飞色舞表示内心高兴，怒目圆睁表示愤怒等。交往中还可用人体动作来表达思想，大学生在人际交往中根据谈话的内容和场合，正确运用非语言艺术，巧妙地表达自己的思想感情，有时能起到"此时无声胜有声"的作用。但非语言艺术要运用得恰到好处，不可过于频繁和夸张，以免给人手舞足蹈之感。

此外，大学生还要学会聆听。人际关系学者认为"聆听"是维持人际关系的有效法宝，几乎所有的人都喜欢听他讲话的人，所以，大学生要学会聆听。在沟通时，作为听者要少讲多听，不要打断对方的谈话，最好不要插话，要等别人讲完之后再发表自己的见解；要尽量表现出聆听的兴趣，听别人讲话时要正视对方，切忌做小动作，以免对方认为你不耐烦；力求站在对方的角色上设身处地地考虑问题，对对方表示关心和理解；不要轻易地与对方争论或妄加评论。

3. 努力增强自己的人格魅力

人格魅力是指在人际交往过程中形成的个体对他人给予的积极和正面评价的倾向。每个人都有自己喜欢的人，并愿意与之交往；每个人也都有自己讨厌的人，不愿意与之交往。这种现象反映的实际上就是人际吸引。那么，大学生如何增强人际吸引力，做一个受欢迎的人呢？

（1）努力建立良好的第一印象。怎样表现才能给人留下良好的第一印象呢？主要包括以下六种途径：一是真诚地对别人感兴趣；二是微笑；三是多提别人的名字；四是做一个耐心的听者，鼓励别人谈他们自己；五是谈符合别人兴趣的话题；六是以真诚的方式让别人感到他很重要。

（2）提高个人的外在素质。追求美、欣赏美、塑造美是人的天性。美的外貌、风度能使人感到轻松愉快，并且在心理和精神上构成一种愉悦。所以，大学生应适当地修饰自己的容貌，扬长避短，注意在不同场合下选择样式和色彩符合自己的服装，形成自己独特的气质和风度。

同时，大学生应注意追求外在美和内在美的协调一致，即外秀内慧，因随着时间的推移，交往的加深，外在美的作用会逐渐减弱，对他人的吸引会逐渐由外及内，从相貌、仪表转为道德、才能。

（3）培养良好的个性特征。良好的个性特征对建立良好的人际关系有吸引作用，不良的个性特征对建立良好的人际关系有阻碍作用。生活中，大家都愿意与性格良好的人交往，没有人愿意与自私、虚伪、狡猾、性情粗暴、心胸狭隘的人打交道。因此，要不断形成良好的个性特征，注意克服性格上的弱点。

（4）加强交往，密切关系。心理学研究表明，人与人之间空间距离上的接近，是促进人际吸引的重要因素，因为人与人之间空间位置上越接近，彼此交往的频率就越高，越有助于相互了解，沟通情感，密切关系。即使两个人的人际关系比较紧张，通过交往也有可能逐步消除猜疑、误会。反之，即使两人关系很好，但如果长期不交往，彼此了解减少，其关系也可能逐渐淡薄。大学生同住在一起，接触密切，这是建立友情的良好的客观条件，应充分利用这一条件，与朋友保持适度的接触频率，使人际关系不至于淡化甚至消失，切忌"有事有人，无事无人"。

"好的心理是一剂良药，能催人奋进，反之它就是枷锁，使人灭亡。"所谓健康，并非只拥有健壮的身体，还必须有阳光、健康的心理。由于环境适应问题，大一新生是一个容易发生心理问题的群体，一旦发现自己的心理出现问题，必须及时与家长或老师进行沟通调节。

第一节　心理健康——拥有强大的内心

在《做内心强大的自己》一书中，卡耐基这样说："世上最宝贵的财富不在别处，就在陪伴我们一生的心灵之中。唤醒内在的强大力量，激发正面思维的能量，是我们一生的心灵修炼。"一个内心强大的人，才是真正有思想的人。内心强大，表明对这个世界、对社会、对人生，已经有了一整套比较完整的看法。

一、心理健康与成长

心理健康是指个体在适应环境中表现出来的一种良好的心理状态。在这种状态下，个体不仅自我体验良好，充分发挥身心潜能，而且与社会保持着和谐的关系，可以说它是一种持续的、积极发展的心理状态，在这种状态下，我们能够对周围环境做出积极的反应，能充分发挥身心潜能。

案 例 直 播

> 2023 年 8 月 27 日，有网友反映，某理工学院 2020 级学生李某某发布虐猫视频。该网友发布的信息显示，该学生还以文字形式详细描述了虐猫经过。经核查，虐猫视频确系该校 2020 级学生李某某所发。经广播电视台记者向公安机关了解，李某某已被市公安局城乡一体化示范区分局处以行政拘留 7 日的治安处罚。之后理工学院发布情况通报称：学校依据《普通高等学校学生管理规定》《理工学院学生违纪处分规定》，给予该生开除学籍处分。

心理健康是健康素质的重要内容，是大学生在学习、生活、成长中实现人生理想和成为高素质人才的前提，也是大学生学会学习、掌握科学文化知识的必备条件，其作用包括以下几个方面。

1. 关系到大学生学业成败

大学生的主要任务是学习科学文化知识，全面提高职业能力水平。大学生学习的过程是一场集脑力劳动和体力劳动于一身的十分艰苦的活动。在这一过程中，大学生的心理健康状况与学业的成败相互联系、相互制约。

首先，不良的心理状态将间接影响智能活动。健康的心理寓于健康的身体之中，心理上的长期不健康状态，会导致生理上异常或病变，脑功能不能正常发挥，影响智力活动的进行，阻碍智力的发展。一个身体健康、精力充沛的大学生，在学习过程中，他的大脑功能能正常发挥作用并得到提高，从而提高其创新思维能力，取得学习和实践锻炼的优秀成绩。

其次，不良的心理状态不利于学业完成，而学业不佳又反过来引起新的心理问题或者加剧原有的不良心理状态，进一步影响学业，形成恶性循环。

2. 影响到知识结构的完善

现代科学的发展要求大学生具有宽广的知识面，掌握精深的专业知识和完善的知识结构，所以说，健康的心理是大学生学习知识的动力因素。只有心理健康的人，才能形成对事物的兴趣、爱好、需求、动机、意志等学习所需要的品质。

从现实生活中来看，有的大学生身心健康状况差，经常失眠，上课注意力不集中，情绪不稳定，人际关系不良，从而导致他们学习效果差、知识结构单一、能力水平较低。心理健康的大学生，精力充沛，学习效果良好，知识结构合理，能力水平较高。

3. 影响成才的规格和质量

大学生作为一名社会成员，只有适应社会，才能生存发展，才能成才。心理健康不仅有助于树立辩证唯物主义的世界观、方法论，而且有助于掌握科学的思维方法。只有心理健康的人，才能够充分认识社会对人才的要求，摆正自己在社会中的位置，树立积极进取的人生观，培养坚强的意志品质和调适心理压力的能力。同时，做到不居功不诿过，不计较个人名誉得失，自觉陶冶高尚道德情操，完善人格，成为优秀的人才。

现代社会是竞争的社会，也是合作的社会。合格的人才要具有优秀的心理品质，敢于积极参与竞争，在竞争中去发挥才干，为社会做贡献。心理学家研究表明，一个人的成功20%依赖于智力因素，80%依赖于非智力因素，可见，拥有健康的心态，能帮助我们友好地对待竞争对手，帮助我们建立良好的人际关系。

相反，如果没有健康的心理，处处以自我为中心，嫉妒他人，不尊重他人的劳动，就难以与他人友好合作，很难成为优秀的人才。

4. 影响大学生的身体健康

心理健康对生理健康有重要的影响和促进作用。现代医学研究表明，在人体的疾病中有70%左右属于心身疾病。所谓心身疾病，是指那些心理因素在疾病的发生和病程演变中起主导作用的躯体疾病。这充分表明心理健康在人的生理健康中发挥着重要作用。心理健康有助于生理机能的正常发挥和健康生理的形成，还能够增强人体的免疫能力。心理健康的人，生理上有了疾病，比较容易治疗。日常生活中也有这样的例子，某些大学生得病后，情绪稳定，自信心强，积极配合治疗，很快就恢复了健康；反之，即使没有生理疾病，心理上不健康，也极容易导致身体出现问题。

二、大学生心理现状

近年来，大学生的心理健康问题已引起了社会的广泛关注。随着新媒体技术的不断发展，大学生接触更多来自外界的信息，面临的诱惑与挑战也愈加多样化。由于大学生正处于身心成长和社会角色转换的关键时期，世界观、人生观、价值观尚未发展成熟，有些学生缺乏辩证思考的能力，自控能力较差，导致大学生出现不同程度的心理问题。研究表明：大学生群体的心理健康水平低于社会其他人群，是心理疾病的高发人群。

案例直播

小莉是某高校大一的新生，从小性格内向，在大人眼中一直是个好孩子，没有让父母担心的事情。由于父母要求比较严格，因此小莉从小到大一帆风顺。

在大学生活了3个月后，高中时候的男朋友突然提出分手，小莉感觉天要塌下来了，情绪日渐低落，特别是在遇到别人谈论恋爱问题时特别敏感。虽然她还能坚持学习，但积极性和主动性大大降低，生活的兴趣也大不如前。

大学生的心理健康问题主要表现在以下几个方面：

1. 迷茫与困惑

大学生处于自我确认、自我重塑的成长过程中，在这个过程中，一些同学往往表现出困惑丛生、无所适从的心理状态。因为，绝大多数学生在进入大学以前，往往对未来充满着不切实际的希望，加上中学时代很少接触社会，对纷繁复杂的社会现象缺乏了解，对社会的认识过于理想。等到进入大学后，发现现实和理想相差甚远，内心冲突将在所难免，有的同学甚至产生了厌学心理。

2. 情绪波动与情感挫折

在大学生活中，大学生既有对友情、爱情的追寻和渴望，也有情感的迷惑、失落，处理不好这些情感，就会受到压抑、抑郁等情绪的困扰。

当今的大学生有相当一部分为独生子女，同学们在家里受到家长们无微不至的关心和照顾，享受家庭的温暖和父母无私的爱，进入大学以后，由于离开了家乡和父母，一些同学感到难以适应大学生活，不能及时进入大学的学习状态，产生了情绪波动。他们渴望关爱和友情，苦闷、孤寂、烦恼等情绪时时会袭扰同学们的内心。独立意识增强与独立生活能力弱的反差，也给不少同学造成了比较大的心理压力。

3. 学习与就业焦虑

焦虑是大学生中常见的情绪障碍，其中学习焦虑和就业焦虑尤为突出。高考的胜利，使许多大学生受到教师、家长、亲朋好友的赞许，受到了未考入大学的同学的羡慕，其自信心、自豪感和优越感油然而生。可进入大学以后，许多同学发现自己来到了一个"人才云集"之地，昔日的高材生们走到一起，一些同学没有了往昔的优势，学习压力增大。特别是有些同学发现自己已不是老师和同学关注的"中心"时，往往产生了深深的失落感。或者相反，有些同学进入高职学院后，自认为从此与大学生相差甚远，不安心学习，得过且过，白白浪费光阴。

近年来，日趋激烈的就业竞争给在校大学生带来新的压力，想到大学毕业以后面对的就业形势，也使部分同学处于焦急和忧虑之中。

4. 人际关系不适

大学生的感情世界十分丰富而敏感，渴望与人交往，希望获得友谊、尊重和理解，希望能够找到一个同甘共苦、无话不谈的知己。然而，不同的地域、不同的生活习惯、不同的性格、不同的兴趣爱好造成的差异和同学之间的相互竞争，又使得一些同学对人际交往产生心理戒备，甚至形成闭锁心理。

这种渴望交往与心理闭锁的矛盾，在心理上形成一个悖论，即一方面渴望与同学们真诚、平等地交往，渴望获得友谊、理解和尊重；另一方面又在与人交往的过程中，怀有多疑、戒备、封闭的心理。对人际交往的期望值越高，在人际交往过程中的猜忌、戒备心理也越重，不愿轻易向他人敞露心扉，自我封闭的状态也就日益严重。结果内心的孤独感也就愈强，因而更加渴望与人交往，更加渴望获得真情和理解。封闭与交往的冲突，也是当前一些同学产生失落和自卑心理的重要原因之一。

三、心理健康的标准

大学生的年龄一般在 18~25 岁之间，从心理学的观点来看，正处于青年中期。大学生的心理具有青年中期的许多特点，但作为一个特殊群体，大学生又不能完全等同于社会上的青年。因此，大学生心理健康与否有着不同的评判标准。

案例直播

> 某高校大三学生王某，有强烈的不安全感，坐在教室里看书时，总担心会有人坐在身后并干扰自己，以至于只能坐在角落或者靠墙而坐，否则就无法安心看书。
>
> 同时，王某对同寝室一位同学放收音机的行为非常反感，有时简直难以忍受，尤其是中午睡午觉时总担心会有收音机的声音干扰自己，从而睡不着觉，经常休息不好。可是他又不能确定自己是否属于心理不健康，很长时间都不能摆脱这种心理困境，严重影响了自己的日常生活和学习。

心理健康标准随着时代变迁、文化背景变化而变化。根据我国大学生的实际情况，评判大学生的心理健康水平主要包括以下几个标准：

1. 智力正常

智力是人的观察力、注意力、记忆力、想象力、思维力、创造力及实践活动能力等的综合，包括在实践中学习或理解的能力、获得和保持知识的能力、迅速而成功地对新情境做出反应的能力、运用推理有效地解决问题的能力等。

2. 情绪健康

情绪健康的标志是情绪稳定和心情愉快。包括的内容有：愉快情绪多于负面情绪，乐观开朗、富有朝气，对生活充满希望；情绪较稳定，善于控制与调节自己的情绪，既能克制又能合理宣泄自己的情绪，情绪的表达既符合社会的要求又符合自身的需要，在不同的时间和场合有恰如其分的情绪表达；情绪反应与环境相适应，反应的大小与引起这种情绪的情境相符合。

3. 意志健全

意志是人在完成一种有目的的活动时进行的选择、决定与执行的心理过程。意志健全者在行动的自觉性、果断性、顽强性和自制力等方面都表现出较高的水平。意志健全的大学生在各种活动中都有自觉的目的性，能适时地做出决定并运用切实有准备的方式解决所遇到的问题，在困难和挫折面前，能采取合理的反应方式，能在行动中控制情绪，做到言而有信，而不是行动盲目、畏惧困难、顽固执拗。

4. 人格完整

人格是个体比较稳定的心理特征的总和。人格完善就是指有健全统一的人格，个人的所想、所说、所做都是协调一致的。人格完善包括人格结构的各要素完整统一；具有正确的自我意识，不产生自我同一性混乱，以积极进取的人生观作为人格的核心，并以此为中心把自己的需要、目标和行动统一起来。

5. 自我评价正确

正确的自我评价是大学生心理健康的重要条件，大学生在进行自我观察、自我认定、自我判断和自我评价时，能做到自知，恰如其分地认识自己，摆正自己的位置，既不以自己在某些方面高于别人而自傲，也不以在某些方面低于别人而自卑，面对挫折与困境，能够自我悦纳，喜欢自己，接纳自己，自尊、自强、自制、自爱适度，正视现实，积极进取。

6. 人际关系和谐

良好而深厚的人际关系，是事业成功与生活幸福的前提。具体表现为：乐于与人交往，既有广泛而深厚的人际关系，又有知心朋友；在交往中保持独立而完整的人格，有自知之明，不卑不亢；能客观评价别人和自己，善于取人之长补己之短，宽以待人，乐于助人，积极的交往态度多于消极态度，交往动机端正。

7. 社会适应能力正常

个体应在客观现实环境中保持良好秩序，既要进行客观观察以取得正确认识，以有效的办法应对环境中的各种困难，不退缩；又要根据环境的特点和自我意识的情况努力进行协调，或改变环境适应个体需要，改造自我以适应环境。

8. 心理行为符合大学生的年龄特征

大学生是处于特定年龄阶段的特殊群体，即身心都应该处于成熟阶段，故应具有与年龄和角色相适应的心理行为特征。

四、跨越心理健康的误区

大学生们可以看看，关于"心理健康"，自己是否存在以下误区。

误区一：身体健康就是心理健康。这是对心理健康的典型误解之一。国际卫生组织（WHO）早在 1981 年就指出，健康不仅指身体健康，还包括心理健康和良好的社会适应能力。所以仅仅身体健康不等于健康，也不等于心理健康，它们是相互独立又相互依赖的。只有两者都具备，一个人才能算作健康。

误区二：心理不变态就算心理健康。心理不健康有许多种形式，心理变态只是其极端形式而已。根据状态，人的心理可用三区来表示：白色区、灰色区和黑色区。处于白色区代表心理健康，处于黑色区代表心理变态，处于灰色区则介于上述两者之间。它们之间是可以相互转换的，灰色心理调节得当就会恢复为白色心理，不当则会发展为黑色心理。

误区三：有心理问题就是有精神病。许多人对心理问题十分敏感，认为有心理问题的人是十分可笑和可耻的，认为有心理问题就是有精神病。这是一种很伤害人的误解。人经常会有心理困惑，调解不当就会形成心理问题，长久得不到解决就会发展为心理疾病。几乎每个人都会有一般的心理问题，但不一定都会发展为精神病，所以一般心理问题与精神病没有必然的、内在的联系。

误区四：心理健康与心理问题是静态的、不可变化的。许多人认为心理健康就永远不会有问题，心理有问题就永远健康不了。这是一个误区。其实心理健康与心理问题是相对而言的，这二者是动态的、可逆的、有变化的。

误区五：心理问题只发生在少数人身上。在人一生中的不同时期都可能产生心理问题。其实，几乎人人都有心理问题，只是程度有轻有重，或是自己没有意识到。

误区六：纪律、道德、思想问题与心理健康问题毫无关系。实际上，两者是有密切联系的。例如，某学生一到上课时就咳嗽不止或喜欢东张西望，有可能就是学业负担产生的心理压力引起的躯体反应或心理逆反。

误区七：心理问题只能出现后再进行治疗。心理问题是能被早期发现、早期调节的，对心理问题同样应贯彻预防为主的原则。

误区八：去看心理医生是丢人的事情。很多人觉得去看心理医生是很难为情的事情，认为看心理医生的人都心理变态。这是很大的误区。心理咨询在中国是个"新生事物"，人们对它的了解还不够，这可能是造成这种误区的原因之一。另外，许多人对心理咨询不信任，认为是骗人的东西，这也是误解。

误区九：心理上有"病"不用去看。长期以来只重视身体健康而忽视心理健康的现象，致使人们身体有病大大方方地去看医生，心理有问题却不好意思去看心理医生，这样小问题也逐渐成了大问题。

误区十：一次心理咨询就可以解决问题。对心理咨询的不了解也导致了人们过高的期望值，认为通过一次心理咨询就可以解决所有的心理问题。其实，心理问题和身体疾病一样，"冰冻三尺，非一日之寒"，不可期望很快就能痊愈。不同于身体疾病，心理问题的治疗需要患者和心理医生双方互动交流，这自然也不是一次可以完成的。当然，也不是所有心理问题都需要多次咨询和治疗，简单的问题一次足矣。

随着社会的转型，大学生心理危机情况频频发生。作为一名大学生，当心理危机来临时，要学会通过自我调节和心理咨询等方式及时寻求帮助，从而摆脱心理问题，走出心理危机。

案例直播

　　某高校大二学生李某是一个单纯内向的女孩，小时候被寄养于外婆家，六岁后才回家和父母一起生活。她和母亲的关系不好，原因是母亲的教育方式简单粗暴。这种对母亲的讨厌进而发展为和同学关系的紧张，不愿意与同学交往，但又感觉自己很孤独，情绪上感觉抑郁。生活和学习不堪其扰的她找到了学校里的心理辅导老师寻求帮助。

　　心理老师首先向她分析了心理问题产生的原因，同时给她做一些新的人际交往方式训练。经过两个月的心理辅导，李某的心理症状基本消失，人际交往能力大为改善，情绪压抑现象也基本消失，学习有了很大的进步。

1. 控制情绪

人的心理与情绪是息息相关的，由于情绪是一种全天候的活动，生活中任何事情都可能会左右我们的心情，但我们绝对不可以随时随地地表露自己的狂喜或恶劣的心绪，否则将会对自己的形象产生很大的负面影响。因此在日常交往活动中，掌握自我平静的艺术，学会控制和调节自己的情绪，是一种很重要的心理能力，这种能力在心理学上被称为"情绪智力"，它对我们的身心健康都有益处。

2. 找出自卑根源

心理学家 A.阿德勒对自卑感有特殊的解释，称其为自卑情结。他对于这个词主要有两种相联系的用法：首先，自卑情结指以一个人认为自己或自己的环境不如别人的自卑观念为核心的潜意识欲望、情感所组成的一种复杂心理。其次，自卑情结指一个人由于不能或不愿奋斗而形成的文饰作用。

如果一个人长期沉浸于孤独的心理状态，将对智力发展、情绪、语言交流等方面产生障碍，因此，大学生要有一种"我能行"的信念，恰到好处地自我暗示，就是在自己的心田上播种自信。平时不管做什么事情，不可操之过急，目标不可定得太大太高，不然容易受挫。可将它分解为一个个小目标，这样就易于实现，而每次成功都是对自己的一种激励，这有利于提高自信心。要以宽容、豁达的态度来对待挫折，并进行恰当的"挫折归因"，即造成挫折的原因要分析得正确，然后想办法去克服困难。

3. 要乐于接受自己

接受自己就是以一种温暖、关爱、亲切、宽容和体贴的态度对待自己，正如萨提亚所说的：

我努力做到最好，但我不要求十全十美；

我接受不够完美的我自己；

我不必事事要求完美；

我做我自己，我接受我自己，我接受我真实的样子；

我接受我的每一个感觉，不管是好是坏；

我开始学着爱我自己；

我不再批判自己做得好不好；

我不再处处与人比较；

我不再活得那么辛苦；

我做真实的我自己；

我做我自己的主人；

我活出我自己；

我是最特殊的人；

我是世界上最独特的人；

我是最真诚的人；

我可以做自己；

我爱我自己；

我是最善良的人；

我乐于分享；

我乐于助人；

我满意我自己；

我接受丰足与爱；

我接受我还有情绪；

我接受我还有愤怒；

我接受我还有怨尤；

我接受我还无法做到无条件接纳一个人、爱一个人；

我接受我还无法原谅某一个人；

但是我正在努力学习爱；

爱已经起步了；

我的未来是安全的；

我是安全的；

我是可以放轻松的；

我可以信任生命；

我让自己成为接受的、开放的；

我接受所有对我有益的事物；

我努力于敞开我的心；

我对一切事情表达感激；

我接受爱，我值得被爱；

我可以享受生命；

我值得享受丰足与爱。

4. 正视现实

心理不健康的人往往以幻想代替现实，不敢面对现实，也不敢接受现实的挑战，总是抱怨自己"生不逢时"，或者抱怨社会对自己太不公平而怨天尤人，无法适应环境。大学生应该学习勇敢地进入社会生活，要面对现实，接受现实，并且能够适应现实和改造现实，而不是逃避现实。能客观地看待周围的事物和环境，并能与现实环境保持良好的接触；既有高于现实的理想，又不会沉溺于不切实际的幻想和奢望中；同时，对自己的力量充满信心，面对生活、学习和工作中的各种困难和挑战都能妥善处理。

5. 培养自己对工作的兴趣

一名心理学家曾经做过这样一个实验：把18名学生分成两个小组，每组9人，让其中一组学生从事他们感兴趣的工作，另一组学生从事他们不感兴趣的工作。没过多长时间，从事自己所不感兴趣工作的那组学生就开始出现各种小动作，不一会儿就抱怨头痛、背痛，而另一组学生正干得起劲呢！由此可见，人的疲倦感往往不是由工作本身造成的，而是由于对工作的乏味或焦虑所引起的，它消磨了人对工作的热情与干劲，甚至能让人产生挫败感。如果一个人能给自己的工作注入生命，培养起对工作的兴趣，那么他就会在工作中得到无穷的快乐。一个能在工作中得到快乐的人，往往会最大限度地发挥自己的潜能和热情，自然能将工作干得更加出色。

某汽车维修公司的二级修理工，上班时不是拧螺丝，就是开车床，整天得跟这些汽车零件打交道，工作无聊到极点。可是，他却不能放弃这些，因为他必须以此为生。于是，他下决心改变心态，他着手研究汽车的构造是怎样的？为什么汽车能行走？行走一段时间后为什么会发热？汽车运行原理同火车行走有什么不一样？这样一来，这份工作就变得很有吸引力了。经过努力，他成为该汽车维修公司的维修专家，还被送到一所职工大学攻读"机械制造"。

6. 目标转移法

历史上有很多伟人，成功之路也不是一帆风顺，如鲁迅先生曾立志当一名医生，当他以医救国之志破灭之时，毅然弃医从文，挥笔作枪，写出了一篇篇战斗的檄文，成为举世闻名的大文豪。

当然，我们也不能一遭遇逆境就改变目标，要在稳定情绪的基础上，对自己追求的目标进行冷静客观的分析。如果发现目标确实是现实可行的，那就应该排除各种困难，毫不动摇地朝着既定目标迈进；如果发现目标不符合客观要求，在主观上不具备实现的可能，则可扬长避短，改换目标，另谋出路。

另外，人在遭受逆境之后，必然产生相应的情绪反应。为了摆脱不良情绪的困扰和逆境的困惑，可以去参加使自己愉快的活动，或暂时避开逆境，从而把注意力从引起不良情绪反应的刺激情境上转移到其他事物上去。实践证明，音乐、运动、娱乐、旅游等活动方式都可以使人从不良情绪中解脱出来。

第二节　心理障碍——阻碍交际的枷锁

虽说大学生身处无忧无虑的大学校园内，但是仍旧面临着大大小小的竞争，因此往往会产生一定的心理压力，可能导致心灵的不健全，甚至严重影响自己的学业。那么，如何加强自身的修养，培养乐观豁达的人生态度，消除心理障碍，保持健康的自我，是每个人的必修课。

一、校园常见的心理障碍

心理障碍是指一个人由于生理、心理或社会原因而导致的各种异常心理过程、异常人格特征的异常行为方式，是一个人表现为没有能力按照社会认可的适宜方式行动，以致其行为的后果对本人和社会都是不适应的。在临床上，常采用"心理病理学"这一概念，将范围广泛的心理异常或行为异常统称为"心理障碍"，或称为"异常行为"。在特定情境和特定时段由不良刺激引起的心理异常现象，属于正常心理活动中暂时性的局部异常状态。它既包括轻微的心理问题，也包括比较严重的心理活动紊乱。

案例直播

> 张某高中时成绩优异，但高考失利，原以为可以考入重点本科的她只上了三本线，她觉得没脸复读，也出于就业考虑而索性选择读高职学院。刚进学校时，她希望通过自己的努力"一雪高考之耻"，于是主动关心班集体，积极参加各种活动，学习认真刻苦，期望能在班级竞选中当选班长，并获得奖学金。
>
> 可结果让她很失望，班干部竞选没成功，也由于患得患失而未能取得好成绩。自此，她的情绪一落千丈，变得郁郁寡欢，无心学习，也无法处理好与同学之间的人际关系，还整夜地失眠，煎熬了半年后不得不去医院精神科检查，结果她是患了抑郁症。

1. 抑郁症

抑郁症是大学生中常见的一种心理障碍，主要表现为悲伤、绝望、孤独、自卑、自责等，把外界的一切都看成"灰暗色"的。有的大学生对枯燥的专业学习不感兴趣，对刻板的生活方式感到厌烦，为自己学习或社交的失败而灰心丧气，陷入抑郁悲观状态。长期的忧郁状态会导致思维迟钝、失眠、体力衰退等，对个体危害是很大的。大学生患抑郁症的比例较高，这主要是由于：一方面，他们对社会有各种强烈的需求，极力想表现出自己的才能；另一方面，他们对社会的复杂缺乏认识，对自身行为的合理性和可能性了解得不够深刻，加上人生观、价值观尚未稳定建立，对挫折的承受能力与心理防卫机能不成熟、不完善，因而很容易表现出抑郁的情绪和心境。

一般来讲，神经性抑郁症患者在病前大多能找到一些精神因素，如生活中的不幸遭遇、学习中遇到重大挫折和困难、在公共场合中自尊心受到严重伤害等。该症的发生与性格也有一定的关系。自卑的人在受到挫折后，很容易产生失望、自卑而发病；性格不开朗、多愁善感、好思虑、比较敏感、依赖性强的人，在精神因素作用下，也容易导致抑郁症的发生。

克服抑郁症可以采用以下几种方法：一是学会将自己的忧伤、痛苦以恰当的方式宣泄出来，以减轻心理上的压力，如倾诉、写日记、哭泣等，这些都可以减少心理负荷；二是多与其他同学交往，尝试从另一个角度看待自己所面临的问题；三是有意识地参加一些活动，如体育锻炼、文化娱乐活动等，将自己从苦恼中解脱出来。

2. 焦虑症

焦虑症是一种常见的神经症。大学生进入新的环境，各方面都要重新开始适应和调整。如果对自己期望过高，凡事患得患失，时间长了，就会产生持续性的焦虑、不安、担心、恐慌，导致压力过大，并且还伴有明显的运动性不安以及各种躯体上的不舒适感。患有焦虑症的人，在性格上也有一定的特点，他们大多胆小，做事瞻前顾后，犹豫不决，对新事物、新环境适应能力差，遇上一定的精神刺激，就很容易患焦虑症。

患有焦虑症的人，常感到无明显原因、无明确对象、游移不定、范围广泛的紧张不安；经常提心吊胆，却又说不出具体原因。患者过分关心周围事物，注意力难以集中，从而使工作和学习效率明显下降。关于焦虑症，一方面可进行药物治疗，另一方面可进行心理训练，如各种自我松弛训练、生物反馈疗法等，这些都有一定的效果。

3. 强迫症

强迫症是指患者在主观上感到某种不可抗拒和被迫无奈的观念、情绪、意向或行为存在。患有强迫症的人，明知某种行为或观念不合理，却无法摆脱，因而非常痛苦。这种症状大多是由强烈而持久的精神因素及情绪体验诱发而来的，与患者以往的生活经历、精神创伤或幼年时期的遭遇有一定的联系。患强迫症的大学生多与其性格缺陷有关，如缺乏自信、遇事过分谨慎、生活习惯呆板、墨守成规、常怕出现不幸、活动能力差、主动性不足等。

行为疗法对治疗强迫症有一定效果。向患者解释精神生活中的各种知识，增强他们的自信心，对缓解症状有一定效果。

4. 神经衰弱

神经衰弱也是大学生中极为常见的心理障碍问题。它的特点是容易兴奋和疲倦，并常常伴有各种躯体不适感和睡眠障碍。神经衰弱是长期存在的某些精神因素引起大脑机能活动的过度紧张，使精神活动的能力减弱。有易感素质和不良性格特征的人，更易患神经衰弱。大学生神经衰弱主要是因为缺乏面对现实的勇气和良好的适应能力造成的，如学习负担过重、专业思想不稳定、个体自我调节失灵，对社会、对人生思虑过多，在家庭、恋爱等问题上犹豫徘徊等。所有这些在患者头脑中产生强烈的思想冲突，使得神经活动过程强烈而持久地处于紧张状态，超过了神经系统本身的张力所能忍受的限度，从而引起崩溃和失调。

神经衰弱的学生，应合理安排学习和生活作息时间，适当参加娱乐活动和体育锻炼，并进行必要的心理治疗，一般可以达到较好的治疗效果。

二、大学生心理迷茫的根源

> 　　怀着激动的心情，2023级大学新生小江进入了北京市某重点高校。可是入学仅一个多月，小江就觉得有些迷茫了，因为在原来的高中，小江是"鹤立鸡群"的存在，成绩拔尖的他有些自负。但是在大学里，他的成绩优势荡然无存，慢慢地，他觉得哪怕自己做得不够好甚至差，还自欺欺人地认为："没什么，反正别人做得更差，我还不错。"于是，小江开始旷课玩游戏，学业受到了很大的影响。

　　几乎每一个学生都是揣着希望与憧憬踏入大学校园的，然而，对于涉世未深的学生来说，要在最短的时间里适应既新鲜又陌生的大学生活，无疑是对个人心理素质和能力的考验。在这一时期，很多大学新生感到迷茫、困惑，这种心态常常被人们称之为"新生的迷茫"或"大一现象"。总体来说，大学新生产生迷茫心理的根源包括以下几个方面：

1. 理想与现实的差异

　　在孩子们刚刚开始懂事时，老师和家长们为了激励他们好好读书，会把大学描述得十分完美、神圣，从此他们心中对大学有如此想象：幽静的林荫小道，有序的石桌石凳，明亮的多媒体教室，笑声朗朗的宿舍，开阔的露天电影场，学识渊博的教授，多才多艺的同学，振奋人心的讲座，丰富多彩的业余生活……总之，大学是一个四处都洋溢着青春、自由和浪漫的天堂。

　　当真正来到大学的时候，他们发现现实的大学生活不过就是宿舍、食堂、教室、图书馆"四点一线"的单调生活，有时上课也十分乏味，加上有的高校硬件条件较差，如食堂伙食质量低下、饭菜难以下咽、寝室拥挤不堪等。这样形成了想象与现实的极大落差，致使　部分学生感到失望、怅惘，当初的壮志雄心很快灰飞烟灭，变得不知所措。

2. 学习和生活方式的转变

　　大学的学习方式与中学相比有着天壤之别，大学的学习对学生个体提出了更高的要求。在高中时期，应试教育主导着整个教学过程，学生唯一的目标是高考，学校的目标实质就是培养考试能手。在这种教育思想指导下，学校只注重考试分数高低，而忽视了学生综合素质和能力的培养。

进入大学后，脱离了家庭，要过集体生活，个人财物得自己保管和安排，个人卫生都得自行打扫，这让很多同学束手无策。再者，由于依恋往日家庭的舒适生活，当生活和学习上遇到不如意之事，一些同学就想家，甚至暗自哭泣，想打道回府，等等。因此，学习和生活方式上的突变是促使新生入学后迷茫的一个重要因素。

3. 社会角色的突变

现如今，高考虽不再是千军万马挤独木桥，但对于金榜题名者来说，他们都是中学时代的佼佼者。在高中时期尤其是刚刚金榜题名之时，他们沐浴在一片赞赏声中，自我心中的优越感进一步膨胀。

正因如此，问题也随之而来。当踌躇满志的他们迈入强手云集的大学校园时，感到自己以往的优秀变得微不足道，甚至当发现学习成绩远不如自己的同学，在其他能力以及个人威信方面也不及别人时，往日的优越感很快消失，更多的是感到压抑、苦闷和失望，还会产生自卑感，怀疑自己的能力，入学前的宏伟计划和奋斗目标一下子全都"蒸发"掉了，这种角色的突变很容易使他们借助网络和游戏等无意义的事情来宣泄自己，打发时间。

4. 对自己所学专业的失望

刚踏入大学校门，大学生难免会听到一些有关自己所学专业的反面议论，就认为自己入错了行，结果在很长时间内难以使自己的情绪安定下来，这种反差导致心理失衡，丧失学习动力，最后贻误了学业。

5. 人际交往中的障碍

古人云："独学而无友，则孤陋而寡闻。"融洽的人际关系不仅能赢得他人的尊重和关心，更能让处于困境中的人感受到温暖与希望。人际交往的障碍，同样会导致大学生心理迷茫。针对迷茫心理产生的根源，大学新生应该从自身找原因，提高自己的心理适应能力，早日跨出迷茫沼泽，促进身心的健康发展。

三、克服心理障碍的方法

1. 重构目标体系，激发学习动机

教育学家王夫之曾说过："志立则学思从之，故才日益而聪明日盛，成乎富有；志之笃，则气从其志，以不倦而日新。"这句话告诉我们，只有立定志向，才能去认识事物，从事学习；只有立下大志，才能获得高深而丰富的知识和本领；只有立下坚定志向，才能有所发展。

2. 调动主观能动性，尽早适应大学生活

大一新生从高中进入大学，一下子很难适应大学较为自由宽松的学习氛围。因此，我们一定要正确认识大学生活的特点，充分利用好课余时间，多向学长学姐们请教。

在大学校园里不得不提的另一问题——网络沉迷，这既是新生极易用来打发时间的方式，也往往成为更加迷茫的诱因。要想克服网络成瘾问题，就要提高我们的自制力，同时学会转移注意力，用阅读、运动、社团活动等取代网络游戏，从而自觉抵制网络的诱惑，学会适可而止。

3. 正确认识自我，建立和谐的人际关系

要想在高职学院中脱颖而出，除了学习和专业技能突出之外，还得在社交、组织、社会实践等综合能力方面较为突出。因此，大一新生入学后一方面要明确大学教育的培养目标，另一方面要重新认识自己和周围的人，调整自己的心态，确定自己在班级、学校的新角色、新位置。

4. 摆脱专业困境，培养专业兴趣

刚入大学，由于接触的都是基础课程，很多同学对自己的专业是学什么、怎么学都不了解，听到一些有关专业的反面议论，就开始对自己的专业产生怀疑，走进了"专业困境"。对于这种情况，学校会邀请校内外的本专业学科带头人做讲座，帮助大一新生了解专业的研究对象、发展前景和当前国内外发展现状，并帮助进行专业学习规划，凡有这样的培训机会，千万不要错过。

第三节　健全人格——塑造完美的自己

大学是人生中最美好的时光，同时也是对今后人生发展影响最大的一段特殊时期。如何度过美好的大学时光，开端极为重要，防范大学时期的心理问题，塑造完美人格，就要从入学开始。

一、健全人格的意义

健全的人格是一个人素质的重要组成部分，也是一个人心理面貌的集中反映。作为国家进步发展的接址人，大学生的人格发展状况、人格所呈现的面貌不仅直接影响自身生活的质量，而且也间接地关系着整个人类社会能否得到健康、和谐的发展。

案例直播

> 2019年3月30日18时许，江西某大学学生熊某回寝室时发现门关着，于是就上前敲门，当时在寝室里的被告人高某未作回应，接着熊某试着电话联系其他室友未果，就随口说了一句脏话，并再次上前大力敲门。

> 　　高某认为熊某在辱骂自己，顿时非常生气，于是从自己书桌抽屉里面拿出一把水果刀，将熊某捅伤，后宿舍管理人员赶到现场，上前将水果刀夺下。被告人高某迅速逃离现场，躲到南昌某大桥下面的树丛里面。被害人熊某被送往医院住院治疗。
>
> 　　2019年4月9日，经南昌市经济技术开发区公安司法鉴定中心鉴定，被害人熊某损伤程度为轻伤二级；2019年7月1日，经江西九江司法鉴定中心鉴定被害人熊某伤残等级为十级。
>
> 　　2019年3月31日，被告人高某主动投案并如实供述了自己的犯罪事实，并赔偿了被害人熊某的各项经济损失人民币31万余元。最终南昌经济技术开发区人民法院依法以故意杀人罪判处被告人高某有期徒刑五年。

　　作为适应未来社会需要的人才，我们不仅要有健康的体魄、高尚的思想道德素质、扎实的科学文化知识，而且还要有健全的人格。大学生正处于青年期，不仅身心会发生急剧的变化，自我意识也将由分化、矛盾冲突逐渐走向统一，这正是大学生人格发展、完善的重要时期，因此，塑造健全人格更有其现实意义。

二、影响人格的因素

　　大学生是承载社会和家庭高期望值的群体，自我成才欲望非常强烈，但其心理发展尚未成熟，缺乏社会经验，适应能力较差。正是欲望实现能与不能之间的矛盾，成为影响大学生人格发展的主要因素。具体体现在以下方面：

1. 不适当的家庭教育方式

　　长期以来，在高考指挥棒的调遣下，学校和家长在教育学生的过程中往往采用应试教育的方法，只重视智力教育，而忽略了健全人格的培养。在教育方式上，相当一部分家长因为受教育程度较低，多采用简单、粗暴的"传统家长制"手段。这种消极的教育方式，容易使子女形成敏感多疑、自卑易怒、抑郁焦虑、偏执敌对等不健康的性格特征。

　　相当多的家长在子女考入大学后，将更多的精力转移到提供经济支持上，而对子女的心理成长问题关注不够。近年来社会离婚率的提高，导致离异家庭的在校学生也逐年增多，这些缺少家庭温暖的学生，更易产生心理障碍。

2. 社会现实的影响

　　市场经济的激烈竞争在促进社会各方面飞速发展的同时，亦带来了一系列的社会问题，紧张的生活节奏和巨大的工作压力使人感到精神压抑、身心疲惫。改革开放给个人的发展提供了广阔的良好机遇，但随之出现的一系列社会不良现象亦使大学生们在心理上产生了诸多矛盾，甚至切身感受到社会转型期的阵痛，这使得大学生们人格的弱点浮现出来，形成心理疾患。

三、人格障碍的定义

人格障碍，与健康人格相对应，是指在没有认知障碍或智力缺陷的情况下人格偏离正常性已远远超出了正常的变动范围。著名的精神病学家施耐德对人格障碍的定义如下：人格障碍是一种人格异常，由于其人格的异常而妨碍其人际关系，甚至给社会造成危害，或给本人带来痛苦。

例1：菲菲是一名刚上大一的女孩子，今年19岁，由于从小到大都跟父母生活在一起，一切事情都是爸妈帮她照料，甚至衣服鞋袜都是妈妈帮着洗。

进入大学后，由于生活中缺少了爸妈的帮助，菲菲很多事情都不会做，经常引来同学们异样的眼光，菲菲经常做梦梦到和爸妈在一起生活的日子，梦到和同学们在一起的快乐生活，醒来后的现实让她黯然流泪。对于这种情况，菲菲不知该怎么办。

例2：小龙是某高职院校一年级的学生，在家排行最小，上面有三个哥哥，爸爸和哥哥的脾气都很暴躁，从小经常打骂他。第一次高考落榜后，他选择了附近一所学校复读。由于他不爱说话，经常受到同学们的冷嘲热讽，他的心理受到很大的创伤。上了大学后，刚好又与来自同一高中的同学分在同一间宿舍，这让他十分难受，辅导员已经几次为他调整宿舍，但他仍与同学相处不好，认为同学都排斥自己。

一般来说，人格障碍具有以下几个特点：

第一，主要表现为情感和意志障碍，但思维和智能并无异常，一般始于青春期。

第二，有紊乱不定的心理特点和难以相处的人际关系，这是各类人格障碍患者最主要的行为特征。

第三，遇到困难时，不是积极地解决，而是想方设法推卸责任，归咎为命运的捉弄或他人的过错，从而使自己处于摆脱尴尬处境或假象中的两难处境。

第四，他们没有责任心和责任感，对别人造成了伤害，仍做出自以为是的辩护。

第五，他们的认知、行为等具有绝对的恒定性和一致性。

第六，缺乏自知，且不能从生活经验中吸取教训。

第七，他们不会先自我感知到人格上存有障碍，这与神经症不同，只有通过别人的埋怨或想方设法使他们的不良行为得以暴露，他们才会情绪不安。

专家认为人格障碍可分为未成熟型和成熟型人格障碍两大类，前者包括反社会型、冲动型、癔症型、依赖型、自恋型等，随着年龄的增长，情况趋向缓和；后者包括强迫型、偏执型、分裂型、回避型等，不因年龄的增长而改变。

1. 偏执型人格障碍

偏执型人格障碍的典型特征有明显的猜疑和偏执。特点是主观、固执、敏感、多疑、心胸狭隘、报复心强。一方面，骄傲自大，自命不凡，总以为自己怀才不遇，自我评价甚高；另一方面，在遇挫折失败时，又过分敏感，怪罪他人，推诿责任，很容易与他人发生冲突与争执。患者把生活中本来与自己无关的事件都认为是针对自己的，对现实生活或想象中的耻辱特别敏感多疑。

2. 分裂型人格障碍

分裂型人格障碍以极端孤僻、社交退缩、情感冷漠为主要特征。患者对生活缺乏热情和兴趣，对人冷淡，缺乏知音，我行我素，很少与人来往，过分沉湎于幻想。

3. 强迫型人格障碍

强迫型人格障碍以要求严格和完美为主要特点。做事过分谨慎与刻板，事先反复计划；事后反复检查，不厌其烦；平时犹豫不决，优柔寡断。不合理地坚持要求别人严格服从或按照自己的方式做事，否则就极不愉快。表现为过分谨慎、刻板、无业余爱好、缺乏愉快和满足体验，较易内疚或悔恨自己。

4. 冲动型人格障碍

冲动型人格障碍又称爆发型或攻击型人格障碍，是一种以行为与情绪有明显冲动性为主要特征的人格障碍。发作前没有先兆，不能自控，易与他人发生冲突。发作之后能认识到问题，间歇期一般表现正常。

5. 反社会型人格障碍

反社会型人格障碍又称悖德型人格障碍，以行为不符合社会规范为主要特点。这种人感情冷淡，对人缺乏同情，对身边的事漠不关心，缺乏正常的爱；挫折耐受性差，轻微刺激即可引起冲动行为；即使给别人造成痛苦，也很少感到内疚，缺乏罪恶感，因此常发生不负责任的行为，甚至是违法乱纪的行为，屡教不改。

6. 依赖型人格障碍

依赖型人格障碍缺乏独立性，感到自己无助、无能和缺乏精力，生怕被人抛弃。将自己的需要依附于别人，过分顺从别人意志。要求和容忍他人安排自己的生活，当亲密关系终结、中断联系或孤独时则有被毁灭和无助的体验，易与他人发生冲突。有一种将责任推给他人来对付逆境的倾向。

7. 癔症型人格障碍

癔症型人格障碍又称表演型人格障碍，其典型的特征表现为心理发育的不成熟性，特别是情感过程的不成熟性。具有这种人格障碍的人的最大特点是做作、情绪表露过分、总希望引起别人的注意。

8. 焦虑型人格障碍

焦虑型人格障碍又称回避型人格障碍，此类人的特征是长期和全面地脱离社会关系。他们回避社交，特别是涉及较多人际关系的职业活动。他们害怕被取笑、嘲弄和羞辱。自感无能，过分焦虑和担心，怕在社交场合被批评和拒绝。

9. 自恋型人格障碍

这类人大多有以自我为中心的特点，表现为自我重视、缺乏同情心，对别人的评价过分敏感等。他们一听到别人的赞美之词，就沾沾自喜；反之，则会暴跳如雷。他们对别人的才智十分嫉妒，有一种"我不好，也不让你好"的心理。在和别人相处时，很少设身处地地理解别人的情感和需求。由于缺乏同情心，所以人际关系很糟，容易产生孤独抑郁的心情。加之他们设立不切实际的高目标，往往易在各方面遭受失败。

10. 不成熟型人格障碍

这类人情绪幼稚，依赖性极强；以自我为中心，缺乏道德感、义务感，对别人缺乏同情心；不遵守社会道德，甚至胡作非为，不讲道理；不善于与人相处、不珍惜友谊；自我欣赏，自以为是，听不得一点批评意见；适应能力差，习惯于让别人照顾自己，如处境不良或遭受挫折，则容易自暴自弃，或轻率自杀，或暴怒发狂，伤害别人。

四、健康人格的塑造

健康人格是个人在其生活经历中以其生活方式和生活风格逐步建立起来的一种自我意识，是人的世界观、心理素质、道德修养等方面的综合体现和重要标志，也是人能够准确把握自己、寻找适合自己发展的社会位置以及获得他人尊重和好感的基础。

案例直播

> 王某是某高校大一学生，性格不好，脾气暴躁。对于这种情况，他也不知道为什么，按照他的说法，一遇到让自己生气的事情，就很容易爆发出来，不管不顾地出一通气。也正是他的这种脾气，使他跟周围的同学关系非常僵。王某也为自己的行为感到后悔，但他就是控制不住自己的脾气，王某为此感到十分苦恼。

健康人格的标准可分为理想标准和相对标准。健康人格的理想标准就是人格的生理、心理、社会、道德和审美各要素的完美统一、平衡、协调，人的才能得以充分发挥。但从相对意义上讲，不同时代、不同的社会条件有相对应的健康人格标准，一般来说，以下标准必不可少。

1. 和谐的人际关系

人际关系最能体现一个人人格健康的程度。人格健康的人乐于与他人交往，并与他人建立良好的关系；与人相处时，尊敬、信任等正面态度多于嫉妒、怀疑等消极态度。人格健康的人常常以诚恳、公平、谦虚、宽容的态度尊重他人，同时也受到他人的尊重与接纳。

2. 良好的社会适应能力

社会适应能力反映了人与社会的协调程度。人格健康的人能够和社会保持良好密切的接触，主动关心社会、了解社会；在认识社会的同时，使自己的思想、行为跟上时代的发展，与社会的要求相符合，能很快适应新的环境。

3. 正确的自我意识

自我意识是个体对自己与自己、他人、周围世界关系的认识。具有健康人格的人对自己有恰如其分的评价，充满自信，扬长避短，在日常生活中能有效地调节自己的行为，使之与环境保持和谐。缺乏正确自我意识的人则常常表现出自我冲突、自我矛盾，或者自视清高、妄自尊大，做力所不能及的工作，或者自轻自贱、妄自菲薄，甘愿放弃一切机遇，停止努力。

4. 乐观向上的生活态度

积极的人生态度是人类在社会实践中获得的本质力量的表现。乐观的人常常能看到生活的光明面，对前途充满希望和信心，对自己所从事的工作或学习抱有浓厚的兴趣，并在其中发挥自身的智慧和能力。即使在遇到困难和挫折时，也能不畏艰险，勇于拼搏。

大学生的主要任务是学习，因而对学习的兴趣如何可以反映出对生活的基本倾向。人格健康的学生对学习怀有浓厚的兴趣，表现出观察敏锐、注意力集中、想象丰富、充满信心、勇于克服困难，通过刻苦、严谨的学习过程，获得学习的满足感和成就感。

5. 良好的情绪调控能力

情绪标志着人格的成熟程度。人格健康的人具有调节和控制情绪的能力，经常保持愉快、满意、开朗的心境，并富有幽默感。

大学生健康人格的塑造，一是要服从人格健康发展的需要，二是要服从现代化建设和社会进步的需要。这是大学生人格塑造的基本原则和指导思想，也是鉴别大学生健康人格塑造效果的尺度。

那么，大学生应该如何塑造健康人格呢?

（1）保持开朗的心境，学会控制和调节自己的情绪，保持健康的情绪状态。

（2）加强意志磨炼，自觉主动地控制自己的行为，培养经受挫折的能力。不盲目冲动，不消极低沉，始终保持乐观的生活态度。

（3）注意性格完善，自觉检查修正自己的性格特点，培养健全的性格。

（4）养成良好的思维品质，具有独立分析问题和解决问题的能力。

（5）培养良好的情操，加强思想品德修养，树立科学的世界观、人生观，注重社会实践，提高自身综合素质。

第八章　安全篇

　　随着高校扩招的政策进一步推行,后勤服务的不断社会化,网络信息化的快速发展,高等职业院校的规模也越来越大,在校学生数量急剧上升。随之而来的是潜伏在校园内外的许多不安全因素,各类校园安全事故时有发生,大学生的安全问题已经成为社会关注的热点。对于刚踏进大学校园的青年大学生来说,掌握一些必要的安全防范知识是非常必要的。

第一节　食品——吃得放心

　　俗话说"病从口入",大学生饮食安全是身体健康的基本保证。所谓饮食安全,既包括食品卫生安全,也包括饮食习惯的安全。因此,大学生不仅要掌握一些有关食品安全的知识,更要从自身做起,保证健康饮食,拥有健康的体魄。

一、谨防食物中毒

　　人群密集的大学校园是食物中毒等食源性疾病的多发地。大学新生入学,因为饮食习惯的不同,大多会选择购买零食食用,这大大增加了发生食物中毒的风险。食物中毒事故危害极大,轻则引起人体不适,重则造成脏器损害,严重者危及生命,因此大学生要谨防食物中毒。

案例直播

　　2014年1月20日，77名来自日本宫城、山形、福岛的大学生，在位于日本山形县上山市一家名为"吾妻屋"的旅馆住宿后，出现腹泻、呕吐及发热等症状，被迅速送往医院诊治。经初步诊断，中毒大学生可能因感染诺沃克类病毒而引发食物中毒。同样的食物中毒事件还发生在日本滨松市。据报道，因食用日本宝福食品公司生产的面包，导致日本滨松市多所小学发生学生集体食物中毒事件。宝福食品公司召回其在静冈及其他地区销售包括点心面包及烹饪用面包在内的157种，共计约88 000个面包。

　　食品安全是日常生活的大事，正处于身体发育关键阶段的大学生尤其要注意，具体来说，可以从以下几方面做起，以保证自己的饮食安全卫生。

1. 选择安全食品

　　安全食品是指食品要具有相应的色香味形等感官性状，没有发生腐败变质等异常变化。在购买食品前，一定要对相关食品安全认证标识有所了解。

　　（1）QS标识。QS是英文"质量安全"（quality safety）的字头缩写，是工业产品生产许可证标志的组成部分，也是取得工业产品生产许可证的企业在其生产的产品外观上标示的一种质量安全的外在表现形式。QS标识从2010年6月1日起已陆续换成新样式，主要是在标志的中文字样上有所变动，原先QS标志下方的"质量安全"字样已变为"生产许可"。

　　（2）无公害农产品标识。广义的无公害农产品包括有机农产品、自然食品、生态食品、绿色食品、无污染食品等。这类产品生产过程中允许限量、限品种、限时间地使用人工合成的安全化学农药、兽药、肥料、饲料添加剂等，符合国家食品卫生标准，但比绿色食品标准要宽松。无公害农产品是保证人们对食品质量安全最基本的需要，是最基本的市场准入条件，所有食品都应达到这一要求。

　　（3）绿色食品标识。绿色食品在中国是对无污染、安全、优质、营养类食品的总称，是指按特定生产方式生产，并经国家有关的专门机构认定，准许使用绿色食品标识的无污染、无公害、安全、优质、营养型的食品。

　　（4）有机食品标识。有机食品（organic food）也称作生态或生物食品等，是国际上对无污染天然食品比较统一的提法。有机食品通常来自有机农业生产体系，是根据国际有机农业生产要求和相应的标准生产加工的食品。

2. 食品彻底加热

肉、奶、蛋、四季豆和豆浆等是容易引起食物中毒的食品，食用前应烧熟煮透。经冷藏保存的熟食和剩余食品及外购的熟肉制品，食用前应彻底加热，食物中心温度须达到70℃，并至少维持2分钟。

3. 少吃隔夜饭

节俭历来是我们中华民族的优良传统，每逢节日聚餐后往往会有大量剩菜，如何处理这些剩菜成了一件头疼的事。人们常采用的方法是将剩菜放进冰箱等待下一餐再拿出来食用，殊不知隔夜菜不仅营养流失严重，而且还会产生对身体有危害的不良物质。

4. 妥善保存食品

食物在保存时要注意将生、熟食分开，熟食放在上面，生食放在下面，防止交叉污染。同时，熟食要尽量放在阴凉、通风、干燥并能够防蝇、防虫、防鼠的地方。使用冰箱保存食物时，冰箱冷藏室的温度要保持在10℃以下，以4℃左右最好。鱼、肉等容易腐烂的食品，应及时冷藏或冷冻，冷冻贮存的温度为零下18℃左右。

5. 养成良好的卫生习惯

不良的个人卫生习惯会把致病菌带到食物上去。比如说，手上沾有致病菌，再去拿食物，污染了的食物就会进入消化道，从而引发细菌性食物中毒。

6. 保持厨房卫生

厨房应当有通风、冷藏、洗涤、消毒、污水排放等设施，且布局合理，防止加工过程交叉污染。厨房应当保持清洁，用来制备食品的所有用具的表面都必须保持干净。接触餐具和厨房用具的抹布应该在再次使用之前彻底清洗，必要时可以煮沸消毒。

7. 增强自我防范意识

树立正确的食品卫生安全意识，养成良好的饮食卫生习惯，增强防病能力。在日常饮食中，应做到不暴饮暴食，不吃不洁、腐烂变质的食物，不买校园周边无照（证）商贩出售的盒饭及食品，不食用来历不明的可疑食物，以防病从口入。尽量在学校食堂就餐。因为学校食堂都是高校标准化食堂，由学校统一管理，食品卫生和食物来源都有保障。

二、酗酒危害健康

酒文化是我国的传统文化，无论是亲友聚会，还是同学重逢，总会有酒的身影。古人也曾有诗云"举杯邀明月，对影成三人"，可见饮酒在人们日常生活中的意义。可是，凡事物极必反，适量饮酒有益身心健康，过度饮酒则会严重影响身体。

近年来，大学生酗酒现象日益严重，由此引发的违纪违法现象日益突出，给学校带来了不良影响。作为社会中的特殊群体，大学生具备较高的文化素质，但是由于自控能力较差，非常容易酗酒、醉酒，尤其是在心情郁闷或同学聚会时，这种情况更是常见。这种行为不仅会对身体造成很大伤害，而且容易引发违法犯罪行为。

案例直播

> 　　7名"00"后学生在宿舍喝酒，第二天，其中一名学生昏迷不醒，随后被医院诊断为脊髓炎并高位截瘫。
>
> 　　小亮（化名）是许昌某职业学院学生，如果不是那次意外，他现在也许已经步入社会。2016年10月的一天，小伟（化名）等6名同学从学校超市购买白酒、花生米等食物，相约在宿舍一起喝酒。此时，住在斜对面的小亮刚好来到该宿舍借热水吃泡面。吃完后，便被同学们叫来一起喝酒至深夜，其间没有劝酒行为。
>
> 　　小亮醉酒后被同学们送回宿舍，安置在其床铺上休息，室友在一旁照看。让人没想到的是，第二天上午，小亮却昏迷不醒，同学们急忙拨打急救电话。之后，小亮先后在许昌、郑州、西安等多家医院就诊，被诊断为脊髓炎并高位截瘫，共计住院一年多，花去医疗费40多万。也因为这事，小亮家人把学校、超市、一起饮酒的同学告到了许昌市魏都区人民法院。
>
> 　　据法官介绍，本案中，致小亮伤残的原因超出了鉴定机构能力范围而无法鉴定，但不排除饮用白酒与小亮的伤残结果之间具有一定因果关系的合理怀疑，因此，原告、被告均应承担相应责任。最终，法院判决小亮承担15%的责任，6名同学承担20多万元的连带赔偿责任。

大学生年轻气盛，在聚会时喝酒难以避免。怎样喝酒才能做到既联络感情又不伤身呢？

（1）忌空腹喝酒。饮酒前先喝一杯牛奶或酸奶，或吃几片面包，勿空腹喝酒，以免刺激胃黏膜。

（2）服用B族维生素。估计饮酒较多时，提前服用B族维生素，减少应酬，以保护肝脏。也可有意识地多吃富含B族维生素的动物肝脏、猪牛羊肉、蛋黄、蔬菜、燕麦等粗粮，以提高体内B族维生素的含量。

（3）多喝白开水。喝白酒时，要多喝白开水，以利于酒精尽快随尿液排出体外；喝啤酒时，要勤上厕所；喝烈酒时，最好加冰块。

（4）忌豪饮。喝酒不宜过快过猛，应当慢慢喝，让身体有时间分解体内的乙醇。罚酒数杯或一口闷易导致醉酒。

（5）多吃绿叶蔬菜。绿叶蔬菜中所含的抗氧化剂和维生素可以保护肝脏。

（6）多吃豆制品。喝酒时可多吃豆制品，其中的卵磷脂有保护肝脏的作用。

（7）不要喝碳酸饮料。喝酒时不要喝碳酸饮料，如可乐、汽水等，以免加快身体吸收酒精的速度。

三、关注食品卫生

随着我国经济改革的深入，人们生活质量大幅度提高，但同时我们也看到，一些不法商贩唯利是图、道德沦丧，直接导致我国食品卫生安全事故频频发生。尤其是在大学校园，食品卫生已经成为一个严峻的问题，从"瘦肉精"到"染色馒头"，从街边摊到"地沟油"，长期食用不卫生的食品，轻者可能出现食物中毒，重者可能会有生命危险。针对这种情况，需要高校和大学生共同努力，一方面加强校园食品卫生的管理和监督，另一方面杜绝去无证路边摊就餐。

案例直播

> 2024年央视"3·15"晚会曝光了阜阳梅菜扣肉预制菜的食品安全问题。知情人士称，当地个别预制菜生产企业存在使用未经严格处理的槽头肉制作梅菜扣肉预制菜的情况。槽头肉是指猪头与躯干连接部位的肉，有的地方叫作"刀口肉"或"血脖子肉"。由于槽头肉上淋巴较多，在日常生活中也被老百姓称为淋巴肉。
>
> 根据《中华人民共和国国家标准（GB/T 19479—2019）畜禽屠宰良好操作规范 生猪》要求，对屠宰后的猪必须进行"整修"：整修可视病变淋巴结、摘除肾上腺和残留甲状腺等。尤其是甲状腺，含有大量甲状腺激素，食用后会产生中毒反应。槽头肉因为含有大量淋巴结、脂肪瘤和甲状腺，属于猪肉中必须进行严格"整修"的部分，是猪肉中公认品质差、价格低的部位。猪肉市场对槽头肉认可度也很低。
>
> 记者对当地多个冻品市场进行走访，不少商户向记者透露，用未经处理的劣质槽头肉替代五花肉做梅菜扣肉预制菜，在阜阳早已是公开的秘密，"槽头肉其实都是淋巴，不能吃。"

大学校园食品卫生形势严峻，应该如何保证校园食品卫生安全呢？

1. 学校要加强食品卫生管理

（1）进一步提高学校领导的食品卫生安全意识，落实和完善学校食品卫生安全责任制度。

（2）根据《中华人民共和国食品卫生法》《学校食堂与学生集体用餐卫生管理规定》《学校食物中毒事故行政责任追究暂行规定》等要求，依法管理学校食品卫生。

（3）进一步完善和落实学校食品卫生安全责任制和责任追究制。建立定期通报制度，定期对学校突发公共卫生事件发生情况、报告情况、责任追究与整改情况进行通报。

（4）加大对学校食堂从业人员的培训力度，建立食堂从业人员上岗培训制度，增强其食品卫生安全意识，使之自觉遵守食品卫生操作规范。

（5）加强学校食品卫生安全知识的宣传教育工作，提高学生的自我保护意识和能力。

（6）加大督促检查力度，通过专项督导与专项检查，督促落实各项食品卫生安全措施。

2. 学生要养成良好的卫生习惯

（1）饭前要洗手。人的双手每天会接触各种各样的东西，很容易沾染细菌、病毒和寄生虫卵。吃东西以前要认真用肥皂洗净双手，减少得病的概率。

（2）生吃瓜果要洗净。瓜果蔬菜在生长过程中不仅会沾染病菌，而且还残留有农药和杀虫剂等，如果不洗净，不仅可能染上疾病，还可能造成农药中毒。

（3）不随便吃野菜、野果。野菜和野果的种类繁多，一般人很难分辨哪些是安全的，哪些是对人体有害的。不随便食用，可以避免中毒，确保安全。

（4）不吃腐烂变质的食物。食物一旦腐烂变质味道就会变酸、变苦，散发出异味，这是由细菌大量繁殖引起的，吃了变质的食物会造成食物中毒。

（5）拒绝食用街边摊食物。街头小摊出售的食品大多不符合食品卫生安全标准，随意食用会危害健康。

（6）不喝生水。水是否干净，仅凭肉眼是很难分辨的，所以应尽量喝开水。

第二节　住宿——住得安心

　　学生宿舍是学生日常生活和学习的重要场所，学生宿舍管理事关学生人身和财产安全，事关学校正常的教学、生活秩序。良好的宿舍环境不仅能使学生感到安全舒适，而且能带来平和愉悦的心情，会对大学生产生潜移默化的影响。培养良好的生活习惯、高尚的情操，对于提高大学生素质具有重要作用。因此，优化宿舍管理，创建一个文明健康、舒适整洁、安全有序的宿舍环境，将对大学生的健康发展起到积极的促进作用。

一、用电安全

电与生活是息息相关的，它存在于我们生活的每一个角落，然而正是由于我们对电太过熟悉，以至于忽略了电的危害性。安全用电历来都是学校安全工作的一个重点，目前，在大学宿舍中，有许多同学使用电脑、电热毯、电饭锅等电器，由于用电量过大，电线常常超负荷运载。因此，大学生要知晓安全用电知识，并学会排除用电险情，当危险发生时能够正确应对。

案例直播

　　2018年北京某大学学生在学校环境工程实验室进行垃圾渗滤液污水处理科研实验期间，实验现场发生爆炸，事故造成3名参与实验的学生死亡。

　　2019年10月30日，广东佛山一大学生称：她半夜在宿舍床上睡觉时被烫醒，发现未在充电状态下的充电宝起火，连忙逃下床，室友紧急断电灭火，浇了两桶水才把火扑灭，被子床垫等物品被烧焦。

　　2020年12月，湖南长沙某大学一学生宿舍起火。据调查，该宿舍学生由于使用吹风机后没有及时关闭，在宿舍恢复用电时，其吹风机继续保持工作状态，最终点燃可燃物导致火灾。所幸当时宿舍无人，没有造成伤亡。

　　2022年4月，广东广州某大学一栋宿舍楼内突发火灾，消防救援人员到场后迅速处置，所幸事故未造成人员伤亡。经初步调查，起火原因系学生携带电动车电池回宿舍充电。

1.预防用电危险

触电事故的发生具有明显的季节性，事故多发生在夏、秋两季，一方面因为天气炎热，人体出汗多，电阻降低，危险性增加；另一方面是因为多雨潮湿，电器绝缘性能下降，容易出现漏电。大学宿舍安全用电要以预防为主，从根源上远离触电。

（1）不要购买"三无"假冒伪劣电器产品。

（2）使用电器时应有安全的电源线接头，金属电器要接地保护。

（3）不要用湿手接触带电设备，不要用湿抹布擦拭带电设备。

（4）不要私拉乱接电线，不要随便移动带电设备。

（5）电器电源线破损时，要立即更换或用绝缘布包扎好。

（6）家用电器与电源连接，必须用可断开的开关或插接头，禁止将导线直接插入插座孔。

（7）常用电器尤其是电热类电器要随手关掉电源。

（8）宿舍内禁止使用电炉、电饭煲、热得快等违规电器。

2. 触电应急措施

一旦发生触电事故，救护者一定要冷静，必须在保证自身安全的情况下，在第一时间切断电源，具体做法如下。

（1）如开关箱在附近，可立即拉下闸刀或拔掉插头，断开电源。

（2）如距离闸刀较远，应迅速用绝缘良好的电工钳或有干燥木柄的利器砍断电线，或用干燥的木棒、竹竿、硬塑料管等物迅速将电线与触电者脱离。

（3）若现场无任何合适的绝缘物可利用，救护人员可用几件干燥的衣服将手包裹好，站在干燥的木板上，拉触电者的衣服，使其脱离电源。

（4）发生高压触电时，应立即通知有关部门停电，并迅速拉下开关，或由有经验的人采取特殊措施切断电源。

3. 触电急救措施

（1）对触电后神志清醒者，要做到专人照顾、观察，情况稳定后方可正常活动；对轻度昏迷或呼吸微弱者，可针刺或掐人中、十宣、涌泉等穴位，并送医院救治。

（2）对触电后无呼吸但心脏有跳动者，应立即采取口对口人工呼吸方式抢救；对有呼吸但心脏停止跳动者，则应立刻采用胸外心脏按压法进行抢救。

（3）如触电者心跳和呼吸都已停止，则须同时采取人工呼吸和俯卧压背法、仰卧压胸法、心脏按压法等交替进行抢救。

二、防火安全

大学校园中，火灾一直是威胁学生生命财产安全的重要因素。近年来，大学宿舍频频发生火灾事故，严重影响了教学科研活动的正常进行，同时对学生的人身财产安全造成危害。大学生是校园的主人，预防校园火灾，大学生起着十分重要的作用。我们应该掌握消防知识，提高防火技能，为校园的安全防火尽一份力。

案例直播

> 2024年1月24日，江西新余市某店铺地下一层发生火灾。新余市消防救援支队先后调派10个消防站共20辆消防车、118名救援人员赶赴现场处置。半小时后，明火被扑灭。此次火灾共39人死亡，这些遇难者包括多名参加教育咨询培训的高职院校学生。

> 　　记者在现场看到，发生火灾事故的场所内通道狭窄逼仄，内部布局复杂，安全隐患突出。失火建筑的一层为联排商铺，二层被打通用作宾馆房间和培训场所，长约百余米的联排商铺中，只有两个进出口。据一名现场目击者介绍，通往二楼的楼梯狭窄，仅能容纳两个人通过，发生火灾时容易拥堵。在事故发生场所二楼，防盗窗有插销，在火灾浓烟弥漫的紧急情况下很难找到插销。

　　"预防为主、防消结合"是与火灾做斗争的两个基本手段。在学校管理工作中，要将火灾预防放在首位，积极贯彻落实各项防火措施，力求防止火灾发生。同时要加强火灾应急处理方法的宣传教育，使学生在面对火灾险情时不急不慌，从容应对。

1. 宿舍火灾的预防

　　根据以往的火灾事故，宿舍火灾预防主要应做好以下预防措施。

　　（1）严格用电管理，加装用电控制设备（电流过大时会自动切断电源），防止学生在宿舍中使用大功率电器。

　　（2）要经常检查学生宿舍，防止学生乱拉电线、违规使用电器设备等。

　　（3）严格危险品管理，特别是燃气设施、酒精、打火机、易燃化妆品等，这些物品储存或使用不当会引起火灾事故。

　　（4）加强对吸烟的管理。严禁学生在宿舍内吸烟，防止因吸烟引起的火灾。

　　（5）加强对明火的管理，特别是节日期间，防止在宿舍燃放烟花鞭炮、点蜡烛、烧垃圾等。

　　（6）加强对学生的管理教育，进行消防知识讲座，让学生学习基本的防火措施。

　　（7）开展消防培训，组织消防演习。

2. 公共场所火灾的预防

　　随着学校建设的发展，教室、餐厅、图书馆等处人员往来频繁、密度大，公共场所管理松散，部分师生防火意识不强，室内装修使用的可燃物质、有毒材料多，用电量大，高热量照明设备多，空间大，这些都是严重的火灾隐患。这些地方一旦发生重大火灾，极易造成人员伤亡，特别是群死群伤。因此，大学生在公共场所滞留时，应掌握如下防火知识和方法。

　　（1）清醒认识公共场所的火灾危险性，时刻提防。

　　（2）严格遵守公共场所的防火规定，摒弃一切不利于防火的行为。

　　（3）进入公共场所，首先要了解所处场所的情况，熟悉防火通道。

　　（4）善于及时发现初起火灾，做出准确判断，能及时扑救的要及时扑救，形成蔓延的要立即疏散逃生。

3. 火灾应急处理方法

火灾的发展过程分为初起、发展、猛烈、下降、熄灭五个阶段，而火灾自救的最佳时间段是前三个阶段。

（1）初起阶段。一般固体物质燃烧时，10~15分钟内火灾的面积不大，烟和气体的流动速度比较缓慢，辐射热较低，火势向周围发展蔓延比较慢，燃烧一般还没有突破房屋建筑的外壳。这个阶段要以最快、最有效的方法灭火，同时可用湿毛巾捂住口鼻，及时逃生。如果是电器导致的火灾，首先要迅速切断电源，防止触电。

（2）发展阶段。发展阶段是指从起火点引燃周围可燃物到轰燃之间的过程，如果公安消防队没有赶到火场，火势将很快转入猛烈燃烧阶段。所以，一旦发现火灾，必须先报警，争分夺秒地进行施救，防止火势扩大，造成非常被动的局面。

（3）猛烈阶段。燃烧发展达到高潮阶段，燃烧温度最高，辐射热最强，燃烧物质分解出大量的燃烧产物，温度和气体对流达到最高限度，建筑材料和结构遭到破坏，发生变形或倒塌。这个阶段应该选择最佳的疏散路线进行逃生自救，争取时间尽快逃离现场，切不可为了穿衣或取拿财物而延误逃生的宝贵时间。

4. 灭火的方法

（1）隔离法。将着火的地方或物体与周围的可燃物隔离或移开，燃烧就会因缺少可燃物质而停止。实际运用时，如将靠近火源的可燃、易燃和助燃的物品搬走；把着火的物体移到安全的地方；关闭可燃气体、液体管道的阀门，减少和终止可燃物质进入燃烧区域等。

（2）窒息法。阻止空气流入燃烧区域，或用不燃烧的物质冲淡空气，使燃烧物得不到足够的氧气而熄灭。如用石棉毯、湿麻袋、黄沙、灭火器等不燃烧或难燃烧物质覆盖在物体上；或是封闭起火的船舱、建筑的门窗、孔洞等和设备容器的顶盖，窒息燃烧源。

（3）冷却法。将灭火剂直接喷射到燃烧物上，以降低燃烧物的温度。当燃烧物的温度降低到该物的燃点以下时，燃烧就停止了。或者将灭火剂喷洒到火源附近的可燃物上，防止辐热影响而起火。

（4）化学抑制灭火法。将化学灭火剂喷入燃烧区使之参与燃烧的化学反应，从而使燃烧停止。

5. 身上着火处理办法

发生火灾时，如果身上着火，千万不能奔跑。因为奔跑时会形成风，大量新鲜空气冲到着火人的身上，火会越烧越旺。并且着火的人如果乱跑，还会把火种带到其他场所，引燃新的燃烧点。

（1）身上着火时，一般先烧衣服、帽子，这时最重要的是先设法把衣帽脱掉，如果来不及，可把衣服撕碎扔掉。脱去了衣帽，身上的火也就熄灭了。若衣服在身上烧，不仅会使人烧伤，而且还会给之后的抢救治疗增加困难，如化纤服装受高温熔化后与皮肉粘连，所产生的毒性会使伤势恶化。

（2）身上着火，如果来不及脱衣，可卧倒在地上打滚，把身上的火苗压熄，若有其他人在场，可用麻袋、毯子等包裹着火人把火扑灭，或者向着火人身上浇水，或者帮助着火人将烧着的衣服撕下。但是，切不可用灭火器直接向着火人身上喷射，因为多数灭火器内所装的药剂会引起烧伤者的创口发生感染。

（3）如果身上火势较大，来不及脱衣服，旁边又没有其他人协助灭火，如附近有水池、河流时，可直接跳入灭火（虽然这样做可能对后来的烧伤治疗不利，但至少可以减轻烧伤程度和面积），不会游泳、不懂水性的人不要这样做。

6. 电脑着火处理办法

（1）对开始冒烟或着火的电脑，应立即关机或切断总电源，然后用湿毛毯或棉被等厚物品将电脑盖住。这样既能防止毒烟的蔓延，一旦爆炸，也可挡住屏幕玻璃碎片伤人。

（2）不要向着火的电脑泼水，或使用任何性质的灭火设备灭火，即使已关机的电脑也是这样，因为温度骤降，会使灼热的显像管爆裂。此外，电脑内仍有剩余电流，泼水可能引起触电。

（3）不要在极短的时间内揭起覆盖物观看。即使想看一下燃烧情况，也只能从侧面或后面接近电脑，以防显像管爆炸伤人。

7. 灭火器的使用方法

（1）干粉灭火器。干粉灭火器使用方便、有效期长，一般家庭使用的灭火器属于这种类型。它适用于扑救各种易燃、可燃液体和易燃、可燃气体火灾以及电器设备火灾。干粉灭火器使用方法很简单，使用前要先拔下保险插销，然后将喷射口对准燃烧物压握把手即可。

（2）泡沫灭火器。泡沫灭火器适用于扑救各种油类火灾和木材、纤维、橡胶等固体可燃物火灾。使用该灭火器时，将其倒过来稍加摇晃，药剂即可喷出。使用泡沫灭火器时应该注意：人要站在上风处，尽量靠近火源，因为它的喷射距离只有2~3米；要从火势蔓延最危险的一边喷起，然后逐渐移动；注意不要留下火星，手要握住喷嘴木柄，以免被冻伤。

（3）二氧化碳灭火器。二氧化碳灭火器灭火性能高、毒性低、腐蚀性小，灭火后不留痕迹，使用比较方便，它适用于各种易燃、可燃液体和可燃气体火灾，还可扑救仪器仪表、图书档案和低压电器设备以及600伏以下的电器初起火灾。二氧化碳灭火器有开关式和闸刀式两种，使用时，先拔去保险销，然后一手握住喷射喇叭上的木柄，一手按动鸭舌开关或旋转开关，最后提握器身。需要注意的是，闸刀式灭火器一旦打开后，就再也不能关闭了。

8.烧伤应急处理方法

烧烫伤紧急处理的五个步骤：冲、脱、泡、包、送。

（1）"冲"是指烧烫伤后立即脱离热源，用流动的冷水冲洗创面，降低创面温度，减轻高温进一步渗透所造成的组织损伤。

（2）"脱"是指脱衣服，是很多人都容易忽视的。如果被开水烫伤，衣服上仍然有较高的水温，不脱去衣服，相当于没有脱离热源，仍然会加重伤情。所以边冲边脱衣服是正确的处理方法。

（3）"泡"是指脱下衣服后要继续把伤口泡在冷水中。泡冷水可持续降温，避免起泡或加重病情，如果出现小水泡，不要弄破，由医生处理。

（4）"包"就是包裹伤面，送医院之前一定要包裹伤面。例如裹上一块干净的毛巾，切忌滥涂抹药膏。

（5）"送"就是送医就诊，及时寻求医生的救助。

三、卫生安全

学生宿舍是学生在校期间学习、生活、休息的重要场所，直接关系到学生的精神风貌和身心健康。高校要采取多种措施搞好学生宿舍区的清洁卫生，建设一个良好、整洁、优美的宿舍环境。

案例直播

　　武汉某大学学生小胡到同学小林的寝室拜访，打开门，不由后退两步，眼前的场景让他惊呆了，用他的话说就是"很恐怖"："推开那扇门，就像进入了另外一个空间，房间里堆满了各种杂物，外卖盒、塑料袋、烟头、饮料瓶、各式垃圾堆满一地，基本上就没有下脚的地方。"

　　被类似"恐怖"场景震撼到的不止小胡一人。四川某大学辅导员意图去全系男生宿舍走访，刚走进第一间宿舍，表情突然变得很怪异，捂着鼻子夺门而去。后来再次进去，看到满地的袜子和鞋，拖把折成了两截，而此时宿舍的同学们正在大战网游。后来，辅导员愤怒了，责令宿舍整改卫生。学生们也还算听话，搞了一次大扫除，清理出来的废物让负责楼道清洁的两位阿姨跑了好几趟。

寝室环境卫生对大学生养成良好的生活习惯有着不可替代的作用，寝室是大学生的第二个家，也是学校文化建设的重要阵地之一。一个良好的生活环境不仅可以影响大学生的生活习惯，还可以给大学生带来良好的精神面貌和积极向上的生活态度，对于他们的身心发展有至关重要的作用。此外，一个干净、整洁卫生的环境所展现的是大学生综合素质的提高，是大学文明程度的体现。想要保持大学宿舍的环境卫生，必须从以下几方面做起：

1. 落实寝室卫生制度

针对目前许多大学生普遍存在的卫生问题，建议每个寝室应制定出切实可行的寝室卫生制度，其中应包括不养宠物、每日安排值日生保质保量完成打扫工作、不打扫的惩罚措施等内容，打印出来贴在墙上。寝室长应起模范带头作用，认真、及时、负责地起到督促作用，带领寝室成员打扫卫生。

2. 做好评比工作

学校或寝室长应加大对寝室卫生的监督，切实起到监督作用，宣传做好寝室卫生工作的重要性，每月搞一次寝室卫生评比活动，对优秀寝室给予奖励并向全校公示，鼓励大家维护寝室卫生。

3. 从我做起，从身边的小事做起

大学生应改变打扫寝室的观念，不能认为扫地是小事而不屑去做，也不能以现在有事，改天再清理或者晚点清理为理由推脱，应从我做起，从身边的小事做起。

4. 讲究卫生，从自身做起

要想寝室干净、简洁、舒服，首先要做好自己的分内工作。换下来的衣服袜子要及时清洗，个人用品摆放整齐，衣服被子折叠整齐。个人垃圾在规定地方放好，而不是随手乱撒。加强个人卫生意识，重视细节，讲究卫生，从自身做起。

5. 切实可行的制度措施

学校卫生监管部门应加大对各寝室卫生督查的力度，提高大学生的整体卫生素质，并定期对各寝室的卫生进行检查，在寝室内张贴一些有关爱护卫生和注意个人卫生的文字和图片，同时对卫生做得好的寝室提出表扬。学校可用海报的形式呼吁学生爱护卫生，积极开展一些有关卫生问题的宣传和论坛工作，增强同学们的卫生意识。学校也可开设有关卫生方面的选修课。

第三节　财产——保护钱财

学习和生活在"象牙塔"中的大学生与人类社会的其他群体一样，难免会面临各种危险。本节将针对大学生可能遇到的几种常见的财产安全案例进行简单介绍和分析，目的是帮助大学生进一步提高安全防范认识，加强自我保护，积极参与学校安全管理，共同维护和营造学校安全稳定的发展环境。

一、防盗

宿舍是大学生生活、学习的集中场所，是高校安全工作的重要组成部分。这里本应是大学生安全、安静的"栖息地"，却因为一系列盗窃事件的发生而显得并不太平。

案例直播

2023 年 11 月 12 日晚上 10 时许，武汉东湖磨山某高校学生周某报警，称自己刚花费 1 万多元购买的笔记本电脑，放在学校寝室内被盗。通过监控看到一道模糊的黑影在视频中一闪而过，黑影泰然自若地溜进学校宿舍楼中，没几分钟就抱着一台电脑消失在夜色中……

11 月 14 日上午 10 时许，犯罪嫌疑人黄某落网。经讯问，黄某对盗窃笔记本电脑的犯罪事实供认不讳。原来，黄某就是该高校的毕业生，毕业后在武汉打零工，长期混迹于周边网吧。近期，黄某没有零工打，身上的钱也花完了，想到自己对学校比较熟悉，于是便萌生了去学校盗窃的想法。

大学生防范盗窃事件的发生可以采取以下措施。

1. 居安思危，增强自我防范意识

一般防盗的基本方法是人防、物防和技防。其中人防是预防和制止盗窃犯罪唯一可靠有效的方法。增强防范意识，做好防盗工作，这不仅是个人的事，也是全校师生共同关心的大事。只有人人参与其中，群防群治，才能真正有效地控制和防范盗窃案的发生。事实上，发生在大学生周围的盗窃案件大部分是由于大学生自身防范意识淡薄而引起的，不注意对自身财物的保管，给盗窃作案分子以可乘之机。在日常生活中，大学生应从以下几个环节上加强安全意识培养，提高防盗能力。

（1）大额现金不要随意放在身边，应就近存入银行，同时办理加密业务，将银行卡和身份证分开存放，最好不将自己的生日、手机号码或家庭电话号码、学号作为银行卡的密码，防止被他人发现盗取。

（2）贵重物品如手机、电脑、数码相机等，不用时最好妥善保存好，最好承租使用保险柜。

（3）不要怕麻烦，随手关窗锁门，人走时反锁好门。

（4）相互关照，勤查勤问，对陌生人要多留一个心眼。

（5）积极参与安全值班，共同维护集体利益。

（6）思想上高度重视，保管好自己的财物，要有安全防范意识。

2.遵守纪律，落实学校安全规定

为营造一个安全的学习环境，学校有关部门制定了相关的管理制度来规范大家的日常行为，但有些同学为了自己个人的一时之便，常置学校的纪律于不顾，违反规定，结果给自己和大家造成财物损失。

（1）不随意留宿他人。大学生因在宿舍违规留宿外人造成被盗的例子很多，应该从中吸取教训。日常生活中，同学、朋友、老乡来访本是很正常的事，但有些同学对来访的人并不十分了解，又碍于情面，宁可违反学校的有关规定，也不做对不起同学、朋友、老乡的事。江湖义气实不可取，如果来客一时无法离校，可以安排客人住在学校周边的招待所；确实需要将客人留在宿舍留宿的，也应向学校有关部门报告，并办理相关的登记手续。

（2）爱护公共财物，保持门窗和室内设施完好无损。有些同学在平时忘带门钥匙后，为图省事，毁锁开门，还有部分学生将衣柜、书桌的锁损坏。这些公物被损坏后如得不到及时维修，寝室的门、柜等便形同虚设，起不到任何保护财物的作用。

3.提高修养，养成良好生活习惯

有调查研究表明，盗窃作案分子盗窃欲望的产生在许多情况下是受到盗窃目标的诱惑与刺激，加上我们日常生活中的不良习惯给盗窃作案分子提供了机会。如大额现金有意无意在他人面前显现，价值贵重的照相机、随身听任意摆放在室内等，所以加强自身财物保管是减少被盗的有效途径。

（1）加强团结。友好地与人相处，形成互相帮助的风气。

（2）谨慎交友。克服哥们义气，少交酒肉朋友，防止引狼入室甚至同流合污，成为盗贼的帮凶。大学生在交友过程中要特别慎重，擦亮眼睛，以免带来终生悔恨。

二、防抢

大学生被抢事故的发生，很大一部分原因是受害人防范意识差，应对抢劫事件采取的行动欠妥当，这样不仅给犯罪分子以可乘之机，还给自身带来了伤害。

案例直播

　　小雪是北京某大学大二学生，为了迎接期末考试，她每天都在学校图书馆温习功课。某天晚上正下着雨，她准备到校外吃点消夜。但发现人很多，她便打算返回学校。当她步行至海淀区清河桥时，从路边突然蹿出一名男子从后面紧追上来，并用一只手捂住了她的嘴，意图抢夺她手中的包。小雪一下子蒙了，想起包里有公交卡、笔记本电脑，电脑中存储着自己的个人资料、照片以及考试重点等文件，她下意识地抓紧了手里的包，不肯撒手。那男子见状挥刀扎向了她，致使小雪身中十余刀，因重伤晕倒，后经过抢救才苏醒过来。

　　大学生要确保自己的财产和生命安全，避免涉及"两抢"案件的发生，平时应加强自我安全意识的培养，在人多、环境复杂的地方不要逗留，处处留心，小心谨慎，一旦发生被抢夺、抢劫后要迅速报警。无论何时都要以保证自身安全为第一要义，要冷静判断、灵活应对，切勿鲁莽行事。

1. 携带现金不要多
　　外出时不要携带过多的现金和贵重物品，特别是经过抢劫、抢夺易发生地段时，如因购物需要携带大量现金或较多的贵重物品时，应请同学陪同随行。

2. 贴身携带不露财
　　现金或贵重物品最好贴身携带，放于隐蔽处，不要置于手提包或挎包内，不要露出或向人炫耀。

3. 偏僻小道不要走
　　尽量不要在午休或夜深人静时单独外出，特别是女同学；不要在僻静、阴暗处行走、逗留，如必须通过僻静、阴暗处，最好要结伴而行，或者携带一些防卫工具。

4. 发现可疑别慌张
　　发现有人尾随或窥视时，切忌紧张并露出胆怯神态，可以大胆回头多看对方几眼，或哼首歌曲，或大叫同学、老师的名字，并改变原定路线，立即向有人、有灯光的地方走。

三、防诈骗

　　诈骗是指以非法占有为目的，用虚构事实或者隐瞒真相的方法骗取款额较大的公私财产的行为。这种行为不使用暴力，反而是在一派平静甚至"愉快"的气氛下进行的，防范意识较差的较易上当受骗。

案例直播

> 　　9月初的一天下午，镇江市某高校学生小蔡独自走在回宿舍的路上，一名文质彬彬的小伙子突然走上前来，向她寻求帮助。他说在学校这边投资了一个研究院，但不知道研究院的位置，而自己的所有东西都被偷了，想借小蔡的手机一用。有人遭遇不幸，又是在校园里，小蔡一下子就放松了警惕，非常放心地把电话借给了这名男子。然而打完电话，这名男子又向小蔡提出，因为自己银行卡也丢了，想借小蔡的银行卡用一用。眼看这名男子焦急万分，又不像什么坏人，小蔡也没有拒绝。随后，这名男子开车将小蔡带到了校外一家银行门口，以"将小蔡和自己的钱区分开"为由，要求小蔡说出银行卡密码。虽然遭到小蔡的拒绝，但男子趁小蔡在银行自动取款机上输入密码验证时，偷偷记下小蔡的银行卡密码。随后，这名男子又以借卡办理银行卡业务为名，拿走了小蔡的银行卡并将卡内的钱全部取走。

大学生可以从以下几方面入手，预防高校诈骗案件的发生。

1. 增强防范意识，学会自我保护

社会环境千变万化，青年大学生必须尽快适应环境，学会自我保护。要积极参加学校组织的法制和安全防范教育活动，多知道、多了解、多掌握一些防范知识，这对于自己而言百利无一害。在日常生活中，要做到不贪图小便宜、不谋取私利。在助人为乐、奉献爱心的同时要提高警惕性，不能轻信他人的花言巧语。不要把自己的家庭地址等情况随便告诉陌生人，以免上当受骗。发现可疑人员要及时报告，上当受骗后更要及时报案、大胆揭发，使犯罪分子受到应有的法律制裁。

2. 交友要谨慎，避免以感情代替理智

人的感情是主体与客体的交流，既是主观体验，也是对外界的反应，包含着理智成分。如果只凭感情用事，一味"跟着感觉走"，往往容易上当受骗。交友最基本的原则有两条：一是"择其善者而从之"，真正的朋友应该建立在志同道合、高尚的道德情操基础之上，是真诚的感情交流，而不是简单的利益关系，要学会了解、理解和谅解对方；二是严格做到"四戒"，即戒交低级下流之辈，戒交挥金如土之流，戒交吃喝嫖赌之徒，戒交游手好闲之人。与人交往要区别对待，保持应有的理智。对熟人或朋友介绍而认识的人，要学会"听其言，察其色，辨其行"，而不能认为"朋友的朋友就是朋友"。对初相识的朋友不要轻易"掏心窝子"，更不能言听计从，受其摆

布利用。对那些"来如风雨，去如微尘"的上门客，态度要热情，要小心，尽量不为他们提供单独行动的时间和空间，以避免给他们创造作案条件。

3.同学之间要相互沟通、相互帮助

在大学里，班集体是最基本的组织形式。在这个集体中，大家向着同一个学习目标，生活和学习是统一的、同步的，同学间的友谊非常宝贵，因此相互间应该加强沟通、互相帮助。有些同学习惯于把个人之间的交往看作个人隐私，但既然是交往就不存在绝对保密。有些交往关系，在适合的范围内进行透露或公开，反而有利于个人安全。特别是在自己觉得可能会吃亏上当时，与同学进行沟通，或许会得到一些帮助，避免受到伤害。

4.服从校园管理，自觉遵守校纪校规

为了加强校园管理，学校制定了一系列管理制度。制度是用来规范人的行为的，在执行过程中可能会给同学们带来一些不便，但是制度是必不可缺的。况且，绝大多数校园管理制度都是为控制闲杂人员和犯罪分子混入校园作案，为维护学生正当权益和校园秩序而制定的。因此，同学们一定要认真执行有关规定，自觉遵守校纪校规，积极支持有关部门履行管理职能，并努力发挥自己应有的作用。

第四节　交通——出入平安

交通安全是指不发生交通事故或少发生交通事故的主观条件，即指交通参与者要严格遵守交通法规，提高警惕，不因麻痹大意而发生交通事故。大学生交通安全是指大学生在校园内和校园外道路行走、乘坐交通工具时的人身安全。近年来，校园内人流量和车流量急剧增加，无论是校内还是校外，大学生被撞伤、撞死的事故时有发生。要做到交通安全，最重要的是严格遵守国家的交通安全法规，掌握一定的交通安全知识，增强交通安全意识，避免交通违章，减少交通事故。

一、行路安全

行路安全是指步行安全，即大学生在校园道路上行走或是在校外逛街过马路的安全等。大学生在行走时一定要关注交通状况，遵守交通规则，绝不横穿马路或逆向行走，避免被来往车辆撞伤。

2012年10月15日晚上9点左右，常州某学院的两名女学生从学校北门出来，如果按正常路线，她们应从地下通道到达马路对面，然而她们直接从马路上横穿而过，结果被快速驶来的一辆轿车撞上，并弹出去60多米远。一名学生当场死亡，另一名学生重伤被送往医院抢救，肇事司机很快就逃离了现场。

1. 如何确保行路安全

（1）在道路上行走，须走人行道；没有人行道的道路，要靠路边行走。

（2）在通过有交通信号的人行横道时，按信号提示行进，不能闯红灯。

（3）横穿有隔离栏的马路时，除按信号提示通过人行横道外，还可走过街天桥或地下通道，严禁贪近而跨越隔离栏。

（4）横穿黄灯闪烁的人行横道时，要环视四周，注意左右来往或拐弯的车辆，在确认安全的情况下快步直行，不要斜行或猛跑急停。

（5）走路要专心，玩耍、逗闹、看书、玩手机、聊天都会影响对路况的判断，从而增加险情。

（6）遇到车辆、人流高峰时，应时刻小心，切不可在机动车之间穿行。

（7）晚间出行选择有路灯的马路，提防停在路边的车辆突然启动。

（8）在雨天、雾天或雪天行路时，应增强判断力，做出及时的反应和提示，使机动车司机及早发现。要小心路边的无盖窨井，防止坠入。

2. 行人交通事故应急措施

（1）行人与机动车发生交通事故后，应立即报警，并记下肇事车辆的车牌号，等候交通警察前来处理。

（2）行人被机动车严重撞伤时，驾车人应立即拨打110、122报警，并拨打120求助，同时检查伤者的受伤部位，并采取初步的救护措施，如止血、包扎或固定。应注意保持伤者呼吸通畅。如果呼吸和心跳停止，应立即采用心肺复苏法抢救。

（3）行人与非机动车发生交通事故后，在不能自行协商解决的情况下，应立即报警。

（4）遇到撞人后驾车或骑车逃逸的情况，应及时追上肇事者。在受伤的情况下，应求助周围群众拦住肇事者。

（5）发生重大交通事故时，伤者很可能会脊椎受伤，这时千万不要翻动伤者。如果不能判断脊椎是否骨折，也应该按脊椎骨折处理。

二、乘车安全

大学生在空余时间进行购物、观光、访友，或离校、返校、外出旅游、参加社会实践活动、求职等时，需要乘坐各种交通工具。而各地高校大学生因乘坐交通工具发生交通事故的情况也时有发生，有时甚至造成群体性伤亡，教训十分惨痛。

案例直播

> 2011年10月7日16时许，在滨保高速上行约60千米处，一辆河北省的大客车与一辆山东省的小轿车相撞，造成大客车侧翻。经初步核实，事故中有35人遇难、19人受伤，其中6人伤势危重。事故大客车属于唐山某运输集团，核载53人，实载55人，车上除司机外全是返回唐山上学的保定籍大学生。

1.候车时的注意事项

（1）等候乘坐公共汽车时，要在站台和指定地点等候车辆。

（2）排队候车时，按先后顺序上车，不要拥挤。

（3）应等车停稳以后再上下车。在汽车没停稳的时候，如果突然拦在车前，会使驾驶员措手不及，加之候车人互相争抢，容易发生踩踏事件。

（4）不要在机动车道上拦出租汽车。

（5）在地铁、火车站台候车时要站在黄色安全线以外，避免发生危险。

（6）不要把汽油、爆竹等易燃易爆等危险品带入车内。易燃易爆物品容易在挤压、碰撞或车辆震动过程中引起燃烧和爆炸，严重危及大家的生命安全。

2.乘车安全常识

（1）无论是乘坐公交车还是火车，在车辆行驶过程中都不要把头、手、胳膊伸出窗外，以免被对面来车或路边的树木等刮伤，也不要向车窗外乱扔杂物。

（2）乘车时要坐稳扶好，没有座位时，要双脚自然分开，侧向站立，并应握紧扶手，以免因车辆紧急刹车而摔倒受伤。

（3）坐火车时，不要在车门和车厢连接处逗留，因为易发生夹伤、扭伤等事故。

（4）乘坐小轿车、微型客车时，应系好安全带。

（5）尽量避免乘坐于货车车厢内，因为货运车厢仅为装卸货物方便而设计，没有考虑乘车人安全而设置扶手、座位等设施，车辆转弯时的离心作用或因车身颠簸有可能将乘车人员甩出车外，乘车人也容易被车内物体刮碰。

三、骑行安全

高校校园面积较大，宿舍与教室、图书馆等之间的距离较远，所以许多大学生以自行车、电动车来代步，骑车穿行逐渐成为大学校园里的一道风景线。另外，在课余时间，许多大学生还喜欢骑车出行游玩，非常潇洒。但是，在车来车往中穿行，险象环生。

2023年9月27日，华南某大学大一女生小木（化名），搭乘同学小梦（化名）驾驶的共享电动车返回宿舍，途中在行驶到一下坡路段时，为避让前方来车，原本就捏着刹车闸下坡的小梦紧急制动，但车并没立刻停下，摇摇晃晃前进了一段距离，两个人连人带车摔倒。小梦的手部、腿部有擦伤，而小木因脑部着地受伤严重，后被120接走紧急治疗。10月28日，在ICU中昏迷了31天的小木离世，死亡原因为硬膜下出血、脑疝，事发时两个人均未佩戴头盔。

无论是骑车外出游玩，还是在校内骑车代步，大学生必须注意交通安全，了解最基本的骑行安全常识，做到安全骑行。

1. 穿着要专业

骑自行车或电动车时最好穿骑行服、佩戴头盔。一身专业装备会享受到很多优待，如交警会挡住机动车让你先行通过，卡车司机会主动减速等。

2. 红色闪烁的尾灯

天色变暗时，自行车的尾灯必须打开，在没有专用非机动车道的路段，白天也要打开尾灯。在混合车道骑自行车的时候，司机有可能看不见你，闪烁尾灯则有助于提醒汽车司机注意自行车的存在。

3. 超车看后方

在机动车和非机动车混合的车道上骑行时，如果准备变线或者从外侧超车，一定要先回头看清后方的情况。而且回头的幅度一定要大，最好是把整个上半身转过来。这样做不但可以更清楚地看清后面，最关键是让后面的机动车司机能够清楚地知道你的意图，提前有所准备。转弯时不但要回头看，还要按照交通规则打转向手势。转身向后看时要先确认前方不会有物体。

4. 保持安全距离

从任何停止的车辆旁边经过时，一定要保留1.5米以上的安全距离。如果因道路太窄无法保留足够的安全距离，就需要把速度降到 5 千米 / 小时以内，同时，要提前通过汽车车窗和车辆的反光镜观察车内人的动作。

5. 十字路口要注意

通过十字路口时，先看有没有准备右转的机动车，机动车司机往往低估自行车的速度，总想抢在前面右转，而且很多司机不打转向灯。

6. 门口区域提高警惕

道路右边的小区门口、单位门口和小巷子口、弄堂口，是比十字路口更危险的地方。从这些地方突然冲出的车辆、行人，因为路口很窄而无法提前观察。通过这些路口时，应提前做好准备。

第五节　逃生——求生技能

在日常生活中，人们会遇到各式各样的危险，选择正确的逃生方法可以有效保护生命。针对校园中经常出现的安全事故，大学生需要掌握一些逃生技能和学会使用逃生工具。希望大学生通过学习逃生方法，获取求生技能。

一、电梯逃生

电梯的普及给生活在城市中的人们带来了不少的方便。当电梯出现故障，乘坐者被困在电梯里时，可以利用平时掌握的自救逃生方法，合理控制情绪，科学分配体力，成功脱困。

案例直播

> 2013 年 5 月 15 日上午 11 时 36 分许，深圳市罗湖区桂园街道长虹大厦电梯间发生一起惨剧：一名在大厦内实习的女护士在搭乘电梯时，因运行电梯出现故障，在即将迈出电梯时身体被电梯门夹住，随后被电梯拖行致死。

1. 电梯被困自救方法

（1）保持镇定，并且安慰其他被困的人员，向大家解释不会有危险，电梯不会掉下电梯槽等。因为电梯槽有防坠安全装置，会牢牢夹住电梯两旁的钢轨，安全装置也不会失灵。即使电梯上的安全绳断了，在电梯槽的底部还有缓冲器，它可以减少掉下来时的冲击速度。所以，不要因此而过度恐惧。

（2）利用警钟或对讲机救援，如无警钟或对讲机，可拍门叫喊，或脱下鞋子敲打，请求营救。

（3）如不能立刻找到电梯技工，可请外面的人打电话叫消防员或拨打110。消防员通常会把电梯绞上或绞下到最接近的一层楼，然后打开门。即使停电，消防员也能用手动器把电梯绞上或绞下。

（4）如果外面没有受过训练的救援人员，不要自行爬出电梯。

（5）千万不要尝试强行推开电梯内门，即使能打开，也未必够得着外门。想要打开外门安全脱身更不可能。电梯外壁的油垢容易使人滑倒。

（6）电梯天花板上若有紧急出口，也不要从此处爬出去。出口板一旦打开，安全开关就无法使电梯运行。但如果出口板意外关上，电梯就可能突然启动，令人失去平衡。人在漆黑的电梯槽里，可能被电梯的缆索绊倒，或因踩到油垢而滑倒，从电梯顶上掉下去。

（7）若深夜被困在电梯中，有时可能会持续几小时。在这种情况下，最安全的做法是保持镇定，伺机救援。最好能忍受饥渴、闷热之苦，注意倾听外面的动静，如果有人经过，要设法引起他的注意。

2. 电梯坠落自救方法

电梯出现突然急速下坠时，乘客应采取以下措施进行自救：

（1）不论有几层楼，要迅速把每一层楼的按键按下，一般电梯紧急电源启动时，可停止继续下坠。

（2）若电梯里有把手，乘客最好紧握把手，这样可避免因重心不稳而摔伤。

（3）在电梯下坠的过程中，乘客要将整个背部跟头部紧贴电梯内墙，呈一直线，这样可以将电梯墙壁作为脊椎的防护，同时，膝盖要保持弯曲姿势，利用韧带来缓冲重击压力。

（4）在电梯停止下坠后，应利用应急电话或手机与值班人员、维保人员取得联系，将受困信息发送给电梯所在大楼管理机构或电梯维保单位，告知电梯所在位置、电梯内人员情况等。

二、火灾逃生

火灾无情，当被困在火场内生命受到威胁、等待消防员救助时，如果能够利用地形和身边的物体采取积极有效的自救措施，就可以化被动为主动，为生命赢得更多的生机。火场逃生不能寄希望于急中生智，只有依靠平时对消防常识的学习和掌握，这样危难关头才能应付自如，从容逃离险境。

　　2016年8月17日凌晨1点30分左右，烟台某大学13号公寓某一楼宿舍留校学生在宿舍点燃了蚊香后外出上网（据说放在鞋盒子里，且周边堆有杂乱的衣物等可燃物），因蚊香点燃了可燃物导致整个宿舍全部烧毁，整个宿舍楼300多人在浓烟中疏散、安全撤离，所幸没有人员受伤。此前14日，这所大学2号公寓两名留校学生在走廊使用液体酒精炉吃火锅，在没有熄灭火焰的情况下添加酒精，发生火灾，两人烧伤，其中一人烧伤面积达40%。

　　在日常生活中，火灾事故往往给人们带来伤害，如果能够掌握一些急救常识，很可能会挽救一条生命。

1. 绳索自救法

　　家中有绳索的，可直接将其一端拴在门、窗档或重物上，然后沿另一端爬下。爬下的过程中，脚要呈绞状夹紧绳子，双手交替，并尽量采用手套、毛巾等对手进行保护。

2. 匍匐前进法

　　由于火灾发生时烟气大多聚集在上部空间，因此在逃生过程中应尽量将身体贴近地面，匍匐或弯腰前进。

3. 毛巾捂鼻法

　　火灾烟气具有温度高、毒性大的特点，一旦吸入，很容易引起呼吸系统烫伤或中毒，因此疏散过程中应用湿毛巾捂住口鼻，以起到降温及过滤的作用。

4. 棉被护身法

　　用浸泡过的棉被或毛毯、棉大衣盖在身上，确定逃生路线后用最快的速度钻过火场并冲到安全区域。

5. 毛毯隔火法

　　将毛毯等织物钉在门上或夹在门上，并不断往上浇水冷却，以防止外部火焰及烟气侵入，从而达到抑制火势蔓延速度、增加逃生时间的目的。

6. 被单拧结法

　　把床单、被罩或窗帘等撕成布条或拧成麻花状，按绳索逃生的方式沿外墙爬下。

7. 跳楼求生法

　　火灾发生时，除非万不得已，住在低楼层的居民可采取跳楼的方法进行逃生。但要选择较低的地面作为落脚点，并将床垫、沙发垫、厚棉被等抛下做缓冲物。

8. 管线下滑法

当建筑物外墙或阳台边上有落水管、电线杆、避雷针引线等竖直管线时，可借助其下滑至地面，但一次下滑时人数不宜过多，以防止逃生途中因管线损坏而坠落。

9. 竹竿插地法

将结实的晾衣竿直接从阳台或窗台斜插到室外地面或下一层平台，两头固定好以后顺竿滑下。

10. 攀爬避火法

通过攀爬阳台、窗口的外沿及建筑物周围的脚手架、雨棚等突出物以躲避火势。

11. 楼梯转移法

当火势自下而上迅速蔓延而将楼梯封死时，住在上部楼层的居民可通过老虎窗、天窗等迅速爬到屋顶，转移到另一家或另一单元的楼梯进行疏散。

12. 卫生间避难法

当实在无路可逃时，可利用卫生间进行避难，用毛巾紧塞门缝，把水泼在地上降温，也可躺在放满水的浴缸里躲避。但千万不要钻到床底、阁楼、大橱柜等处避难，因为这些地方可燃物多，且容易聚集烟气。

13. 火场求救法

发生火灾时，可在窗口、阳台或屋顶处向外大声呼叫、敲击金属物品或投掷软物品，白天应挥动鲜艳布条发出求救信号，晚上可挥动手电筒或白布条引起救援人员的注意。

14. 逆风疏散法

根据火灾发生时的风向来确定疏散方向，迅速逃到火场上风处躲避火焰和烟气。

15. "搭桥"逃生法

可在阳台、窗台、屋顶平台处用木板、竹竿等较坚固的物体搭在相邻建筑上，以此作为跳板过渡到相对安全的区域。

三、地震逃生

地震是地质灾害的主要表现，因其突发性和范围较大，常常造成严重人员伤亡。地震发生常伴有火灾、水灾、有毒气体泄漏、细菌及放射性物质扩散，并可能造成海啸、滑坡、崩塌、地裂缝等次生灾害。虽然地震目前是人类无法避免和控制的，但是只要掌握一些逃生技巧，是可以将伤害降到最低点的。

案例直播

2023 年 12 月 12 日，甘肃省临夏州积石山县发生 6.2 级地震，此次地震共造成甘肃、青海两省 77.2 万人不同程度受灾，151 人死亡，983 人受伤；倒塌房屋 7 万间，严重损坏房屋 9.9 万间，一般损坏房屋 25.2 万间；直接经济损失 146.12 亿元。

地震逃生技巧有以下几种：

1. 地震前及时关火

大地震时，不能依赖消防车灭火。因此关火、灭火是能否将地震灾害控制在最低程度的重要因素。

2. 不要慌张地向户外跑

地震发生后，慌慌张张地向外跑，碎玻璃、屋顶上的砖瓦、广告牌等掉下来砸在身上是很危险的。此外，水泥预制板墙、自动售货机等也有倒塌的危险，不要靠近这些物体。

3. 将门打开，确保出口

由于地震的晃动，钢筋水泥结构的房屋会造成门窗错位或打不开，曾经发生过有人被封堵在屋子里的事例。应先将门打开，确保出口畅通。

4. 躲在桌子等坚固家具的下面

在地震发生时，首先要在重心较低且结实牢固的桌子下面躲避，并紧紧抓牢桌子腿。在没有桌子等可供藏身的场合，要用坐垫等物保护好头部。

5. 在户外的场合，要保护好头部，避开危险之处

在街道、楼区，最危险的是玻璃窗、广告牌等物体掉落下来砸伤头部，要注意用手或手提包等物保护好头部。

6. 公共场合不慌乱

在百货公司、地下街等人员较多的地方，最危险的是发生混乱，一定要依照商店职员、警卫人员的指示来行动。

7. 汽车靠路边停车

发生大地震时，汽车会像轮胎泄了气似的，难以驾驶。因此应注意避开十字路口，将车子靠路边停下。

8. 务必注意山崩、断崖落石或海啸

在山边、陡峭的倾斜地段有发生山崩、断崖落石的危险，应迅速到安全的场所避难，

在海岸边有遭遇海啸的危险。

9. 避难时要徒步，将携带物品控制在最小限度

地震后造成的灾情危及人身安全等时，应以市民防灾组织、街道等为单位，由负责人及警察等带领采取徒步避难的方式，携带的物品应为最小限度。绝对不能利用汽车、自行车避难。

10. 不要听信谣言，不要轻举妄动

在发生大地震时，人们在心理上容易产生动摇，为防止混乱，一定要相信政府、警察、消防等防灾机构发布的信息，绝不轻信不负责任的流言蜚语，不要轻举妄动。

四、公交车逃生

日常生活中，人们经常选择公交车出行。选择乘坐公交车不仅环保，而且非常便捷。然而，公交车上也是安全事故的多发地，尤其是公交车火灾。如果车内突发火灾，很容易因为乘客拥挤而导致人员伤亡。因此，要学会如何应对公交车突发事故，在发生危险时顺利逃生。

案例直播

2018年10月28日上午，一辆公共汽车以每小时51公里的时速行驶在万州长江二桥时突然失控，毫无征兆地向左急转，侵入对向车道，与对向车道以每小时58公里时速正常行驶的一辆红色轿车发生正面碰撞后，继续左转，并一头撞断桥梁护栏最终坠入长江中。车上一共有1名驾驶员和14名乘客，最终全部遇难。事发时，公交车女乘客刘某在乘坐公交车过程中，与正在驾车行驶中的公交车驾驶员冉某发生争吵，两次持手机攻击正在驾驶的公交车驾驶员冉某，乘客刘某和驾驶员冉某之间的互殴行为，造成车辆失控，致使车辆与对向正常行驶的小轿车撞击后坠江，造成重大人员伤亡。

1. 旋转车门应急开关

公交车车门一般都是由驾驶员进行电动控制的，一旦出现电动开关按钮损坏的情况，就需要乘客用另一种方式开门。公交车车门上方显眼处一般设有一个红色按钮，称为应急开关。如果车门无法正常开启，乘客可以按箭头指示方向旋转应急开关，这时会听到一阵"嘶嘶"声，表示气阀内的气压已放掉，用手就可推开车门。

2. 用逃生锤砸开侧窗

每辆公交车上都安装有2~4个逃生锤，均设在驾驶员和车窗附近。危急情况下，

乘客可取下逃生锤，用锤尖用力锤击车窗玻璃的中心，击碎玻璃后先清除车窗上的玻璃碎片，然后从车窗逃出。有些公交车车窗中间位置安装了防止乘客甩出车外的栏杆，乘客击碎玻璃逃离时可抓住栏杆跳出窗外。

3. 推开车顶天窗

公交车车厢前后有两个换气用的天窗，当遇到紧急情况时，乘客可以按箭头指示方向旋动天窗一侧的按钮，然后用力向上推开天窗，这样就可以踩着座椅等爬上天窗，安全逃生。

五、公共场所逃生

人员集中的公共场所是安全事故的高发地点，而公众缺少必要的公共场所安全知识，不懂得采取适当的自我保护措施，这也是导致惨剧发生的重要因素。因此，掌握公共场所相关安全知识，培养良好的心理素质，才有可能在危急关头做出正确判断，避免造成更大的伤害。

案例直播

> 2022年10月29晚，一场在韩国首尔发生的惨案，让全世界都为之忧心：万圣节前夜，约十万年轻人来到韩国龙山区梨泰院附近参加节日聚会，发生了恐怖的踩踏事故。最终，因出现严重挤压，共造成158人因窒息等死亡，另有多人受伤。
>
> 这场事故发生在韩国最热闹的地区之一，众多年轻人聚集于此就是为了共同庆祝万圣节的到来。但随着越来越多的人挤进这条狭窄的小巷，现场变得越发混乱。下坡式的地形使人群一层叠着一层，每个人都拼命伸出手臂大声呼喊，但赶来的警察、消防员和医护人员面对"人墙"却无计可施。情况误判、信息共享延误、相关部门缺乏协调合作、救援迟缓等多方过失最终导致多人伤亡。

（一）公共场所火灾逃生

1. 商场火灾的逃生方法

（1）利用疏散通道逃生。每个商场都按规定设有室内楼梯和室外楼梯，有的还设有自动扶梯和消防电梯等，发生火灾后，尤其是在火灾初期阶段，这些都是逃生的良好通道。

（2）自制器材逃生。商场（集贸市场）是物质高度集中的场所，商品种类繁多，发生火灾后，可利于逃生的物资是比较多的。如毛巾、口罩浸湿后可当成防烟工具捂住口、鼻，利用绳索、布匹、床单、地毯、窗帘等来开辟逃生通道等。

（3）利用建筑物逃生。发生火灾时，可利用落水管、房屋内外突出部分和各种门、窗及建筑物的避雷网（线）进行逃生，或转移到安全地域再寻找机会逃生。

（4）寻找避难处所。在无路可选的情况下应积极寻找避难处所，如室外阳台、楼房平顶等待救援；如选择火势、烟雾难以蔓延的房间关好门窗，堵塞缝隙，房中如有水源，要立刻将门、窗和各种可燃物浇湿，以阻止或减缓火势和烟雾的蔓延。

2. 地下商场火灾的逃生方法

（1）要有逃生意识。凡进入地下商场，一定要先对其设施和结构布局进行观察，熟记疏散通道和安全出口位置。

（2）防止火势扩大。地下商场一旦发生火灾，要立即关闭空调系统停止送风，防止火势扩大。同时，应立即开启排烟设备，迅速排出地下室内的烟雾，以降低火场温度和提高火场能见度。

（3）迅速撤离危险区。采取自救或互救手段迅速疏散到地面、避难间、防烟室以及其他安全地带。

（4）灭火与逃生相结合。关闭防火门，防止火势蔓延或封闭窒息火灾。把初起之火控制在最小范围内，尽一切可能将其扑灭。

（5）低姿势前进。逃生时，尽量低姿势前进，不要做深呼吸。有条件的情况下，用湿衣服或毛巾捂住口、鼻，防止烟雾进入呼吸道。

（6）等待救援。当疏散通道被大火阻断时，应尽量想办法延长生存时间，等消防队员前来救援。

3. 娱乐场所火灾的逃生方法

（1）逃生时必须冷静。由于进出歌舞厅、卡拉 OK 厅的顾客随意性大，密度很高，且晚上灯光暗淡，失火时容易造成人员拥挤，在混乱中发生挤伤踩伤事故。因此，只有保持清醒的头脑，明辨安全出口方向和采取一些紧急避难措施，才能掌握主动权，减少人员伤亡。

（2）积极寻找多种途径逃生。在发生火灾时，首先应该想到通过安全出口迅速逃生。特别要提醒的是：由于一些歌舞厅只有一个安全出口，在逃生的过程中，一旦人们蜂拥而出，极易造成安全出口的堵塞，使人员无法顺利通过，滞留火场时应克服盲目从众心理，果断放弃从安全出口逃生的想法，选择直接从窗口逃生。

（3）等待救援。设在高层建筑中的歌舞厅、卡拉 OK 厅发生火灾时，逃生通道被大火和浓烟堵截，且找不到辅助救生设施时，被困人员应暂时逃向火势较轻的地方，向窗外发出救援信号，等待消防人员营救。

（4）互相救助逃生。在歌舞厅、卡拉OK厅进行娱乐活动的青年人比较多，身体素质好，可以互相救助脱离火场，或帮助年长者逃生。

（5）在逃生过程中要防止中毒。由于歌舞厅、卡拉OK厅四壁和顶部有大量的塑料、纤维等装饰物，一旦发生火灾，将会产生有毒气体，因此，在逃生过程中，应尽量避免大声呼喊，防止烟雾进入口腔，用水将衣服打湿捂住口腔和鼻孔，如果一时找不到水，可用饮料打湿衣服，并采用低姿行走或匍匐爬行，以减少烟气的危害。

（二）预防拥挤踩踏事故

（1）不在楼梯或狭窄通道嬉戏打闹，人多的时候不拥挤、不起哄、不制造紧张或恐慌气氛。

（2）尽量避免到拥挤的人群中，不得已时尽量走在人流的边缘。

（3）发觉拥挤的人群向自己的方向走来时，应立即避到一旁，不要慌乱，不要奔跑，避免摔倒。

（4）顺着人流走，切不可逆着人流前进，否则很容易被人流推倒。

（5）假如陷入拥挤的人流，一定要先站稳，身体不要倾斜失去重心，即使鞋子被踩掉，也不要弯腰捡鞋子或系鞋带。有可能的话，可先尽快抓住坚固可靠的东西慢慢走动或停住，待人群过去后再迅速离开现场。

（6）若自己不幸被人群挤倒后，要设法靠近墙角，身体蜷成球状，双手在颈后紧扣以保护身体最脆弱的部位。

（7）在人群中走动，遇到台阶或楼梯时，尽量抓住扶手，防止摔倒。

（8）在拥挤的人群中，要时刻保持警惕，当发现有人情绪不对或人群开始骚动时，要做好准备保护自己和他人。

（9）在人群骚动时，脚下要注意些，千万不能被绊倒，避免自己成为拥挤踩踏事件的诱发因素。

（10）当发现自己前面有人突然摔倒了，要马上停下脚步，同时大声呼救，告知后面的人不要向前靠近，及时分散拥挤人流，组织有序疏散。

第九章 未来篇

茅盾曾说："过去的，让它过去，永远不要回顾；未来的，等来了时再说，不要空想；我们只抓住了现在，用我们现在的理想，做我们所应该做的。"对于大学生来说，未来是美好而充满希望的，大学毕业后的人生之路应该怎样走，是大学新生必须考虑的大事。

第一节 就业——谱写全新征程

当今社会就业压力加大，大学新生在大学期间做好职业规划就显得非常有必要。对于如何在三年后的就业中博得先机，抢占一席之地，大学生应尽早有自我盘算，在完成大学学业的同时，提早做好毕业后的职业规划，才能在毕业时走好职业的第一步。

一、就业认识误区

求职择业是大学生人生道路上的一次重大选择，这将是他们成功就业、顺利走向社会的一个关口。因此，在求职择业过程中，正确地认识自我、认识社会，做好择业前的心理准备，排除心理干扰，以积极健康的心态主动迎接社会的挑战与竞争，以促进顺利就业。

案例直播

小胡是某高职院校大三学生，在校成绩一直不错，个人能力也较为出众。临近毕业时，小胡参加了几个学校组织的招聘会，可是一圈走下来，他一个中意的工作也没有，要么薪水太低，要么待遇不好。看着周围的同学一个个签约就业，小胡有些迷茫，是应该谨慎选择呢？还是随便找家公司就业呢？

当前严峻的就业形势对大学生的能力素质提出了更高的要求，尤其是心理素质面临新的挑战。有相当一部分毕业生在就业过程中出现了种种心理误区，有的甚至出现了严重的就业心理障碍。下面列举几个常见的大学生求职心理误区，引以为戒。

1. 盲目乐观、期望过高的自负心理

盲目乐观包括两个方面：一是对就业市场的估计过于乐观，二是对个人能力判断过高。虽然有的专业人才就业市场需求旺盛，但是现有的高等教育中专业人才很少具有唯一性，如果毕业生自己求职不积极、不主动，就会把机会拱手让人，延误就业的最好时机。有些同学认为个人条件比较好，在择业中具备种种优势，因而在求职时盲目自信甚至过分挑剔，对岗位的期望过高，如要求收入高、城市好、工作轻松自在等兼备。目标定位偏高，导致高不成低不就，迟迟不能落实工作单位。

2. 缺乏自信、依赖他人的自卑畏怯心理

与此相反，有的同学在大学期间尽管具备了一定的实力和优势，但面对激烈的竞争时，却因为胆怯而退却逃避。明明是自己理想中的工作，可一看到求职者众多，就打起退堂鼓来，连试一下的勇气都没有，结果在竞争中不是因为能力而是因为心理而败下阵来。还有的毕业生一到招聘者面前，就面红耳赤、手足无措，回答招聘者的问题时也惊慌失措、语无伦次。

凡此种种，都是因为缺乏自信，不能够对自己正确、全面地认识所致。自卑的人一旦受挫，便觉得自己确实不行，从而加重了自卑心理。还有的毕业生完全依赖家长、依赖亲朋好友替自己找工作，把自己的命运完全交给他人来决定，听天由命。

3. 攀比从众、缺乏规划的急功近利心理

一方面，每个人的性格、能力和机遇都不尽相同，因而在择业目标、职业选择上不具有可比性，但有的大学生虚荣心较强，容易引发攀比心理。在求职过程中，忽视自身特长，盲目攀比，特别是看到不如自己的同学找到了好的工作，那么自己的工作一定不能比他们的差，因而挑来选去，造成许多同学迟迟不愿签约，甚至到毕业离校时工作单位还没能落实。

另一方面，不少同学缺少明晰的职业规划，受社会环境和所谓潮流影响，一味追捧热门，存在急功近利心理。表现在求职过程中，盲目向经济发达地区和一线大城市涌进，往往在得到眼前利益和短暂满意的同时，忽视了长远的职业发展。

4. 犹豫观望、徘徊不前的患得患失心理

成功的职业选择往往取决于对机遇的把握，错过机遇，将会与成功失之交臂。面对用人单位的招聘，有一些同学总认为前面的是"虾米"，后面才有"大鱼"，盲目夸大机会成本。因此，在求职择业过程中"这山望着那山高"，患得患失，结果是直到走出校门时，工作还没着落。有的锁定几家意向单位，却持续观望难以抉择，不但容易导致错失良职，还会耽误其他求职者寻找工作机会。

5. 怯于竞争、听天由命的低就保守心理

还有一部分同学缺乏竞争意识，存在"等、靠、要"的思想，不敢积极主动地迎接挑战。有的同学坐在家里，等待机会找上门来。有的同学总觉得自己技不如人，甘拜下风，"不战而退"，到了快毕业离校时草草找个"婆家"把自己"嫁"出去，对单位一点都不了解，甚至对有的用人单位开出的不平等协议也糊里糊涂地签订，结果往往遭遇上当受骗而追悔莫及。

二、准确定位自己

"大学生就业难"一直是社会关注的问题，激烈的职场竞争形成的就业难以成为大学生的共识。究其原因，很大一部分是很多大学生对自我的认知和定位不准确，对就业的期望值过高。

> 莉莉是湖南某高职院校的大三学生，成绩优秀的她连续三年获得学院奖学金，同时，注重社会实践的她还是某社团的副社长。可是，马上要毕业的她仍旧没有找到工作，原因就是她总是看不上招聘单位上提供的职位，大公司不自由，小公司又工资低。她觉得自己这么优秀，必须做一份轻松又高薪的工作，可是面试了很多次的她没有一次愿意任职。

大学生应该从以下几方面做起，准确定位自身的位置。

1. 明确自身优势

首先是明确自己的能力高低，给自己打打分，看看自己的优势和劣势，这就需要进行自我分析。通过对自己的分析，深入了解自身，根据过去的经验选择，推断未来

可能的工作方向与机会，从而彻底解决"我能干什么"的问题。只有从自身实际出发，顺应社会潮流，有的放矢，才能马到成功。

要知道个体是不同的，要找出自己与众不同的方面并发扬光大。定位，就是给自己亮出一个独特的招牌，让自己的才华更好地为招聘单位所看到；对自己的认识分析一定要全面、客观、深刻，绝不回避缺点和短处，了解自己的优势，即自己所拥有的能力与潜力所在。

2. 发现自己的不足

（1）性格的弱点。一个人无法避免与生俱来的弱点，必须正视自己的弱点，并尽量减少其对自己的影响。譬如，一个独立性强的人会很难与他人默契合作，而一个优柔寡断的人难以担当组织管理者的重任。

卡耐基曾说："人性的弱点并不可怕，关键要有正确的认识，认真对待，尽量寻找弥补、克服的方法，使自我趋于完善。"因此要注意静下心来，多跟别人好好聊聊，尤其是与自己的父母、同学、朋友等交谈。看看别人眼中的自己是什么样子，与自己的预想是否一致，找出其中的偏差，这将有助于自我提高。

（2）经验与经历中所欠缺的方面。"人无完人，金无足赤"，由于自我经历的不同、环境的局限，每个人都无法避免一些经验上的欠缺，特别是面对招聘单位打出数年工作经验这一条件的时候。有欠缺并不可怕，怕的是自己还没有认识到或即使认识到还一味不懂装懂。正确的态度是：认真对待，善于发现，并努力克服和提高。

3. 明确选择方向

通过以上自我分析认识，我们要明确自己该选择什么职业方向，即解决"我选择干什么"的问题，这是个人职业生涯规划的核心。职业方向直接决定着一个人的职业发展，职业方向的选择应按照职业生涯规划的四项基本原则，即择己所爱、择己所长、择世所需和择己所利，结合自身实际来确定。

4. 用长处来经营自己

有的毕业生存在过分自卑的心理，总认为自己技不如人，拿自己的短处与别人的长处去比较，因而不敢主动地推销自己。其实每个人都有自己的长处与短处，所谓"尺有所短，寸有所长"，成功人生的诀窍就是经营自己的长处。

因此，在人生之旅上，一个人如果站错了位置，用他的短处而不是长处来谋生的话，那结果肯定不会理想，他可能会在长久的卑微和失意中沉沦，所以在选择职业时要注意发挥自己的一技之长。

三、就业必备的素质

如今就业形势愈加严峻，许多大学生面临着"毕业就失业"的窘境。在每年近百万的大学毕业生中，如何能够做到"鱼跃龙门，脱颖而出"呢？关键是要提升自身的素质。

案例直播

> 21岁的高某，是湖南某高职院校铁道机车车辆专业的专科毕业生，1.62米的身高、其貌不扬的长相、内向的性格让他在用人单位面试环节被拒绝了许多次。众多应届毕业生在应聘中频频遭遇被拒难题，其中固然有一些招聘单位设置形象、性格、酒量等另类招聘标准的因素，一些诸如性格缺陷、语言沟通能力差等自身原因，也是毕业生求职时需要主观突破的瓶颈。

想要在如今严峻的就业形势下获得理想的工作，大学生要有以下基本素质和能力：

（1）较高的思想政治素质和高尚的品德。从历年大学生就业情况看，用人单位普遍欢迎政治思想素质好、品德高尚的毕业生。例如，优秀毕业生、优秀学生干部、三好学生、共产党员及诚实守信的毕业生在就业市场上大受用人单位的青睐。

（2）强烈的事业心和责任感。用人单位特别欢迎事业心强、眼光远大、心胸开阔、具有强烈使命感和社会责任感的人。对那些最大的追求是实现个人价值，或刚到就业单位稍不顺心就"跳槽"者则表示极大的不满。

（3）吃苦耐劳的创业精神。缺乏吃苦精神，"骄""娇"习气十足，想坐享其成的人是不受欢迎的。

（4）扎实的基础知识和宽广的知识面。学习成绩优良、知识面宽、综合能力较强的毕业生普遍受到欢迎。外语三级、计算机一级及其以上等级证书已是许多用人单位招聘毕业生的基本要求。更多的高层次单位要求学生外语达四、六级以上。

（5）较强的动手能力和创新意识。许多用人单位在招聘毕业生时，总希望毕业生动手能力强，并具有一定的工作能力和经历。例如，当过学生干部的毕业生之所以"走俏"，就是因为他们大多适应能力强，一上岗就能独当一面。在校期间有发明创造、优秀论文、文章发表者等之所以很"抢手"，也是因为他们用自己的"成果"证明了其动手能力和创新意识。

（6）团结协作的团队精神。现代社会越来越需要依靠集体智慧和力量，越来越需要发挥团队协作精神。用人单位在招聘毕业生的过程中，十分注意考察了解毕业生是否具有团队协作精神。那些集体观念淡漠、自以为是、很难与他人合作的人是不受欢迎的。

（7）身心健康。身心健康是现代企业对人才基本素质的要求，如果一个毕业生各方面条件不错，但有严重的心理障碍或疾病，或者体弱多病，甚至未工作先要治病，这样用人单位也是不愿意接收的。现在，一些用人单位在招聘过程中，对毕业生进行心理测试、身体健康检查等，就是对身心素质要求的体现。

四、求职面试的技巧

面试是一个非常重要的过程，每年都有很多大学生去求职面试，有人在面试中成功，有人失败，其实这不是因为能力的问题，主要是在面试时要掌握一定的技巧。很好地利用这些技巧，能够在求职面试过程中事半功倍，达到很好的效果。

案 例 直 播

> 高职院校应届毕业生小吴，去某房地产公司应聘。面试采用无领导小组讨论的形式进行，优秀的论辩能力使小吴在讨论中显露优势，但在即将结束的时候，面试官让他们这组推荐一个人出来，提出一个他们想问的问题。小吴没有想到还有这"面试最后一问"，之前也没有做相关准备，于是只能拱手把机会让给别人。

1. 应试者语言运用的技巧

面试场上的语言表达艺术标志着应试者的心理成熟程度和综合素养。对求职应试者来说，掌握语言表达的技巧无疑是重要的。那么，面试中应该怎样运用谈话的技巧呢？

（1）口齿清晰，语言流利，文明大方。交谈时要注意发音准确，吐字清晰。还要注意控制说话的速度，以免磕磕巴巴，影响语言的流畅。为了增添语言的魅力，应注意运用美妙修辞，忌用口头禅，更不能有不文明的语言。

（2）语气平和，语调恰当，音量适中。面试时要注意语言、语调、语气的正确运用。打招呼时，宜用上语调，加重语气并带拖音，以引起对方的注意；自我介绍时，最好多用平缓的陈述语气，不宜使用感叹语气或祈使句；两个人面谈且距离较近时，声音不宜过大，群体面试而且场地开阔时，声音不宜过小，以用人单位能听清你的讲话为原则。

（3）语言要含蓄、机智、幽默。说话时除了表达清晰以外，适当的时候可以引用幽默的语言，使谈话增加轻松愉快的气氛，也会展示自己的优越气质和从容风度。尤其是当遇到难以回答的问题时，机智幽默的语言会显示出自己的聪明智慧，有助于化险为夷，并给人以良好的印象。

（4）注意听者的反应。求职面试不同于演讲，而是更接近于一般的交谈。交谈中，应随时注意听者的反应。比如，听者心不在焉，可能表示他对自己这段话没有兴趣，得设法转移话题；侧耳倾听，可能说明音量过小，得提高音量；皱眉、摆头可能表示自己言语有不当之处。根据对方的这些反应，就要适时地调整自己的语言、语调、语气、音量以及陈述内容，这样才能取得良好的面试效果。

2. 应试者回答问题的技巧

（1）把握重点，简洁明了，条理清楚，有理有据。一般情况下回答问题要结论在先，议论在后，先将自己的中心意思表达清晰，然后再做叙述和论证。否则，长篇大论，会让人不得要领。面试时间有限，神经有些紧张，说多余的话容易走题，反倒会将主题淡化。

（2）讲清原委，避免抽象。用人单位之所以提问总是因为想了解一些应试者的具体情况，切不可简单地仅以"是"和"否"作答。应针对所提问题的不同，具体进行解释说明。不讲原委，过于抽象的回答，往往不会给主考官留下具体的印象。

（3）确认提问内容，切忌答非所问。面试时，如果对用人单位提出的问题，一时摸不到边际，以致不知从何答起时，可将问题复述一遍，并先谈自己对这一问题的理解，请教对方以确认内容。对不太明确的问题，一定要搞清楚。这样才会有的放矢，不致答非所问。

（4）有个人见解，有个人特色。用人单位有时接待应试者若干名，相同的问题问过若干遍，类似的回答也听过若干遍。因此，用人单位会有乏味、枯燥之感。只有具有独到的个人见解和个人特色的回答，才会引起对方的兴趣和注意。

（5）"知之为知之，不知为不知。"面试遇到自己不知、不懂、不会的问题时，回避躲闪、默不作声、牵强附会、不懂装懂的做法均不足取，诚恳坦率地承认自己的不足之处，反倒可能赢得主考官的信任和好感。

第二节　升学——迎接求学旅程

除了就业，专升本也是众多专科生毕业后的选择之一。选择继续深造，不仅能够满足有志于从事专业研究的学生，同时还能"战略性"地规避目前严峻的就业形势。

一、什么是专升本

专升本即从高等学校普通专科应届毕业生中选拔优秀学生进入普通本科三年级学

习，在普通本科高校修满两年，成绩合格后毕业，可获得本科文凭。

【案例直播】

> 陈某是湖南某高职院校机电一体化专业的大三学生，临近毕业一直都没有参加任何单位或人才市场招聘会，她的目标就是一心一意参加专升本考试，继续到高等院校学习深造。可是她不清楚参加专升本考试必须通过《高等学校英语应用能力考试（A级）》，因陈某大学三年期间英语应用能力考试一直未拿到证书，这样不仅耽误了专升本考试，又耽误了最佳的就业时间。

1. 专升本选拔范围与比例

专升本的选拔范围为全省高等学校三年制普通专科应届毕业生，各高校推荐参加专升本选拔考试的人数为选拔范围内各专业学生数的20%，选拔注册比例分校、分专业（按升入的本科专业分别计算）控制在参加选拔考试学生总数的50%以内。

2. 专升本推荐条件

（1）德智体全面发展。

（2）各科成绩平均分进入本专业当年毕业学生的前20%。

（3）非英语专业（音、体、美专业除外）学生必须获得《高等学校英语应用能力考试（A级）》证书或英语四级考试成绩达到426分以上。

推荐参加专升本选拔考试的学生需同时满足以上条件。

（4）应征入伍的在籍专科生在部队荣获三等功，退役后办理了复学手续并完成了专科阶段学习，取得《高等学校英语应用能力考试（A级）》证书或英语四级考试成绩达到426分以上的应届毕业生，可免试进入本科阶段学习。

二、专升本的目的

在专升本考试初期就不乏主动放弃的人，经过调查与分析得出，很多人放弃考试的原因在于目的不明确、信心不够坚定，当然还有一部分学生已经就业，签订了自己比较满意的单位。但是只要坚持不懈地努力，能够坚持到底的同学，最后大部分都取得了胜利。

> 湖南某高职院校大三学生小何学的是机械设计与制造专业，他在大二之前从来没有考专升本的念头，可是临近毕业时，小何发现想找一份合适的工作不是一般地难。在经历无数次碰壁之后，他也和很多同学一样，打起了专升本的主意。抱着碰运气的心态，小何报了名，结果可想而知，小何不仅专升本没成功，工作也没有找到。

专升本无外乎发现自己现在掌握的知识还不够，还想要掌握更多的知识，拿到更高的学历，通过专升本来实现自己更多的愿望。部分高职院校学生之所以踏上专升本这条路，有的就是因为看着身边的好朋友同学去考专升本，心痒痒的，自己也就跟风，想和他们一起去考，同时放弃自己的追求与人生规划。

而考专升本最初的意义是在于能够拓宽学生的视野、增大对社会的贡献等，如果仅仅从只为找好工作的角度出发，不仅考专升本动机不纯，还失去了它原本的意义。总结起来，目前高职院校学生考专升本的动机主要包括以下几个方面：

1. 为了父母亲朋的期望和自我的荣誉

几乎每个学生都有过或多或少的名校情结，也许是童年的梦想，也许是现实社会的逼迫，也许是光宗耀祖的虚荣……这些使高等学府成了众多考生共同奋斗的目标和孜孜以求的梦想。

2. 为了就业有保障

对就业地理位置的考虑。一些考生的计划比较长远，很早就把目标院校锁定在自己心仪的工作地点。本科院校学习期间建立的人际关系、对城市文化和地理位置的熟悉程度等，在找工作时都可以派上用场。

3. 为了经历专升本的过程

在参加专升本考试中，不乏为了经历考试而参与进来的同学。他们的结局大多是截然不同的两种：有些人考试之前黯然离去，轻言放弃；另外一些则轻装上阵，马到成功。他们最大的不同就是心态的不同。

性格决定命运，态度改变一切。虽然出发点都是要在考专升本中学习和磨砺，但是前者从来没有真正地参与进来，一遇到压力和困难就想要退却，耐不住寂寞；而后者却愿意为自己选择的学校放手一搏。前者患得患失，害怕考试的结果贻笑大方，考试时罢考；后者不计得失，考试前抓紧时间，考试时有条不紊。

三、专升本的准备

专升本需要一个较长时间的准备过程，一旦决定考，就要制订学习计划，每天坚持学习，直到考试结束。

1. 时间准备

根据众多前考生的经验，一般情况下专升本是报考自己学习的本专业，所以准备复习时间可以短些，大致一个学期。

2. 定位准备

假如决定考专升本，就要考虑报考哪个学校的本科。在做出这个选择时，一方面要考虑自己的兴趣爱好和专业特长，另一方面也要上网查阅相关资料。

3. 课程准备

一般情况下，目前考专升本考试试卷都是由所升入本科院校出题，其中英语是公共课，属于必考科目。因此，在具体学校和专业没有确定之前，可先复习英语这门必考科目。

第三节　创业——开启筑梦之旅

又是一年绚烂的夏季，莘莘学子迎来了毕业。十几年的求学生涯，回忆起来总让人感慨万千。走出校门，大学生应该如何走好今后的人生之路呢？如今，除了就业、升学之外，自主创业逐渐成为大学生的热门选择之一。

一、自主创业动机分析

近年来，随着自主创业热潮不断升温，越来越多的学生选择加入自主创业的队伍。每年九月，一群群年轻懵懂又充满激情的学生怀揣着五彩缤纷的梦想，带着家人的期待和牵挂，整装出发。

案例直播

> "选择创业原因很现实，为了实现财务自由。"一毕业不打工直接当老板，湖南某高职院校毕业生小丽认为，"创业的投入产出比最合算。"小丽喜欢算账，比如她会计算：一个大学毕业生，毕业后月薪4 000元，需要多久才能以自己的能力在长沙买得起房子。她的答案是：如果靠普通工薪，几乎是不可能完成的任务。"没有伞的孩子必须努力奔跑。"于是她选择用创业这种"奔跑方式"来获得"自由的天空"。

1. 工作时间自由

对于现在很多大学生来说，时间上的自由可以说是自主创业的最大动力。朝九晚五的工作时间并不是每一个人都可以适应的，同时，老板说周末或者下班之后加班是经常有的事情，可是作为上班族必须听从老板的安排，如果自己创业，对时间的掌控就相对自由了，这也是为什么会出现自由职业者。选择创业的学生都会认为自由很重要，可以利用这些时间做自己想做的事情。

2. 创业本身就是一种职业

很多大学生认为，创业本身就是一种职业，当今社会就业越来越难，给自己一片更加广阔的天空。自主创业的大学生越来越多，成为就业的一个主流趋势，同时也成为大学生毕业后的就业首选。当然在当今以经济建设为中心的大环境中，工作待遇也是其中一个重要的因素，自主创业有可能给大学生带来良好的经济效益。

3. 人生理想，实现自我价值

一些自我意识很强的大学生，选择自主创业是为了通过这个有效的途径来证明自己的能力。在一些企、事业单位由于制度的约束，无法按照自己的想法来做事，这样，自主创业就提供了一个自我发挥的空间，实现自我价值的机会，同时也得到社会的认可。

4. 替别人打工不如为自己打工

大部分选择自主创业的学生都是抱着这种心态，认为自己的事业，做起来会更有工作激情，更加投入，更容易走向成功，而这种成功是属于自己的。另外，即使失败，那也是自己造成的，不会去责怪别人，不会感到遗憾。

二、大学生自主创业贷款申请

在明确了自主创业的动因后，接下来要做的就是进行自主创业贷款申请了。这一步是自主创业的关键，申请者需要从申报材料、商业贷款审核等多方面入手准备，保证申请成功。

案例直播

> 小强是某高职院校大二的学生，他从小就有一个自主创业梦。上了大学之后，他着手准备自主创业。可是对于自主创业贷款的基本流程，小强完全不清楚，而网上的流程介绍又过于简单，这让他十分苦恼。

以下贷款政策以供参考，具体请按当地政策为准。

1. 申请条件

（1）毕业后六个月以上未就业，并在当地劳动保障部门办理了失业登记。

（2）大学专科以上毕业生。

2. 贷款期限

国家为大学毕业生提供的小额创业贷款是政府贴息贷款，其期限为1~2年，两年之后不再享受财政贴息。

3. 贷款方式

大学毕业生自主创业的小额贷款方式为担保、抵（质）押贷款。

4. 有关说明

具体操作办法可向当地劳动和社会保障局咨询。此外，针对大学生自主创业还有其他优惠政策，例如从事个体经营的，一年内免交工商登记类和管理类行政事业性收费。自主创业、自谋职业者还可将户口档案托管在市大中专毕业生就业指导服务中心。对于大学毕业生自主创业的各项具体政策应向有关部门咨询。

5. 申请材料的准备

在申请此类贷款时，有三点比较重要：

（1）大学生创业贷款申请者年满十八周岁，具有合法有效身份证明和贷款行所在地合法居住证明，有固定的住所或营业场所。

（2）有合法的营业执照及经营许可证，有稳定的收入和还本付息的能力。

（3）最重要的一点，就是创业者所投资项目已有一定的自主资金。

具备以上条件的大学生方能向银行申请，申请时需要提供的资料主要包括：婚姻状况证明，个人或家庭收入及财产状况等，还款能力证明文件；贷款用途中的相关协议、合同；担保材料，涉及抵押品或质押品的权属凭证和清单，银行认可的评估部门出具的抵（质）押物估价报告。

除了书面材料以外，就是要有抵押物。抵押方式较多，可以是动产、不动产抵押、定期存单质押、有价证券质押、流通性较强的动产质押，符合要求的担保人担保。发放额度根据具体担保方式决定。

6. 贷款金额要求

一般最高不超过借款人正常生产经营活动所需要流动资金、购置小型设备以及特许连锁经营所需要资金总金额的70%。期限一般为两年，最长不超过三年，其中生产经营性流动资金贷款期限最长为一年。

个人贷款执行中国人民银行颁布的期限贷款利率，可在规定的幅度范围内上下浮动。

7. 贷款偿还方式

（1）贷款期限在一年（含一年）以内的个人创业贷款，实行到期一次还本付息，利随本清。

（2）贷款期限在一年以上的个人创业贷款，贷款本息偿还方式可采用等额本息还款法或等额本金还款法，也可按双方商定的其他方式还款。

第四节　考公——投身公共事业

所谓"考碗族"，是指当下到处参加公务员考试，不考到"饭碗"不罢休的一群人。"考碗族"主要是二十几岁的年轻人，有的已经在企业待了多年，有的即将告别校园。他们的共同特点就是四处参加公务员考试，为的是在就业形势严峻的今天找一个稳定的落脚点。

一、公务员受欢迎的原因

近几年，国家公务员考试热得烫手。一项有 17330 人参与的调查显示：73.6% 的人愿意当公务员；83.3% 的人认为，公务员这个职业稳定，医疗、养老有保障。一名报考者甚至把公务员称为"金饭碗"。

案例直播

周日傍晚，小陈从广州回到江门，一脸疲惫，结束了一天的考试，周末广州人流本来就多，赶上国考，越发觉得地铁车厢就像沙丁鱼罐头。小陈稍作休息后，粗略估算了此趟国考的成本，"买资料、住宿、交通、吃饭，拼拼凑凑，至少花了 2000 元。"他强调，这仅仅只是他能想起来的花费，还有大量想不起来的支出。这是他第四年参加公务员考试，他自己说年复一年，也觉得累，尽管知道国考大多是当"炮灰"的命，但他还是抱着侥幸心理又一次走进考场。

如今的"考碗族"之所以考不上公务员誓不罢休，主要有以下三个方面的原因：

1. 就业困难

公务员考试之所以这样热，还有一个特殊的背景：随着金融风暴的影响日益加剧，就业难成了一个越来越突出的问题。有数据表明，每年都有上百万大学毕业生无法找到工作；对于上班族而言，大量公司倒闭或者裁员，春节过后迎来了一个失业的高峰期。

2. 追求稳定

随机采访了参加公务员考试的 50 名学生。几乎所有的学生都回答两个字：稳定。其中 31 名学生将公务员列为找工作的首选对象，他们普遍认为"公务员工作稳定，福利待遇好，收入逐年升高，医疗、养老都有保障，没有失业压力"。

公务员考试正以巨大的魅力吸引着"考碗族"，使得这一队伍日渐壮大。虽然很多新兴产业甚至民营企业所开出的报酬已远远高于普通公务员，"考碗族"也并非没有其他就业机会，但他们还是放弃了一些几乎唾手可得的职位，义无反顾地投身于报考公务员的茫茫人海之中。

3. 社会地位

公务员的职业安全性、稳定性是有保证的，只要不犯大错误，一般不会失业，财政机关按时拨款发放工资，按时加薪绝对有保障，养老金、医疗保险等一切都能按时到账。正是这种安全、稳定、有保障吸引着人们眼球，哪怕一辈子当个小职员。公务员职业的稳定性成了吸引"考碗族"的一大"亮点"，当然，还有社会地位高、工作压力小等，这也是很多职业都比不上的。

二、公务员考试的误区

虽说如今公务员考试十分火热，但是由于考生对"考碗"目的不明确，对公务员系统认识不足等，出现了许多公务员考试的误区。

案 例 直 播

小关刚从"考碗族"转变成公务员，短短的几个月间，便深刻地体会到"公务员没有想象中好"。"早上八点准时上班，上午在外执法半天，中午回来继续工作，根本没时间休息，琐碎的事情特别多，工作忙。"她也感叹，3000 多元的工资和其他一起毕业的同学比，并不算多，性价比也不见得高，"要靠这份工资供楼生活，那简直是痴人说梦话。"

在进入公务员系统之前，小关也曾是"考碗族"，"参加了两次国考、两次省考，资料费花了两三百，交通费1 000多，培训费4 000多，总额差不多近6 000元。"她用了"头悬梁"三个字来形容当时的奋斗时光，尽管"修成正果"后，切身体验到的生活与当初的设想有所出入，但她觉得这一切都在她的意料之外，"想过机关单位里关系复杂，但没想到这么复杂。"

误区一：报考只因就业压力，不管什么职位只要考上就好

很多考生报考公务员只考虑就业压力、工作环境等因素，简单地就把考公务员作为救命稻草一样紧紧抓住不放，这种想法本身就有误。因此，许多考生在报考的时候对报考职位不作深入了解，被录取后发现离家太远、工作太累等诸多问题。对于这种误区，提醒考生在选报时要慎重考虑，理性对待，不能盲目选择。

误区二：盲目跟风或热衷于报考"没有专业限制"的职位

很多考生在报名的时候，没有仔细权衡自己的优势和劣势，谨慎报考，而是仓促地决定自己的报考职位，或者是人云亦云，盲目跟风，没有谨慎把握自己人生的选择，可能直接导致公务员考试失利。

建议考生不要走极端，都去报那些没有专业限制的专业。据往年报考数据分析，热门职位都对专业、学历和基层工作经验方面要求较低，很多考生都填报这样的职位，这样就造成了职位填报的拥堵，大家看到的是都报考热门岗位，致使某些岗位无人问津，导致报考比例严重失调。

考生一定要对自我进行全方位的定位，了解自身情况，对症下药。可以清楚地在一张纸上写明自己的专业、学历、特长、适应能力等情况，看起来一目了然，根据所分析的情况，在填报职位的变数中找到一个基准点。在填报过程中，关注不同时段所报考的职位变数，竞争比例怎么变化，有什么样的趋向，对所填报的职位有明确规划。要审时度势，不能盲从，更不能随便报考。

误区三：报考招录人数相对较多的职位成功率高

很多考生在报考的时候会倾向于选择招录人数相对较多的职位，认为这种职位的录取率会相对较高。

招考的人数多，但是报考的人数同样也会很多，报考的人数平均到招考的人数比例，它实际上跟几百个考生竞争一个岗位是一样的。报考招录人数相对较多的职位成功率不一定高。

当自己这样想的时候，竞争对手也是这样想的。所以考生在报考的时候，不要单一地考虑报考人数，还是要综合全面地考虑报考的职位。

误区四：有工作经验的社会在职人员报考优势较应届生更大

有些人觉得在职人员有一定优势，因此录取概率会高于应届生。其实不然，考生要全面分析在职人员和应届生各自的优势和劣势，理性报考。首先，在职人员有一定的优势是因为有很多职位是要求有相关几年工作经验的，这就为社会在职人员提供了一个很好的机会平台，但是也不能忽视在职人员自身的劣势。在职人员的年龄、心理和各种生活压力相对来说都比较大，而且工作、家庭等琐碎事情占据了生活的全部。这些因素也会导致在职人员信心受挫，备考失利。

三、公务员考试的应考策略

据心理学家测试，75% 的考生在面临考试时都会出现紧张、焦虑、恐慌等情绪。面对试卷，脑海中一片空白；一走出考场，又感觉题目都会解答。可见考试不只是对考生基础知识和基本技能的考查，也是对考生心理素质的检验。对于公务员考试来说，良好的心理素质加上良好的应试技巧是考试成功的必备前提。

案 例 直 播

> 小王是某高职院校的大三毕业生，受家里人的影响，他一直有意向报考公务员。经过长达一年的准备，小王参加了 2022 年国家公务员考试。但是只注重基础知识准备的他，由于应试技巧的不足，加上考试时的紧张，这次考试他发挥失常，连面试线都没有达到。

考生在求学的过程中一定会遇到这样的情况：平时考试成绩相当出色，但一到正式的或者是大型的考试就一塌糊涂，自己平时的水平完全发挥不出来。究其原因，这就与缺乏基本的考试技能有密切关系。下面列出一些方法，有助考生克服这种现象，发挥自己真实的水平。

1. 把握好考试时间

由于测验题量大，一些考生打开试卷后，便急于答题。这样，不但使自己不能全面地把握整个试卷，而且容易被监考人员判为违规，影响最终的成绩。此时，一定要先把试卷浏览一遍，了解试题总量以及各题的难度，粗略分配一下每道题所需要的时间，做到心中有数，以便在考试过程中灵活答题。切忌将每道试题平均分配时间。

2. 先做会做的题

由于测验的试题难度不一，且每一名考生的实际情况不同，所以一定要先把自己会做的题做完。力求达到会做的题不失分，不会做的题尽最大可能得分，从而使自己的成绩最优化。

3. 克服考试中的"舌尖效应"

生活中常有这样的情形，一些很熟悉的事情，就是一时想不起来，有一种话到口边却讲不出来的感觉，心理学上将之称为"舌尖效应"。"舌尖效应"在人紧张的时候表现得尤其明显，考试尤其是对考生影响较大的考试便是一件相当紧张的事情。在这种情况下，考生首先要从心理上克服紧张情绪，使自己放松下来。譬如，做深呼吸，或先做一些简单的试题，多给自己一些自信和力量。

4. 重视第一感觉

有些题目考生看完后，下意识地有一种感觉，认为某一个答案是对的，但看了其他的选项后又觉得也有道理，于是便犹豫不定。其实这种情况下，第一印象往往是正确的。这也是有一定科学依据的，因为直觉思维是对过去的体验和以知识水平为基础产生的，熟悉的东西在人的直观反映中比不熟悉的东西更为强烈些。所以建议考生多重视第一感觉。

四、考公务员的面试误区

对于进入面试的考生来说，一只脚已经踏进了公务员的队伍，另一只脚是否也能踏进公务员队伍，并最终成为一名真正的公务员，面试就起到了决定性的作用。

案例直播

小陈是家中独子，父母管教严格，虽然毕业一年，但是没有什么社会经验，上学时父母的要求就是成绩优秀，毕业后就是专心考公务员。

在面试环节，小陈由于没有社会阅历和没有责任心和压力，没有自己的思想，多是遵从父母师长的意愿，中规中矩，面试中给人的感觉是一个学生在回答老师的提问，而不是如面试导语中所说的面对面交流，最终他的面试成绩没有过关。

顺利通关是所有考生的愿望，但是由于有些考生对公务员面试并没有正确的认知，最终落败考场。下面总结出一些面试中必须注意的误区，供考生参考，引领考生正确认知面试、认知自己。

1. 心理误区

考试中心理状态很重要，考生在考前要调整好自己的心态，以免走进心理误区。在面试考试中最容易出现三种心理误区。

（1）过于自信，看轻面试。这种心理一般出现在一些笔试成绩排名比较靠前或是一些通过笔试顺利进入面试环节的考生，他们认为自己很优秀，对自己充满自信，胜利的喜悦冲昏了头脑，忽视了对面试的复习和练习。殊不知笔试不能与面试同日而语，面试是对考生综合素质的一种考核，知道未必能做到，想得好未必能说得好。

（2）过于自卑，看轻自己。有些考生认为自己进入面试纯粹是一种偶然，与那么多精英一起竞争没有什么优势，或是有些考生会放大自己身上的不足，来增加自己的考试压力。例如：认为自己的胆子很小不敢面对考官；认为自己的语言表达不流畅；自己对面试知识掌握得不够；等等。这些心理都会很大程度上影响到考生的考场发挥，考生应该在考前调整好自己的这种心理状态，努力建立起自信心，找准定位。

（3）期望过高，加大心理压力。有些考生对公务员考试期望过高，或是因家里人的面子问题，急于通过面试，无形地给自己心理造成了很大压力，可是压力越大考试却往往不尽如人意。因此，考生应该摆正好自己的心态，正确看待公务员面试，正确认知自己。

2. 礼仪误区

在公务员面试考场上，考生的仪表、仪态、仪容、谈吐举止等礼仪方面的每个细节都会引起考官的特别关注，并影响到考官对考生的整体评价。因此，有的考生想通过较好的礼仪来博得一个好的印象，也不免进入到一些礼仪误区。

（1）注视考官，不是扫视。面试中要求考生入场和答题时能注视考官，这是对考官表示起码的尊重和对自信的一种展示。可是有些考生没有正确的理解，进场和答题时目光象征性地对所有考官进行了一次扫视，不免给考官留下生硬刻板和古怪的感觉，考生只要保持平时与人交流时的那种礼貌、自然大方即可。

（2）问好烦琐，不精练。其实问好在考试中就是个基本礼节，真诚表达即可。有些考生把问好看得很重，甚至想通过这点来博得考官的好感，会在问好时加入很多的感情色彩，有套近乎之嫌。例如"考官您辛苦了，今天给我面试，我表示非常感谢"。这样的问好过于烦琐，而且这么烦琐的寒暄用语，在紧张的面试考场中很容易出现语言变味。

（3）造作的完美，并不美。有些考生在坐立行走方面都很讲求规范，一板一眼，甚至手的摆放姿势、站立腿的分立都很注意拿捏尺寸，给人以生硬造作的感觉。考生礼仪的过于规范，不免加重了考场的紧张感，给考官带来造作拘谨的感觉。

3. 语言误区

考生在考场上都想把自己最好的一面展现在考官的面前，赢得高分，实现自己的梦想，这样考生在考场上往往容易过于要求完美而出现以下语言误区。

（1）纠结词的完美，影响语言连贯性。考场上的考生急于表现得最好，细枝末节也很注意，甚至一个简单用词都要纠结很久，既耽误了时间，又给人不连贯的感觉。这也无疑是告诉考官这个词想不起来了，其实这时即使用一个不够理想的词表达出来，也比在那卡壳要强得多。因为语言的连贯表达，会给考官留下好印象。

（2）过于强调个性，用词偏激。公务员面试虽然要求考生可以适当表现出个性，但是更多的是要求考生能站在公务员的角度理性看问题、想问题，用词不偏激。有些考生在面试中想把自己的观点淋漓尽致地在考官面前展示出来，有时对某个事件的看法不免会出现一些偏激。例如有的问题讲我国存在一些贪污腐败问题等，有的考生就说"贪污腐败问题在我国是很普遍的""对于贪污腐败现象屡禁不止，是政府不作为的表现，我很痛心"。这样考生虽然讲出了自己的观点，但是用词过于偏激，过于绝对，给考官一种极端的感觉。

4. 内容误区

在面试中内容相对比较重要，很多考生会更着重在这方面下功夫，考试中考生也很容易出现以下内容误区。

（1）面面俱到，追求完美。有些考生总是希望全面运用好面试的答题时间，答得越多越充实越好，往往会出现答题内容过于繁杂、冗长，主次不分明的情况，使考官听得很辛苦。例如组织管理类试题中的组织活动，有的考生在计划、准备、实施、总结上都很讲求细节，导致重点不突出，整体上给考官长篇大论的感觉。

（2）打造亮点，名言故事累加。答题时考生都希望让自己的答题更出彩，更能吸引考官的注意，往往会在答题中加入一些名言警句，或是加入一些故事，这当然是没问题的，但关键是一定要适当，不能出现过多累加名言、故事，导致文不对题的情况。

（3）为答题而答题，为考试而考试。这不仅体现在答题的内容上，也体现在考生的答题感觉上。有的考生只是粗浅地掌握着一些答题的思路，只要是综合分析题就是提出问题、分析问题、解决问题，谈到分析就是辩证分析法，对的错的都要辩证一下。组织管理题就是计划、准备、实施、总结，组织毕业生十年聚会，最后还加总结进行汇报。这样的话就给考官生搬硬套的感觉。而且随着公务员面试的不断深入，命题也更加灵活，题目和生活融合得更多，融入现实中场景的题目也层出不穷，考生答题时不能一味生搬答题模式，而要把自己融入题目场景进行答题。因此考生在答题中往往也要融入一定的情感，即有真情、动真心、说真话，向考官真实地展现自己。